U0886695

粉 碎

冯积岐 著

文匯出版社

图书在版编目（CIP）数据

粉碎／冯积岐著．—上海：文汇出版社，2012.1
ISBN 978-7-5496-0348-0

Ⅰ.①粉… Ⅱ.①冯… Ⅲ.①长篇小说–中国–当代
Ⅳ.①I247.5

中国版本图书馆CIP数据核字（2011）第233947号

粉　碎

作　　者／冯积岐
责任编辑／乐渭琦
装帧设计／张　晋

出 版 人／桂国强

出版发行／文匯出版社
　　　　　上海市威海路755号
　　　　　（邮政编码200041）
经　　销／全国新华书店
照　　排／南京展望文化发展有限公司
印刷装订／上海译文印刷厂
版　　次／2012年1月第1版
印　　次／2012年1月第1次印刷
开　　本／787×960　1/16
字　　数／260千
印　　张／18.5

书　　号／ISBN 978-7-5496-0348-0
定　　价／36.00元

一个娃娃一炸高
突儿一跳就飞了

谜语：鞭炮

A章（一）

松陵村的花炮厂是在吃晌午饭时爆炸的。

农历七月初的晌午闷热而沉寂，没有风，杨树的叶子仿佛剪纸似的粘在蓝而发白的天幕上，一动也不动。划一根火柴，空气就能点着。花炮厂的厂长景解放和他的员工从饭厅里出来坐在灶房前的树荫下吃饭。其实，那看似谦恭的树冠给他们遮住了火辣辣的太阳并没有带来一丝凉意，员工们个个满头大汗。景解放首先不是听见而是看见一团白而发灰的烟柱腾空而起，随之，打雷似的响声滚滚而来；那响声狂躁而放肆，随意而傲慢，时而凝结成一串，流水似的喷涌，时而一声一声地向出蹦，尖锐而单调。横冲直闯的爆炸声仿佛行凶的歹徒一样把整个松陵村震住了，使人们动弹不得。景解放一时间迟钝了、麻木了，他站在远处目睹着自己的厂房于一刹那间被夷为平地而无可奈何。当员工们放下碗筷丢鞋落帽地向爆炸的地方奔跑而去的时候，景解放跌坐在凳子上了。他点上了一支烟，猛吸了一口。他从衣服口袋里摸出来一只鞭炮用纸烟点着扔出去，随着炮皮的飞溅，炮响的地方，那地皮疼痛似的颤动了一下。“一个娃娃一拃高，突儿一跳就飞了。”孩子们的喊叫声似乎从天外而来。景解放扔掉烟头，站起来用脚一捻，向花炮厂走去了。

细雨般的土粒依旧在飘飘洒洒，尘埃久久不散，空气中弥漫着浓烈的硝烟味儿。五间大瓦房七零八落地趴在了地下，一些木屑瓦片飞出了几十米远。员工们站在废墟前不知所措。花炮厂的副厂长景文祥似乎大梦初醒，他开始清点人数，清点一毕，他给景解放说：“好像一个也不少。”景解放对景文祥一瞅：“你说啥？好像？究竟少不少？”景文祥心里清楚，吃午饭时节，员工们都到食堂吃饭去了，操作间没有留人，况且，厂子里最近只有一少部分在卷筒子（做炮壳），大部分员工都放假回家了。景解放一问，景文祥坚定地回答：“够着哩，不少谁。”

这时候，一个女孩儿跑到景解放跟前来了，她的额头上挤着细密密的汗珠，嫩嫩的脸庞上洇得红红的，她结结巴巴地说："不见，不见我的同学叶、叶小娟。"这女孩儿是和她的同学叶小娟暑假期间到花炮厂来打工赚学费的。景解放一听，一只手插进了裤子口袋里，裤子口袋里的一只鞭炮被他用手指头捻烂了，他给景文祥说："去找人，看着我干啥？"

于是，几十个员工扑向废墟，用手扒拉着木头、土块和破碎的砖瓦。景解放心里明白，假如叶小娟当时在操作间，就是有十个叶小娟也被炸成碎片了。这次爆炸，肯定是堆放在厂房里的那几吨鞭炮和雷子炮被引爆了，包括剩下的炮药。爆炸的力量有多大，他自己也说不清。他正准备明天将这些鞭炮运走，今天就出事了，真是始料未及。景解放给景文祥说："你派人去农机站叫辆推土机来，叫大家不要用手刨了，这不济事。"景文祥说："要不要给那女娃的家里人说一声？"景解放说："要说，我去给说，你不用管。"

叶小娟是景解放的初中同学叶拴定的女儿。叶拴定在"文化大革命"中受了刺激，言语木讷，看人时，目光像木橡一样戳过来死死地顶住对方，使人觉得，他的眼神犹如一个冬天里没有解冻的土疙瘩。叶拴定将女儿领到了松陵村的花炮厂，要叫女儿在景解放的厂里打工。本来，景解放想一口回绝叶拴定——厂子里的一部分员工已放假了，怎么能再要人？况且，叶小娟还是个孩子。可是，景解放一见到叶小娟却改变了主意。

"十几了？"

景解放不由得发问。

"十四了。"

"不可能吧。"

在景解放看来，十四岁的女孩儿胸脯不会这么高挺，脸庞不会这么滋润，眼睛不会这么撩人，尤其是女孩儿那对黑黑的眸子水汪汪的如同汁液饱满的黑葡萄，一掐就破。景解放感觉到，叶小娟看人时完全是一个成熟少女的神情：既单纯天真，又动人心魄。她的目光并不张扬。蛋形的脸配上红润而光泽的嘴唇，面部构成了一种沉静而略嫌稚嫩的美。

“为啥不可能？属虎的，一九七四年三月二十六日的生日，不信？你问我爸。”

叶拴定的一双手按在沙发上，好像刚刚找到了支撑点。他一声也没吭，既没有接女儿的话茬，又没有回答景解放，木然的样子还不如一件旧家具。

“在哪里读书？”

“南堡乡中学。”

“几年级？”

“初二。”

“在我这里干活儿，一天要干八个小时，你能行吗？”

“准保能行。”

叶小娟愉快地回答。她的声音像春天的小草一样鲜嫩，但又坚定得如同法律文书。

景解放情动了，心动了。要说景解放心中涌动的是和老同学叶拴定的昔日的朋友之情，还不如说是对叶小娟的怜惜疼爱之情——尽管，对于一只脚已经踏进四十岁门槛的景解放来说，叶小娟算是地地道道的晚辈了，可他用审视一个成熟少女的目光来审视叶小娟，他偷偷地产生了一种莫名其妙的愉悦以及谁也不可能察觉的、不含任何龌龊想法的对女孩儿的喜欢。留住叶小娟。就像他吩咐企业的员工给他搬来了一盆很养眼的花放在了他的办公室一样。他不再犹豫，又打量了一眼叶小娟，女孩儿脸上捧着笑，期待着景解放回答。

“那就留下来干吧。”

景解放答应了这父女俩。

第二天，叶小娟来到了松陵村的花炮厂上班。

叶小娟的活是给雷子炮插捻子封口。在上个世纪的八十年代，景解放的炮厂说是厂，其实只是手工作坊，因为好多工序依旧是手工操作。插捻子要用手工插，封口也要用手工封。叶小娟先给装炮药的筒子（炮壳）里插上捻子，然后，用一个小铁勺舀一勺干土倒进筒子口；然后，用一个圆柱形的、特制的小铁棒按在土上面，再用小铁锤击打。一个雷子炮击打三锤子才能把口封严实。一天封一千个口就要击打三千下。开初，叶小娟一天只能插五六百个捻子封五六百个口，干过几天以后，她每天可以封一千个口了。封一千个口，就可以挣15元钱。一天能挣这么多钱，这对叶小娟来说是一件使她很满足很激动的事情。

景解放每天都要进操作间看看的。只有他自己心里明白，他是来看叶小娟怎么样插捻子怎么样封口的，或者说，他只是来看看叶小娟，只是看她几眼而已。一进操作间，他不可能径直走到叶小娟跟前去，他先是到这个女工跟前去瞧瞧，又和那个女工说两句话，再装作若无其事的样子走到叶小娟跟前去。他的脚步稳健，神情庄重，不苟言笑，既没有老板的派头，又不似闲人的懒散，他完全是一副长辈的模样。

叶小娟埋下头去，神情专注，不停歇地干活儿。她的动作干脆而快捷——显示着麻利能干的女性特征。由于腰身弯了下去，她身上每一根很青春的线条如春意盎然的阵阵清风，女孩儿特有的尚未完全成熟的韵味儿来自她苗条的身段，也来自她聚精会神的样子——坐在课堂上，她可能像劳动时一样的专注。掠入景解放眼帘的首先是她的侧面——白皙的脸庞略带红润，一绺子头发搭下来遮住了左边的眼睛。景解放的脚步很轻，出于习惯，一双布鞋尽量减少和地面的摩擦——这是每一个炮人必须注意的细节。景解放走到叶小娟跟前了她还没有觉察到，左手挥动铁锤依然在击打。景解放垂下眼去看叶小娟时目光不自觉地顺着她的汗衫领口溜下去了，叶小娟的领口处凸现着月牙状的很白很白的光圈，已经显形的乳沟彩虹一般亮了景解放的双眼。他不可能将目光中对美的东西的渴望和情欲剔除得干干净净的，他的这一瞥将自己弄局促了尴尬了，不只是他捕捉到了不该捕捉的春光，而是他意识到了自己和年龄、身份不相符的猥琐，不由得心热脸红。他赶紧蹲下去，蹲在叶小娟跟前，转换了一个视角。他一看，叶小娟右手上裹着一条手绢，就问道：“手上打泡了，是不是？”叶小娟抬头一看是花炮厂的景厂长，低声说：“是。”“我看看，”不等叶小娟同意，景解放就捉住了叶小娟的手腕了。叶小娟想挣脱掉，她的胳膊动了动，景解放反而捉得更紧了。景解放解开那条不太干净的手绢一看，女孩儿手上的泡已经磨烂了，手虎口和除过大拇指以外的四个手指头的根部血红血红的，似乎像渗着血珠儿。景解放说：“不行，这样不行。走，到村上的医疗站去上些药，感染了就麻烦了。”叶小娟轻轻地一笑，很固执地挣脱了自己的手，她一边给手上缠手绢一边说："过两天就好了，这点伤，不算个啥。"叶小娟好像没有疼痛感似的，她的脸上是一副满不在乎的神情。她抬起眼对景解放只是淡淡地一扫，又埋下头去捶打了。那一扫，味儿极薄，没有认同，没有感激，只是迅捷地礼节性地回望，平平淡淡的像在课堂上回答了老师的提问一样。然而，景解放还是从叶小娟的目光中捕捉到了一种妩媚——不是成熟女人那种卖弄风情的目的性很强的故作的妩媚，而是自然流露出来的甜甜的单纯的新月一样的妩媚，女孩儿的眼睛里脸庞上漾溢的这种连她自己也意想不到的妩媚只是一种风景而不是风情，这种风景只有景解放这样的男人才能领略到。景解放是情感很细腻的中年男人，任何年龄段的女人一丁点的情感变化都会被他猎取到的。景解放站起来了，他感受到了，强烈地感受到了叶小娟的顽强、固执和自尊。这种品性，景解放宁可相信是从五六岁或者七八岁就养成的，也不相信，只是来自父母亲的遗传。在他七八岁的时候，也许比七八岁更早一些，母亲就叫他插捻子、封炮口。那时候，常常在晚上点着灯干活儿，手上打满了血泡不说，他被瞌睡折磨得不行，他无论是站着坐着吃着喝着，几秒钟内，他就睡着了。睡意蒙眬中，一锤子抡下去，不是砸扁了炮壳子就是砸在手指头上。砸，已成为他的下意识，以至后来上了学，用铅笔当锤子在桌子上敲，吃饭时用筷子在碗上打——当他抡着空拳头在老师脊背上去敲的时候，遭到的是一节课的罚站。做不够数目，母亲不叫他上炕睡觉——他的毅力和坚韧就是从那时候磨练出来的。他也曾经想方设法对付过母亲，消极怠工当然不行，逃避也不是办法。异想天开！完全是异想天开——他将炮捻子从小牛牛的包皮下插进去，插了三根，趁母亲不防备他把三根捻子一齐点着了。恶作剧的结果必然是烧了小牛牛，小牛牛的顶端如同挂着一颗熟透了的杏子——饱满而发亮的杏子。他龇牙咧嘴地捂着小牛牛大喊大叫，针扎般的疼痛从小牛牛向全身传导。母亲并没有因为他的对抗让他停止了劳动——饱受了苦难的母亲知道，只有劳动才能磨练她的儿子。他的自戕以失败而告终，每天晚上，他继续插捻子、封炮口。

景解放从小就体验到，人的顽强的生命力不会像身体上的器官一样是与生而来的，人的顽强的生命力是一锤子一锤子捶打出来的。农民的孩子，无论是儿子娃娃，还是女子娃娃，只要像叶小娟那样从小开始磨练，就一定会干成事情的。

如果说，景解放一闭上眼，吸引他的是叶小娟比她十四岁的年龄更成熟的外在的魅力，那么，叶小娟在花炮厂干了十多天活儿以后，景解放更喜欢叶小娟的是一种潜在的具有质地的特质，这种特质不能仅仅用吃苦耐劳来概括，吃苦耐劳只是这种特质的一部分。这种特质的核心是具有勇气和毅力，对自己和人生充满着希望。无论男人女人，具有这种特质就有了在这个人世上活下去的资本，因此，景解放相信，像叶小娟这样的女孩儿将来一定会有前程的。

假如，叶小娟被炸得血肉横飞，不要说给叶拴定两口无法交待，景解放自己也承受不了这突如其来的打击。他心中刚刚存留的这美好的东西就这么轻而易举地粉碎了？难道这个光彩夺目的女孩子就这样于一瞬间消逝了？景解放看似平静，其实内心里焦灼不安，他站在太阳地里，看着眼前的场景，一言不发。尽管，爆炸已经发生了，他还是难以接受这个事实。他弯下腰抓起了两把焦黄的炮壳纸紧紧地用手攥住紧紧地用目光盯住，好像在问：爆炸是怎么发生的。他额头上汗水滚滚，嘴唇焦躁干裂，双眼布上了血丝，他简直就是一匹受伤的狼。乡农机站的推土机还没有来，员工们继续用手扒拉着，有人喘息有人喊叫有人哭泣，两个年轻人朝着田野上晒得形容憔悴的玉米地呐喊：“叶小娟！叶小娟！”喊声好像毛毛雨落在了久旱的土地上，被巨大的沉寂吸纳了。

就在景解放将要失去耐心的时候，忽然有人惊慌失措地喊叫：“叶小娟找到了！”景解放看见，员工们朝厂房的东南方向跑去了，他不知道是怎么回事，失去了往昔的稳重，心急慌忙地撵着人们的脚步而奔跑。

围得严严实实的员工们一看景解放来了，让开了一条道，他走进了里圈。景解放一看，躺在地上的果然是叶小娟。“小娟！小娟！”他失声而叫，他似乎还不能相信眼前的这一幕是真的。他又看了两眼，不得不相信躺在地上的女孩儿就是叶小娟。叶小娟双眼闭实，脸色苍白，睡着了似的静静地躺着。看不见她身上的受伤之处，也没有斑斑血迹。景解放捉住了叶小娟的右手想摸摸她的脉，她的手并不是冰凉如铁，脉搏的跳动还不是很弱。景解放给景文祥说：“快去医疗站叫牛医生来。”景文祥说：“我派人去叫了。”

说话间，松陵村医疗站的医生牛正年背着出诊包小跑而来了。他用听诊器在叶小娟的心区听了听，摸了摸叶小娟的脉搏，给她挂上了液体。景解放焦急地问牛医生："娃咋样？"牛医生说："昏迷了，赶紧送县医院。"

花炮厂只有一辆客货两用车。汽车已经开到了现场。叶小娟被抬上了车。景解放给景文祥说："你在家负责处理现场，我去县医院，叫牛医生也跟上。"景文祥说："好吧。"

景解放和牛正年上了车。

汽车开出了松陵村。

汽车走后，景文祥才松了一口气。他接过员工们递上的水，一口气喝光了一大杯凉开水。二十五六岁的景文祥按辈分将景解放叫四爸。自办厂以来，叔侄俩合作得还不错。景文祥很会为人处事，他有一副看似温和老实的面孔，实际上他藏而不露，精明能干。他的表情和心理像两股道上的列车朝不同的方向奔跑，他将男人的机灵往往深埋起来，这副面孔会使不知情的人误读了他，以为他是一个缺少智慧、单纯、木讷的青年农民。他不只是面貌看似憨厚，为人也看似憨厚。年终，厂里给他奖励了5000元，他领到手以后，一分钱也没有要，而是全部让工人们领走了。虽然，每个工人只领了几十元钱，他们觉得，景文祥是和工人最贴心的人。在原材料的购进中，他从不拿一分钱的回扣，那些"卖主"们从来未碰见过这样的"顾客"，他们被他的精神所感动，不止一次地给景解放说起这件事，景解放也被他打动了。不是他不爱钱，他只有这样做，他只有取得了工人们的信赖和景解放的信任之后，他才能放心地攫取更多的钱。他年轻时就明白，只有吃小亏才能赚大便宜。小事要隐忍，大事不糊涂。

景文祥吩咐员工们到树荫下去凉快一会儿。员工们四散而去了。

空气里的硝烟味儿还没有散尽，午后的太阳光更加凝重而毒辣。松陵村在家的大人小孩都涌向了出事现场，女人们大都没有见过这场面，露出了惊恐的神色，孩子们像赶上了节日似的，他们顶着太阳捡拾没有爆炸的鞭炮。紧张的空气稍微有些松弛，但变得更加凝稠了。

这时候，景家家族里最年长的景德胜老汉来了。年过八十的景德胜胡子头发全白了。他是景文祥的爷爷，也是松陵村长辈中的最后一个炮人。解放前，他做过国民党的保长，解放后，戴过富农分子的帽子，挨过斗争，被革命群众殴打过。他一来就找景解放："解放呢？解放干啥去了？"景文祥说："进县城了，爷爷。"老汉一听，没有伤人，沙哑着嗓子说："这就好得很，做炮的人是虎口里拔牙哩，松陵村的哪一家炮坊没出过事？"老汉拉住景文祥的手说，"爷给你说，解放他大爷爷叫满义，满义手里出过三回事，死过好几个人；解放他亲爷爷叫满仓，满仓手里出过两回事。出了事不要害怕。"景文祥说："我们不害怕。"景德胜说："不出事不叫炮人。炮坊炸塌了重新盖。"景文祥说："有爷爷这句话我们就有胆了。"

景德胜老汉绕场走了半圈，他给景文祥用手朝西南方向一指："解放他爷爷就在那里出过一回事，差点儿把自己炸死了。"老汉仰起淹没在白发白须中的脑袋，眯着双眼——不是躲避依旧很馋火的太阳光，好像有意让已经流逝的时光在眼前重现，他的身心仿佛在七月火热的午后轻轻地飘浮起来了。在晚辈面前，他是一副什么都经历过的模样，他历经的每一次爆炸如同画面一样很自然地在他面前展开了，画面上硝烟滚滚，血肉横飞。这里一条手臂，那里一段肚肠……如今，炸死的和没有炸死的都被埋进了黄土之中。景解放的炮厂爆炸勾动了老汉好久没有翻动的记忆。他朝西南方向远眺了一刻，似乎又趟了一回历史的河水历经了一次昔日的灾难，仿佛读书人读完了一部惊心动魄的小说中的最后一句才合上了书本。景德胜老汉收回了目光，给景文祥说："解放回来后，你给他说，千万叫他别害怕，咱做炮的人是吃火药长大的，啥事都不怕，就是死几个人也没有啥大不了的。炮还是要做。"景文祥说："爷爷说得好。"景德胜老汉捋了一把雪白的胡子，他说："娃呀，不是爷说得好，景家炮做了近千年了，伤人的事年年有，景家炮至今没有断了根。"景文祥听得出，作为炮人，年迈的爷爷有一种荣耀感和自豪感，爷爷的遇事不惊，使景文祥很感动的。

送走景德胜爷爷，景文祥看着老汉瘦小的背影在毒毒的太阳底下越变越小，直至小得有一拃高。在那背影深处，在松陵村的街道上，有一群儿子娃娃在高声呐喊："一个娃娃一拃高，突儿一跳就飞了。"儿子娃娃们掏出自己的小牛牛端在手里，一个给一个身上撒尿，边撒边喊。他自己，他的父亲，他的父亲的父亲，以及上溯到上百年、几百年的先祖们儿时都是这样喊叫着长大的，他们喊走了自己的童年，走进炮坊，又从炮坊里出来……直到年迈，一代又一代。看着景德胜爷爷被村庄淹没了的身影，景文祥摇摇头，抹了一把汗，走向了爆炸后的废墟。

乡农机站的两辆推土机开来了，景文祥指挥着员工们清理现场。当初，景解放之所以叫景文祥来当副厂长，一方面，景文祥的确精明能干，景解放觉得，景家炮以后还要景文祥这一代人传下去；一方面，景文祥是自家人，景文祥的曾祖父和景解放的祖父景满仓是亲叔伯兄弟，也就是说，景解放的曾祖父景炳绪和景文祥曾祖父的父亲景长绪是亲兄弟。景文祥对做厂长的四爸很尊重，两个人配合得相当默契，景解放负责生产，景文祥负责销售和采购。由于管理得好，虽然企业规模不大，效益还是不错的。

景文祥听爷爷不止一次地说过炮坊爆炸的事，但他从来没有历经过。一场爆炸把他简直炸懵懂了。景解放去了县医院以后，他半天醒不过神来，处在惊恐不安之中。昨天还好端端的厂房，说没有就没有了。厄运的降临连招呼都不打，人的一生真是有许多始料不及的事情！景文祥身上缺少的是爷爷的胆识和自信，但他比爷爷那一代人心眼儿多，机灵得多。办企业不比种地，就需要他这样的精明人。

·

定下神来，景文祥一边清理废墟一边思考，厂房是怎么爆炸的。

本来，吃晌午饭的时节，炮坊的门是锁着的，尽管，窗子敞开着，可是，厂门口有看守大门的王春师傅。王春是很尽心尽责的，他不会放进厂里任何一个闲杂人的，有谁会进去点着炮坊呢？景文祥问王春，有没有见到可疑的人？王春说，他只见到疯子六，被他喝喊走了。王春所说的这个疯子六也是景家人，和景解放是一个辈分，排行第六，景文祥按辈分把他叫六爸。“文革”中村里来了西安的知识青年。疯子六也是从凤山中学毕业回来当了农民的，他长得眉清目秀，知识青年都喜欢他。据说，他和一个叫卞金凤的知识青年相好了，和卞金凤同时相好的还有景解放。后来，搞运动，疯子六和景解放都被按上“破坏知识青年上山下乡”的帽子。景解放在松陵村批判了两场，写了几份检查，了结了此事，疯子六却被逮捕了，判了五年徒刑。疯子六的父母亲给松陵村人说，是景解放睡了人家女娃娃，给他儿子栽了赃。景解放有口难辩，因为疯子六已被判了刑，他还能辩解什么？疯子六刑满释放后，先是痴痴呆呆的，后来就疯了。两个人之间的是是非非，景文祥不知道详情。有一次景文祥在闲谈中刚一提到此事，景解放就躁了，就翻了脸。景文祥不敢再问了。事隔这么多年，难道一个疯疯癫癫的人还会给景解放记仇？还会点着炮坊？不点其他炮坊？景文祥一想，这不可能。要是有人故意而为，为什么不点库房？为什么不点礼花作坊，只点炮坊？而且，为什么只点着了一个炮坊？但他也不相信，炮坊会自燃，或者自动爆炸。这场爆炸说不定是人为的，究竟是什么人作祟？也许，就是疯子六干的。精神失常者不会没有复仇心理。究竟是谁？这不是景文祥能想出来的。而叶小娟为什么会被巨大的气浪冲到厂房外的玉米地边？叶小娟当时在围墙以内还是在围墙以外？这更是一个谜。

派出所的公安干警叫景文祥谈话，景文祥只是把他看到的情景说了说，他一句也没有谈自己的看法。

B章（一）

景满义的炮坊出事是在冬天里的一个早晨。

晚上，下了一鸡爪厚的雪，天放晴了。村庄、田野刚刚从薄纱般的雾霭中浮现出来，太阳干巴巴地挂在树梢上，天气干冷干冷的。就在女人们走进厨房给灶膛里添上柴火拉动风箱的时候，景满义的炮坊爆炸了。等响声传进村子里的时候已经不那么尖锐了。

刚种上麦子，景满义就张罗着卷炮了。他请来了读私塾时的朋友鲍玉山两口和鲍家的儿子当帮工。景满义的父亲景炳绪怕出事，吩咐儿子将炮坊挪到村子外面去。按照父亲的指点，景满义在村子外面的西南方向盖了新的炮坊。景家炮差不多年年伤人——不是烧了面目或手臂，就是断了一条胳膊两条腿，死人的事也是常有的。到了景炳绪手里，景家炮单传了，景炳绪只叫大儿子景满义学卷炮，二儿子景满仓和卷炮不沾手。不只是景炳绪害怕出事，传宗接代是天大的事，一旦踏进炮坊就等于把命提在了手里，谁也估摸不到哪一天会出事的。假如两个儿子都做炮，有个三长两短，景家就会断了根。景满仓从做孩子时就没进过炮坊，他读了四年私塾后开始下地劳动。松陵村人有种西瓜的习惯，景满仓年年种西瓜，种了几年，他成了种西瓜的把式。那一年，他种了三亩西瓜。景满仓的瓜棚在景满义炮坊的西边。一个秋天忙得景满仓没有顾得上拆瓜棚。那天早晨，他是到地里来拆瓜棚的。景满仓老远看见，他的嫂嫂朱翠兰正在炮坊外面的石碾子上碾药，嫂嫂的右手按在碾盘上的石碌碡的“博枷”上，嫂嫂一边跟着老驴转圈子一边用左手在碾盘上刨动着，嫂嫂的屁股高高地撅起来，腰身弯成了一张弓。灰色的老驴和灰色的碾子是一个色调，唯独朱翠兰的水红色棉袄很亮眼，像冰天雪地里笼起的一把火。景满仓朝炮坊这边看了看，他觉得，眼睛很温暖。

朱翠兰是凤山县朱家村朱家炮的女传人。十七岁那年，她嫁给了景满义，嫁过来五年了，还没有孩子。景满仓对嫂嫂感兴趣的不是她那好看的身段好看的脸庞好看的眼睛而是她的一双脚。全松陵村和嫂嫂年龄相仿的女人都是一双用裹脚布裹住的小脚，而嫂嫂却是一双大脚片，这双脚使景满仓兴趣盎然，产生了想触摸的欲望。有一天，趁哥哥不在，景满仓偷偷地溜进了嫂嫂的房间，只见嫂嫂侧身而躺，他一把将嫂嫂的一只脚抱住，用手在她的脚面上抚弄。嫂嫂起身，抓起炕上的短把儿笤帚，一笤帚就过来了，景满仓吃吃地笑着跑出了房间。从那以后，他一看见嫂嫂就想笑。景满仓朝哥哥的炮坊那边看了几眼，他上了木梯去解用麻绳绑住的木椽，由于麻绳是死结，他解了一会儿没有解开。他从腰带上抽出斧头正准备砍断麻绳的时候被一声干燥而震动力很大的响声猛推了一把，他差一点从木梯上栽下去。哥哥的炮坊那里升腾着一股浓浓的黑烟，方才看得清清楚楚的石碾子不见了，嫂嫂不见了，腾起的烟雾和黄土遮住了他的视线。他纵身从木梯上跳下来，手里提着还没有抡起的斧头朝哥哥的炮坊那边飞奔而去了。他被脚下的雪一滑，蹿出去老远，他爬起来又跑。

哥哥的炮坊不见踪影了，景满仓被眼前的景象吓住了：这里一条腿，那里一只胳膊，不知是谁的肚肠挂在炮坊外面干枯的槐树枝桠上，血肉模糊，惨不忍睹；雪地上的点点血迹像衣服上烧出的黑洞。二十多岁的小伙子有生以来第一次面对血和肉，他哆哆嗦嗦地，不敢向前走。他站在寒风中哭叫道："哥呀！嫂嫂！"他忽然听见了一声寒彻骨髓的呻唤声，呻唤声仿佛从烟雾里发出来的，带着尘埃，不太清楚。他又向前走了两步，才看见嫂嫂躺在碾道里，她的身上落了一层黑土，脸也黑了，嫂嫂的一只手臂压在了石碾子底下。景满仓走到嫂嫂跟前去，锐声叫道："嫂嫂！嫂嫂！"他蹲在嫂嫂跟前，抓住她的棉袄一边摇一边说："嫂嫂，你醒醒，我是满仓。"朱翠兰睁开眼一看是弟弟，说道："快搬碾盘。"一句末了，又昏过去了。村里人还没有来，景满仓怎么能搬动那千斤重的碾盘？他双手抠住碾盘的底部，憋足气，狠劲儿搬，碾盘纹丝不动。他一看不行，丢下碾盘，抱起嫂嫂的腰身向外拽。景满仓真是急昏头了，朱翠兰怎么能够拽出来呢？一经摇动，朱翠兰再次醒过来了，她一抬眼就看见了景满仓身旁的那把斧头，她说："满仓，使不得，你咋能拽出来？你用斧头把那半截胳膊砍下。"尽管，嫂嫂说得很坚定，不容置疑，景满仓难以相信这是从嫂嫂嘴里说出来的话，景满仓说："你说啥？"朱翠兰说："砍！快用斧头砍！"景满仓一听，脸色吓得煞白，不敢动弹。朱翠兰说："砍呀！快砍，瓜怂，时间一长，我就没命了。"这句话倒管用，景满仓仿佛是从地上弹起来的，他毫不犹豫地一把抓起了斧头，可是，他手臂颤抖着，难以下手。朱翠兰翻身坐起来了，她用右手一把夺下了景满仓手中的斧头，一脚将景满仓蹬出去老远。景满仓还没有爬起来，朱翠兰手起斧头落，刹那间，一声痛叫，鲜血飞溅，朱翠兰滚了个过儿，她昏过去了。景满仓一看嫂嫂血乎乎的半截子胳膊恶心得要吐，他脱下身上的棉袄包住了嫂嫂流血的胳膊，将她抱起来向村子里治刀伤的刘先生家里跑去了。

后来，朱翠兰一回想起当时的情景就毛骨悚然，简直不可思议。

朱翠兰记得，当时，她吆喝了一声老驴，伏下身子用手在碾盘上正在刨动。而此时在炮坊内，鲍玉山的儿子和另外一个雇工正在插捻子，景满义和鲍玉山抬着筐子用一杆大秤称炮药，鲍玉山的女人用木锨给筐子里装药。朱翠兰回过头去抬眼向没有安装门窗的炮坊里一看，鲍玉山没有拉住秤锤，秤锤顺着黑杆大秤向下溜去了——这是一个十分危险的信号，秤锤底下就是鲍玉山女人正在装筐子的炮药。朱翠兰老远惊叫一声："秤锤！"她被眼前的景象吓住了，吓得不知所措，木然地站在原地，挪不动脚步，她只记得，戴着眼罩的老驴把她撞倒在碾道里了，此后，她就什么也不知道了，等她醒过来时，她的左臂压在了碾盘底下。肯定是秤锤掉下去砸着了炮药引爆了做好的鞭炮——稍微的疏忽大意就酿成了一场灾难，大小五口人的性命一刹那间变成了烟尘。

五口棺材在景炳绪的院门前一字排开。死亡的气息像扇动翅膀的乌鸦在松陵村上空盘旋。悲怆的唢呐声犹如挂在房檐上的冰柱一样，看一眼就心寒。村里人帮忙打墓，七天后，掩埋了五具残缺不全的尸体。景炳绪像安葬家族里的任何一个长辈或同辈一样，礼数很周到。棺材来不及做，就派人去县城的棺材铺抬了五副棺材，在县城里同时买了两匹白布，给亲戚家或族人每户五尺白布。给这五人每人一份奠单：哪天出殡，几时下葬，哪天头七，哪天三七、五七，哪天七七（停七），都写得清清楚楚的。在停放棺材的席棚前，是五副讣告。景炳绪请来的阴阳先生在景家的坟地里给五个人看了坟墓的方位，并且用镢头勾勒出了墓穴的具体位置。出事的当天晚上，吹手唢呐就去村外的十字路迎接。出殡那天，景炳绪吩咐家里人推来了一推车鞭炮，鞭炮从景炳绪的家门口一直放到了墓地上，鞭炮声如同纸钱一样一路飘荡着。

对于炮人来说，死几个人似乎是很平常的事情，松陵村人只在嘴上念叨了几天就将轰然而响的爆炸丢在了脑后又从从容容地走进了自家的炮坊——在松陵村，做炮的不只是景姓人家，还有贾姓和蒲姓。

儿子景满义的离去对景炳绪的打击不小，他的目光呆滞无望，眼泪无声地顺着脸颊向下流。安葬了儿子的当天晚上，景炳绪拄着一根木棍到了坟地。他坐在儿子的坟头上，吃一口烟，放一只鞭炮。景满仓循着鞭炮声撵到坟地里来的时候，景炳绪被泪水濡湿了的胡须已冻成了干橛橛。景满仓背起冻麻木了的父亲向回走，伏在儿子的脊背上，景炳绪放声干嚎，一面哭一面叫着儿子满义的名字。回到家，他叫景满仓把家里剩下的所有鞭炮都在院门前点放了。

景满义是景家炮人中最能干的一个。他五六岁的时候就跟着爷爷学做炮，爷爷将做七层炮的手艺传给了他——这是景家炮的独门手艺。七层炮集花炮于一身，看起来如同一个长方形的挂灯，随着炮的点放，每一层亮起一个戏剧人物的造型——张飞、关羽、穆桂英、杨六郎等等。第一层的戏剧人物随着炮响冲上天空后，第二层被自动点燃，又是炮响，又是闪亮的戏剧人物，接着第三层、第四层，一层又一层都是自动燃放。跃在夜空中的戏剧人物如炮声一样响亮，而一层一层的炮声又如戏剧人物一样栩栩如生——这真是绝活儿。

清代道光年间，景家的七层炮到美国旧金山去展示，引来了外国人和当地华人的一片喝彩。随着景满义的离去，景家的七层花炮就断根了，因为，没有一个人知道这七层花炮是怎么做出来的，惋惜的是景满义没有把他的这手绝活儿传给他的徒弟们。

为炸死的四个人的赔偿问题，景炳绪和贾姓、蒲姓的族长发生了争吵。开初，景炳绪打算给这四个人每人赔偿十五石麦子。贾姓和蒲姓的族长提出，赔十石就足够了。如果赔得太多，他们的炮坊以后炸死了人，景炳绪的赔偿无疑就是参照了。他们不是拿不出来，而是不愿意把人命价抬得那么高。景炳绪觉得赔十五石也不多，他说，人家一条命是不能用麦子来折算的，麦子一料一料可以从地里生长，人的命只有一回，命没了，啥也没有了，啥东西再值钱也没有命值钱。景炳绪不顾贾姓和蒲姓族长的阻拦，按自己的意愿去赔偿。结果，不是十五石，他后来给死者每个人赔了十八石麦子。家里的麦子不够赔，他卖了三亩三分庄南的好地，了结了这件事。鲍家家族里的人不愿意养活鲍玉山留下来的女儿鲍银花，景炳绪就将鲍银花接到了景家来，十一岁的女孩儿从此就成为景家的人了。

在松陵村，景炳绪不算是财东，只能算是殷实人家。景炳绪的家产是靠几代人卖炮、做小生意积累起来的。到了民国初年，景炳绪名下有三十多亩土地，四头牛，一辆木轱轮大车，一辆独轮手推车，一座前庭房后楼房（木面大房）的四合院子。景炳绪疏财仗义，为人豪爽，在村里很有人缘的。

在景炳绪三十多岁的时候，他的炮坊里也出过一回事：两个雇工在毛边锅里烘干捻子药的时候，没有掌握好火候，捻子药着了火，烧了烘捻子药的两个小伙子的面目。当时，景炳绪的父亲给了两个小伙子每人二石麦子就把他们打发走了。为此，松陵村人指责景炳绪的父亲做事太过分，太不近人情。年关将至，家里的麦草垛子和牛棚同时着了火，等两头牛烧死了，村里人才来救火。景炳绪的父亲认定是那两个烧了面目的雇工放的火却拿不出证据来。有人来安慰景炳绪的父亲：这就好得很，假如他们点着了你的炮坊，你的大灾难就来了。景炳绪的父亲一想，这话不无道理。在以后的几年间，他一直提心吊胆，担心这两个雇工来报复他。这件事，对景炳绪的刺激很大——父亲的做人是他的活教材，他不能像父亲那样吝啬、刻薄、毫无人情。年过五十以后，景炳绪悟透了人生，他觉得，只有积善积德才能积福积寿。事情成败，三分人为，七分天意。这个“天意”不是死的，而是一个活物，是人的一切作为的执掌者，如果做事常善，天就佑你；如果做事太短，天就罚你。尤其是他们这些做炮的小手艺人，即使有创家立业的抱负，有贪财占色的欲望，有执掌村事的野心，一声炮响，一场爆炸，一切都会化为乌有，抱负、欲望和野心随着灰飞烟灭而被粉碎。活到了五十三岁，景炳绪历经了松陵村几家炮坊的十几次爆炸，有几次爆炸简直是鬼使神差，防不胜防，横祸似乎是伏在茂密的野草中的一只狼，猛不防，扑出来就把路人咬倒了。景满义的炮坊爆炸以后，他把满仓叫到跟前来，给儿子检讨了自己的为人，他说：“娃呀，肯定是咱的先人把亏心事做得太多了，在我手里遭到了报应。肯定是我做了缺德事，老天在惩罚我。”二十二岁的景满仓不知道怎么样劝父亲才好，他说：“爹，你不要把啥瞎事都揽在自己身上，你的为人松陵村人是知道的。咱以后把事做长善就是了。”景炳绪说：“只要你这样想就好。”景炳绪不只是将祸福和善恶联系在一起想事情，而且，用这样的观念来教育儿子常怀善心，处世为人，德行为重。

在给嫂嫂治伤的日子里，景满仓成了景家和鲍家两家人的主心骨。鲍银花是他从鲍家庄接来的。景满仓把自己的心分成两半，一半在嫂嫂身上，一半在银花身上。他步履匆忙地奔走在县城一家药铺和松陵村之间，西北风像鞭子一样在他的身上抽打，脚下的路面冻得踩上去发出了硌人的声响，他仰起头，迎着风，显得十分沉静。那时候，凤山县城里没有一家医院，坐堂的医生在药铺后面开了两个房间接诊，朱翠兰就住在接诊的房间里。景满仓在药铺里照料几天嫂嫂，又回来陪银花。银花将景炳绪两口以爷爷和婆婆（祖母）相称，晚上却不愿意在他们的炕上睡觉，她非要和景满仓睡在一起不可。银花一旦从睡梦地里惊醒就哭喊着要爹要娘，她将景满仓紧紧地搂住，用头抵在他的胸脯上，仿佛在寻找依靠。景满仓搂着她，用好话哄她，直至她在啜泣中渐渐入睡。有一天，景满仓从县城回来，发觉银花站在院门前的麦草垛子跟前，看着远方，无声地流眼泪。景满仓一把将银花揽过去撩起自己的棉袄把她的一双冻得发红的手捂在自己的胸脯上，他抚摸着她的头发说："银花，你要哭，就放声哭，不要憋，哭吧。"银花还没有哭，景满仓自己却泪流满面了。

也许是由于砍胳膊的斧头不干净的缘故，朱翠兰的伤口化脓了，看刀伤的中医给景满仓说，要保住朱翠兰的命就要把她的胳膊锯掉一拃长。景满仓没有和父母亲商量就自拿主意同意坐堂中医拿出的方案。由于中医的麻醉不够彻底，朱翠兰锯胳膊的那天夜里的哭叫声如同冰碴一样寒心。朱翠兰被捆绑在一张木板床上，断臂处也被牢牢地固定着。中医的锯子仿佛是在一段木头上锯，景满仓眼看着血水从锯子下滴淌。眼看着锯齿把嫂嫂胳膊上的肉丝扯过来扯过去。锯子无情地蹂躏着嫂嫂的肉体，血肉模糊的胳膊像女人手里的一团烂抹布，尤其是锯子在骨头上发出的响声如同一把大手在人的心上抓。朱翠兰脸色苍白，额头上汗珠滚滚，她用牙咬着一段铁板，双眼一睁一睁的，眼睛里的光芒反映出了疼痛的程度。朱翠兰口里咬着的铁板突然掉了，她头一偏，一口咬住了满仓的胳膊，不然，她会将舌头咬断的。由于她咬得很狠很紧，景满仓叫了一声，刹那间，满头大汗。景满仓疼得受不了，锁紧眉头，拿牙咬住了下嘴唇。景满仓在那一刻不可能顾忌这个受难的女人是他的嫂嫂，他伸出胳膊去揽捆绑着的嫂嫂。朱翠兰的牙上不停地使劲，试图减轻疼痛，景满仓疼得弯下腰俯下身子将脸庞贴在了嫂嫂的脸庞上，嫂嫂的泪水濡湿了他的脸，他也哭了，两个人在泪流满面中忍着疼痛等待中医做完了手术。景满仓从地上的血污中捡拾了一块锯下来的碎骨头片装在了身上。

景满义过了周年之后，朱翠兰对景炳绪说，她要请人新盖一座炮坊，继续做炮。景炳绪一听，磕掉了烟锅中的烟灰庄重地说："咱还盖啥炮坊哩？我贴进去一个儿子就够了，咱景家人不再做炮了。"朱翠兰说："你不做，我自个儿做。"景炳绪说："那不行，你一个女人家，能做啥炮？"朱翠兰说："你不做炮，叫景家炮从你这里断了根？"其实，景炳绪想到的不是做炮不做炮的事，他捉摸不透，儿媳是想守寡呢或是想改嫁？朱翠兰才二十二岁，按理，她应该守寡，可是，景炳绪不忍心儿媳守寡，更不愿意强迫她守寡。儿媳没有提出改嫁，他不好意思说出口，还怕落下赶儿媳出门之嫌。儿媳提出来要做炮，就给他传递了她的心思：儿媳不想走。既然是这样，景炳绪就应该有自己的打算。他把刚才的话又收回去了，他给朱翠兰说："先不急，叫我再想想。"

朱翠兰出去以后，景炳绪下了炕，他解开腰带重新紧了紧，扣上了棉袄下摆的最后一个纽扣，袖着手，走出了院门。

腊月初的天气十分寒冷，大地冻得结结实实的。景炳绪走到街道东头的时候可以看见月亮了，上弦月的颜色很淡，在白天正在消逝的天空中只显出了一个轮廓，月光不太亮。有几个儿子娃娃曲着腿正在街道上一个撞一个，他们嘴里呐喊着："一个娃娃一拃高，突儿一跳就飞了。"景炳绪快走到街道尽头的最后一家院门前了，他又趔回来了。他本想找家族里最年长的一位族长去说说家事的，他突然想，自己的家事需要自己解决，家事还是不外扬的好，不然，叫人说自己没本事。他伸出双手将自己的头发向后拢了拢，坚定不移地向自家的院门前走去了。

A章（二）

叶小娟被推进了县医院的急诊室。景解放被护士毫不留情地拒之门外了。他看着那两扇冷漠的铁门，站也不是坐也不是，只好在门前来回走动。走到东边的窗口跟前，景解放不错眼地看着窗外那几棵被太阳炙烤了大半天的正在喘息的杨树，时间仿佛一层薄薄的尘垢静静地沾在了杨树的叶片上静止不动了。他摸出了一支烟叼在嘴上，掏出了打火机，扭头一看墙上的提示标语，把那支烟用手揉碎了。他又走到了急诊室的门口，恰好有一个护士出来了，他拦住护士问道：“女娃咋样？”护士摘下了口罩，从天蓝色的口罩下突围出来的脸平平板板的，如蜡像一般，护士半眼也没看他，开步就走，他撵上去，又问了一句：“女娃有没有危险？”年轻的护士仿佛给墙壁说给地下的地板说：“正在检查，急什么？”景解放手一松，揉碎的烟丝撒在了地板上，他给坐在凳子上的司机马虎强说：“走，咱去叶家庄。”

景解放走出了凤山县医院大门，上了客货两用车。

汽车离开了平坦的柏油路驶上了通往叶家庄的乡村土路，车轮下卷起的粉末似的黄土饿汉一般扑向了路边的玉米地，垂头丧气的玉米不情愿似的承受着突如其来的践污，空气中满是干燥的土腥味。坐在副驾驶位置上的景解放随着汽车的颠簸而晃动着，他双目平视着远方尽量地掩饰自己的焦虑。见了叶拴定两口怎么说呢？实话实说，还是暂且不告诉他们真相——叶小娟伤得怎么样，有没有生命危险？连他自己也不知道见到叶拴定两口子怎么开口。村庄越来越近了。景解放只有一个想法：无论叶小娟的伤势如何，不能叫叶拴定两口子受到很大的刺激。

1964年，景解放和叶拴定都考进了凤山县第一中学。在六六级甲班的46名同学中，家庭出身不好的占了三分之一。富农家庭出身的叶拴定自然是“另类”，景解放的家庭成分虽然是中农，可父亲景金才是被镇压了的历史反革命，他同样被列入了“另册”。班级开展的一些活动，班主任老师明确规定：不准叶拴定、景解放他们参加。当那些“红五类”学生带着满脸的荣耀和自豪去开展活动的时候，叶拴定、景解放他们只好结伴去学校西北方向的小树林等待。站在林中的草地上，十几个同学一语不发，他们的心仿佛春天的麦苗遭遇到了霜杀一般，痛楚是无言的，有眼泪只能向心里流。由于同病相怜，这些“黑五类”同学互相依靠，成为朋友——就像林中的树木一样，只能依赖天空，向上生长。叶拴定是属虎的，小景解放一岁，他就将景解放以哥哥相称。景解放曾经把从自己家里背来的高粱面粑粑偷偷地给叶拴定塞进课桌上的抽屉里，也曾经将自己在学生灶上换来的粮票给过叶拴定。叶拴定知道景解放丢了钢笔没有钱再买时将哥哥给他买的一支崭新的钢笔送给了景解放。少年之情是艰难的生活中结出的饱满的果实。

叶拴定的哥哥是凤山县剧团的板胡手，嫂嫂是小有名气的旦角演员。星期天，景解放想去县剧团看一场秦腔戏，叶拴定就将景解放从县剧团的后门带进了剧场。那场戏是新编的现代剧《芦荡火种》（后来改为《沙家浜》）。看毕戏，叶拴定将景解放带到了哥哥和嫂嫂的住处。叶拴定的嫂嫂就是剧中扮演阿庆嫂的角色。她刚卸了妆，褪去一脸的脂粉，女人脸庞的细嫩和亮丽使看惯了农村女人的十五岁的景解放目瞪口呆，浑身燥热，不敢正眼去看。他偷偷地吸了两口气，房间里的脂粉味像十五的满月一样使景解放心旷神怡——他第一次嗅见了女人的脂粉味，觉得这味儿是人世间最使他陶醉的最使他心神不安的味儿。趁叶拴定的嫂嫂出去倒水打水的空儿，景解放将一只手指头伸进叶拴定嫂嫂的胭脂盒里轻轻地蘸了一下，将那红得如同辣椒一样尖锐的胭脂在手心里一抹，拿鼻子狠劲儿地嗅。胭脂的香味他无法比拟，要比，只能和十五的满月，春天的大地，正月的锣鼓，刚过门的新媳妇这些美景相比。胭脂的香味一下子沁入了他的心脾、神经、血液和身体上的腺体。从那时候起，景解放开始明白，女人的漂亮不只是面容的美丽和身段的好看，女人的漂亮其实是一种韵味，这种韵味无法言说，不是吃白糖吃猪肉带来的甜味和香味，而是久久地留在口腔里让人回味的那种很绵长很厚道很新鲜的味儿。景解放不敢大大方方地按照自己的意愿去看这位“阿庆嫂”，他只是做贼似的飞过去几眼便把一个漂亮的女人捞回来装进了脑海——他已经有足够的能力和情绪感受、攫取一个女人的漂亮了。他和乔桂芳结婚以后不止一次地拿叶拴定的嫂嫂和乔桂芳做过对比，一经对比，他觉得，县城里的人就是县城里的人，农村人没法比较，说到底，就没有可比性。这些话本该藏在心里，可是，他忍不住，将他见到的“阿庆嫂”说给了乔桂芳听。乔桂芳一听，酸酸地说，她再漂亮，也是戏子，我是人民教师，不是戏子。在当时的农村人心目中，戏子只能是“下九流”。乔桂芳的嫉妒是显而易见的。

回去的路上，景解放问叶拴定：“阿庆嫂真的就是你嫂嫂？”叶拴定说：“你不是问过一回了吗？咋还不信？”叶拴定的哥哥是10年前就考进凤山县剧团的。那时候，单位上要人还不太计较家庭出身。景解放说：“你嫂嫂也是富农成分？”叶拴定说：“不知道。”景解放说：“你哥真是，真是……”他找不到合适的词儿表达他的羡慕了，弯腰在路上拾起了一块土疙瘩，扔进了田地里。

叶拴定结婚的时候景解放去祝贺。这个叫做花秋仙的女人很健康很硕壮，脸蛋上有两块红坨坨。花秋仙是媒人从甘肃的武都领到陕西来的。女人的面容平平淡淡的，没有吸引人的地方，但也无可挑剔，只是嘴唇稍微有点厚。十多年了，景解放再也没有见过花秋仙，但他没有忘记花秋仙那张老老实实的面孔和门扇似的大身坯。景解放听叶拴定说过，花秋仙和叶拴定结婚半年后，花秋仙在武都的未婚夫找上门来了，他非要把花秋仙弄回甘肃不可，晚上，赖在他们的房间里，要和花秋仙睡一张炕。花秋仙死活不回甘肃去，未婚夫拽着她，将她从街道上拽出去拽倒在地，女人哭喊着死死地抱住叶拴定的腿不放。后来，叶拴定用五十块钱将小伙子打发走了。花秋仙不只是看中了关中道肥沃的土地，她看中的是叶拴定的老实和善良，她死活不再回甘肃。叶拴定和花秋仙是一对铁下心活人过日子的夫妻，也许，因为共同的苦难经历，才将他们扭结在一起了。

和现在的木讷相比，年轻时的叶拴定说话口无遮拦。他用自己的亲身经历验证了“祸从口出”这四个字的确是经验之谈。

1968年，凤山县第一中学的学生作鸟兽散，“黑五类”学生都回家当了农民。景解放虽然难受得如喝了醋一般，但他不能不接受这个残酷的事实，走进家门，放下了书包，扛上锄头和生产队里的农民一起走进了田地。他知道，他身后有一个反革命的父亲，这一辈子算完蛋了，神情忧郁的他，整天不想多说一句话。而叶拴定就不同了，他当了农民不甘心，他敢和生产队长顶嘴，敢对不公的事情站出来指责两句。生产队的妇女队长给他的母亲找茬子，妇女队长用毛主席语录来教训他的母亲，他竟然敢说，毛主席也有说错话的时候。反对伟大领袖是要砸烂狗头的。这是一句反革命言论。为这句话，他被批斗了又批斗，以至押上了公社里的批斗舞台。幸亏，大队党支部没有再深究，他才免了牢狱之苦。从此以后，他闭上了嘴，沉默寡言了，木讷了。恢复高考以后，班级里的同学撺掇他去考大学，他没有去。前几年，有能耐的人都开始办厂，他没有跟着折腾。他的想法和许许多多的农民一样朴素而简单：把儿子和女儿养大成人。小娟放了暑假，说要出去挣钱，他想到了办企业的景解放。在他看来，景解放还算讲情面，没有推拒他的女儿在厂子里干活，对此，他很感激。

景解放心想，他不能哄叶拴定和花秋仙两口子，叶小娟有没有危险，责任都在于他。连他自己也不知道，别人都在吃饭，叶小娟是怎么到炮坊那里去的？她去干什么？她是怎么样撂翻在地的？这其中的原因只有等叶小娟苏醒以后才能知道。他要实话实说，不能叫这两口子担惊受怕，也不能欺骗他俩。他一厢情愿地相信叶小娟不会有生命危险的。

客货两用车开进了叶家庄的村外。由于街道上堆满了土堆、粪堆和柴草，汽车无法开进街道里面去。景解放吩咐马虎强将车停在村外，他独自走进了街道，走进了叶拴定的家。

叶拴定在院子里的桐树底下乘凉，他的身旁是一个木制茶几，茶几上是凉开水。花秋仙用簸箕簸麦子，簸箕声很有秩序。这两口一看进来的是景解放，略略有点吃惊。花秋仙放下簸箕说："这么热的天，你咋来了？"景解放惨淡地一笑："肯定不是来看老同学的。"叶拴定用手指了指小凳子，叫景解放坐下。景解放不坐，他端直就说："炮厂爆炸了，小娟受了伤。"叶拴定一听，手中的搪瓷茶缸掉在了地上："娃这会儿在哪里？"景解放说："在县医院，你们去看看。"花秋仙说："伤到哪里了，要紧不要紧？"景解放说："我们来的时候正在检查，还说不上来。"叶拴定叹息了两声，一句也没再问景解放。花秋仙将簸箕端起来又放下，她给儿子叶宏斌交代了几句，准备跟景解放去县医院。儿子正在读高中，儿子问花秋仙什么时候能回来，花秋仙说："我和你爸都去。晚上我们不回来，你就关上院门睡觉。"

叶拴定和花秋仙跟着景解放出了街道。

景解放回到县医院里的时候，叶小娟被护士刚刚推进病房。一个瘦高个子的年轻医生告诉景解放，叶小娟是脑震荡，处于昏迷状态，身体的其他部位没有损伤。瘦高个子没有摘口罩，他的一双金鱼眼鼓得圆圆的，说话的声音仿佛是从眼睛里发出来的，被口罩捂住的嘴巴似乎是失了灵的机器部件。躺在病床上的叶小娟依旧双眼合实，像熟睡而去，她的面部没有一丝痛苦的表情，呼吸平稳而有规律。吊瓶里的液体不慌不忙的，仿佛给叶小娟的熟睡打节拍。

"小娟，小娟。"花秋仙俯下身去呼唤女儿。

"喊什么喊？病人要保持安静。"

一个很肥壮的戴眼镜的护士走进来斥责花秋仙。

花秋仙看了一眼这个横眉竖眼的护士，即刻住了声。

胖护士叮咛花秋仙："千万不要摇动病人，你们最好距离病人远一点。"

花秋仙没敢看护士，小声说："知道了。"景解放走进了医办室。三个医生正在伏案写病历。景解放坐在主治医生的跟前，小声问他："叶小娟啥时候能苏醒？"主治医生是一位头发稀疏面容和善戴一副宽边眼镜的中年人，他放下了手中的钢笔说："可能还需要一两天。"景解放将屁股下的凳子又向主治医生跟前挪了挪，他说："娃有没有啥危险？"主治医生扶了扶眼镜："从目前的状况看，不会有什么危险的。"主治医生拿起了钢笔，拧过身去，一个字还没有写，又补充道，"从各项检查指标来看，她的每个器官都没有发现什么病变。"景解放一听，戴在身上的盔甲一样的重负卸去了一些，他不觉又将右手伸进裤子口袋里，他摸到一只鞭炮，他将那只鞭炮捏紧，用大拇指和食指搓动着。

走进病房，景解放一看，花秋仙拉住叶小娟的一只手正在淌眼抹泪，叶拴定坐在凳子上呆呆地看着吊瓶。头顶的吊扇正在不知疲倦地扇动着。景解放把主治医生的话给这两口子重复了一遍。花秋仙说："这一两天醒不过来咋办呀？"景解放只相信医生的话，他没有这样想，花秋仙一问，他无话可说了。叶拴定说："看你这人？这话是医生说的，又不是景厂长说的。"景解放只好说："咱就再等一两天。"

景解放给这两口子说，他回松陵村去再准备些钱，天黑以前一定回到医院。他吩咐这两口子先照看一会儿小娟。花秋仙从病房里撵出来说："你开那么大个厂，就再没有人了？叫人把钱送来还不行吗？"景解放说："好我的弟妹哩，我咋能撇下娃不管呢？小娟是你的女儿，也是我的女儿，你放心好了。"景解放看了看表说，"两个小时以后我准保回来。"花秋仙说："你不来，我们就走了。"花秋仙长相笨拙，人却精明，她害怕景解放撇下叶小娟不管，故意这么说。她眼看着景解放上了车，出了医院的大门，才回到了病房。

景解放并没有回松陵村去，他吩咐马虎强将车开到了县城东关的凤山县教师进修学校。乔桂芳正在这个学校参加暑期教师进修学习，他去找乔桂芳，要把花炮厂爆炸的事告诉给妻子。

到了教师进修学校，景解放才知道，乔桂芳请了假，吃毕中午饭回松陵村去了。景解放马不停蹄，向松陵村赶。

乔桂芳是1972年从凤山县高中毕业的。回到乔家村只当了几天农民，做村支书的父亲就安排她到乔家村小学当上了小学教师。嫁到松陵村以后，她自然转到松陵村小学教书了。只消瞟一眼就可以看得出做姑娘时的乔桂芳是苗条秀丽的，她脸庞白净，身材端庄，长发飘逸，鼻梁上的那副眼镜不仅不是障眼物而且增添了她的斯文。她走路时目不斜视，扬起头颅，一副对谁都不屑一顾的样子。她确实曾经是一个心气很高的女孩儿，惋惜的是没有机会读大学。到了婚嫁的年龄，给她提亲的人不少，她心目中最理想的爱人是一名人民解放军的军官。其实，那一次，媒人给她介绍的确实是一个副连长。相亲安排在她的家中。可是媒人没有事先告诉她小伙子是什么官衔。吃毕中午饭，上演的节目是两个人的交谈。照例是相互间问了问年龄、籍贯、身份等等履历表上所填的内容之后，乔桂芳似乎有点迫不及待了，因为她一看小伙子没有穿只有军官才穿的四个兜的那种军装就直接问道：“你是啥级别？”小伙子避而不答，只是笑笑：“我是人民解放军。”一时间，房子里的气氛僵硬了，两个人再也无话可说了。小伙子只呆了几分钟就走了，没几天，小伙子回到部队后给她来了一封信，信中的文字很吝啬，但每一句话都像石头一样毫不留情地砸向她，小伙子讥讽她不是找爱人而是求官衔，言语中的意思是：她是一个目光短浅为人势利的女孩子。小伙子断言，像她这样的女孩子心中没有爱情，也获取不到爱情，因为她的目光只盯着男人的职务而不看他的品质。乔桂芳非但没有把信撕成碎片反而保存起来了，过几天，她拿出来看一遍。她问自己：我即使高攀，有什么错？级别不就是能力和品质的体现？对她的漂亮，她有足够的估价，她就是要嫁一个有地位的男人，这不能说是势利。她宁可终生不嫁，也不能将就自己，这是她的追求，她一定要追求一个有级别有职位的男人。就这样，一年又一年，她错过了婚嫁的好年龄。

1979年正月，解冻后的大地开始苏醒。乔家村唱大戏，放花炮。十几年来，乔家村第一次唱戏放花，年轻人觉得陌生而新鲜，个个激动不已；老年人似乎要重温年轻时的热闹，人人奔走相告。戏是凤山县剧团的戏，花是凤山县松陵村的花。景解放是松陵村花炮的带队人，他领着一杆子人刚进了乔家庄就被庄稼人围住了。

晌午饭，景解放是在乔桂芳家里吃的。乔桂芳第一眼搭上景解放就愣住了：景解放满头蓬松乌黑发亮的头发，国字型脸庞，身材端直，浑身上下的每一处都表明这是一个英俊潇洒的小伙子。那一年，景解放已经30岁了。由于父亲是被镇压了的历史反革命，媒人牵过线的女孩儿都不愿意嫁给他，一直拖到这般年龄他还是光棍。乔桂芳用目光大胆地告诉景解放，他就是她的意中人。两个人用眼睛将彼此的好感灌注给了对方。三天四晚上的大戏唱毕，乔家庄的庄稼人品尝到了热闹，景解放和乔桂芳收获了爱情，没几天，两个大龄青年就订了婚。乔桂芳降低了嫁人的门槛，只要她爱，不论小伙子是工人、干部或农民，她都愿意嫁。随着年龄的渐长，乔桂芳理智多了。两个月后，景解放将乔桂芳娶进了门。

在景解放看来，他能娶到乔桂芳是艳福不浅。他对乔桂芳十分感激十分宠爱，乔桂芳也显示出了爱恋中的女孩儿动人的形象和令他陶醉的情态，他们度过的每一天似乎都是最美好的一天。

结婚几年来，他们很少红过脸，即使有点不愉快也只是生活的点缀，谁也不准心里搁，很快就过去了。

景解放将叶小娟安排在县医院后就去找乔桂芳，他必须把花炮厂的爆炸之事告诉妻子，他要叫妻子放下心来，不要为这件事担心。

松陵村的花炮厂爆炸以后，消息很快地传到了乔桂芳的耳朵中。下午本来还要听课，她向校方请了假，赶回了松陵村。

景解放回到家中时，乔桂芳把景文祥叫到跟前已经问了爆炸的经过。景文祥刚刚出了院子。

“是不是有人把炮厂点着了？”乔桂芳依然是阶级斗争的思维方式。

“爆炸的原因还不知道。幸亏员工们在食堂吃饭，没有造成伤亡。”景解放说。

“给派出所报案没有？”

“还没有。派出所知道爆炸的事。”

“知道也要报案。”

“文祥会去报案的。现在要紧的是给叶拴定的女儿治疗。”

“娃要紧不要紧？”

“我回来的时候还没有苏醒。”

“这几天，你就守在医院里，等娃脱离危险再回来。”

“我也是这么想的。我到进校去找你，就想给你说这件事。”

“吃晌午饭时，我就知道你的炮厂出事了。”

“炮厂爆炸是常有的事，你安心学习，不要为我担心。”

“我能不担心吗？你还是快回医院去吧。”

客货两用车行走在松陵村通往县城的乡村土路上。景解放一只手托住下巴，两眼注视着窗外。夜幕开始降临，天地间的光线正在缓慢地消失，被风卷起来的杨树的叶片背面发出的白光和白花花的路面相互映衬，不远处的县城闪烁着灰蒙蒙的亮光。气温并没有因为夕阳西下光线变暗而降下来，空气像午后一样粘稠。景解放心想，叶拴定两口子肯定等得焦急了。他给马虎强说，开快点。马虎强踩了一下油门，客货两用车像景解放的心思一样在颠簸。

景解放到了病房时，花秋仙似乎已经等不及了，她心直口快地说：“你咋才来呢？我以为你把小娟撂在医院不管了。”

景解放说：“弟妹，你看我景解放是那样的人吗？”

叶拴定瞪了女人一眼：“就你话多。”

景解放说：“你们赶快回去吧。”

景解放把马虎强叫到跟前叮咛："你把小娟的爸和妈送到叶家庄就不要来医院了，明天晌午再来。"马虎强说："晚上你一个人能行吗？"

景解放说："能行。明天晌午来的时候把你嫂子捎到进校去。"

马虎强说："还需要捎啥东西吗？"

景解放摆了摆手，叫马虎强快走："不需要。"

叶拴定两口子走后，景解放打开了北边的两扇窗户，有一缕风灌进来，沉闷的空气随着一丝比麦草枝还细的风而流动，房子里还是很闷热。这是一间监护室，房间里只有叶小娟一个。躺在病床上的叶小娟一动不动的，被单下起伏不定的胸脯表示她的生命体征没有什么问题。景解放拉了张凳子向床跟前坐了坐，他不错眼地注视着叶小娟，也许是由于灯光照射的缘故，她的脸色苍白，毫无血色，沉静麻木，乌黑的睫毛在眼睑下遮出了阴影，面部不见一丝表情，没有痛苦，没有忧伤，没有欢乐，面孔不再映现人的喜怒哀乐而只是人的身体的一个部分，就像机器上的一个零部件一样。也许，人在这个时候是最幸福的时刻，这种无知觉状态将人从烦恼中彻底解脱了。他的祖母就是这样安安静静地在炕上躺了一天一夜而离开人世间的，祖母临走时连一声呻吟也没有，那种安详犹如风和日丽的晴天，更像一潭平静的水，仿佛进入了人不可能涉足的那种遥远的天堂般的境界。景解放看着看着，不由得有些担忧，小娟还是个孩子啊！她的人生几乎还没有开场，还在幕布那边，假如……景解放这么一想，坐不住了。他站起来，在地上走了几圈，抬眼去看输液的吊瓶，吊瓶里的液体在尽心尽责地滴着，那一滴一滴的白色液体仿佛是人的生命，仿佛正在孕育生长的春芽——它就是希望。景解放握住了叶小娟没有输液的右手，如果说，他的手是庞大的子宫，那么，她的手就是正在孕育的婴儿。他首先感觉到的是她那纤细的手指头，是柔若无骨的手指头，是一个温顺的小孩子一样听话的手指头，是能发出声音的手指头，他的手掌触摸到了小娟的手掌，本来应该是汗渍渍的手掌，却触摸不到一点儿出自汗腺的分泌物。他隐约能感觉到的不是女孩子手的粗糙而是那份刺心，如针划在他心中一般的刺心。他握住了叶小娟的手不放，似乎要通过这只手感觉她，感觉她的伤痛，感觉她的存在，感觉她正在生死边缘上的挣扎。他太心疼这个女孩子了，他对她的疼爱是父亲对女儿的疼爱，是令他心颤不止的动了感情的疼爱。他的儿子8岁了，什么活儿也没有干过，不要说干活儿了，连干活儿的农具的名字也叫不上名来。假如叶小娟是他的女儿，他只叫她一心一意地读书，不叫她干任何农活儿，他觉得，他那一代人把孩子这一代的农活全干了，那时候，一天干三晌，早晚加两班，在“农业学大寨”的日子里，哪一天不干十五六个小时？哪一天不汗流浃背？黄土地把他们这一代农民身上的油榨干了。他辛辛苦苦，就是为了叫孩子将来活得舒坦一些，这也许是每一个做父母的愿望。可是，这孩子偏偏生在叶拴定这样的家庭，本该坐在树荫下捧着一本书读的时候却要在炮厂里抡铁锤。景解放觉得叶小娟动了一下，他松开了双手，再看时，才发觉，那孩子如雕塑一般，还是一动也不动——动了的是他的心，他由担心而恐惧，这种恐惧由心底升上来蔓延到了他的全身。他站起来，急匆匆地到了医办室。

值班的是一个年轻的女医生，圆脸，大眼睛，胖胖的身躯压在椅子里，仿佛栽植的盆景，不准备再挪动了。

“医生，你过去看一看。”

景解放的神色有点紧张。

“哪一床？”

“监护室的叶小娟。”

“咋啦？”

“好像是动弹了一下。”

胖医生瞄了一眼景解放，稍微犹豫了一下，随着屁股底下那张椅子的响动，她站起来了，她拿起了桌子上的听诊器，走出了医办室。景解放跟在了胖医生的身后，她的白大褂下裸露的一截小腿圆滚滚的，仿佛堆在案板上的发面一样。

胖医生走到了叶小娟的病床跟前，一把撩起了她身上的被单，听诊器按在心区听了听。景解放眼睁睁地看着胖医生的听诊器在一个地方还没有放稳当又挪到了另一个地方——大概胖医生惧怕孩子心脏的跳动声——也许，那跳动声像烫手的洋芋，她必须飞快地摔掉。景解放觉得，胖医生的听诊只是一种表演。

“没有事，你慌啥哩？”胖医生收起了听诊器，拧身要走。

“孩子啥时候能醒过来？”

“明天再说吧。”

“孩子有没有危险？”

“给你说了，没事。”

景解放再要问时，胖医生带着一串胖胖的脚步声走了。

景解放把被胖医生撩到一边的被单给叶小娟盖好，他站在床前，呆呆地看了一会儿，走出了病房。

坐在病房外面的花坛栏杆上，景解放从裤子口袋里摸出了一只鞭炮，他没有看那只鞭炮，只是用一只手捻动着。晚夏的夜空昏昏沉沉的，几颗星星仿佛泡在浑浊的水里一样。他能感觉到，空气像道具一样戴在头上穿在身上。景解放心里乱七八糟的：假如叶小娟醒不来，或者成为一个不能言语的人，或者成为一个植物人，那该怎么办？这不把她一生毁了吗？如果是这样，他的灵魂永远难以安宁。况且，他对叶小娟有一种特别的疼爱，从见到她第一面时，他不知怎么的就有了这种情感。他不愿意看到那么糟糕的结果，可是，他不能不把种种“假如”估计在内。生活中碰到的难题往往是出人意料之外的。景解放将手中的那只鞭炮折成两半，扔进了花丛中，离开了花坛。走到医办室门口，景解放一看，房间里灯黑了，他伸出一只手毫不犹豫地拍打。

“谁叫你乱打门？”护士室里的一个瘦高个子护士出来了，她的言语像针一样尖。

“我要叫医生给娃再看看。”景解放说。

“医生休息了。”

“叫她起来给娃再查一查。”

“都凌晨一点多了，查什么查？明天上班查。”

景解放一看，护士的脸上阴得能拧出水来，他知道，医生是很难叫起来了，就回到了病房。

叶小娟依然像熟睡过去一样，依然那么平静。液体已经打完了。景解放将叶小娟轻轻地抱起来，叫她侧过身来朝窗口躺下。北边的窗口里能灌进来一点凉风。景解放能感觉到叶小娟的身子很软，他抱起她侧身时，她好像主动地贴紧了他。他忽然闪上来一个念头：也许，她的意识是清晰的。如果真是那样，就好了。他觉得，叶小娟的下身湿湿的，他一看，她尿在了裤子上。按理，景解放应当把护士叫进来给叶小娟换一件内衣，可是，他一想起护士刚才那眉眼那语气，即是他叫，护士也不会来的。他打消了叫护士的念头。景解放关上了病房的门。他把叶小娟身上的被单撩在了一边重新抱起了叶小娟给她褪下了裤子和内裤。他从床头柜上取来下午买的卫生纸给她擦下身，当他分开叶小娟的双腿给她揩擦时他的手臂不由得抖动。他的眼睛想挪开，但他的意识毫不妥协，意识顽强地指挥着目光，目光不顾一切地摄入了一幅图像：她那开始隆起的地方已经泛上来了稀疏而发黄的阴毛，十四岁的女孩儿的开始走向成熟似乎就从那个地方突破，这是青春的生命力的旗帜，这最隐秘的地方构成了女性美的一部分——女性的美从这里开始迈步。这片透着绿色的青草地以生命的名义和标志排斥了伦理对它的价值的肯定，只宣示着生命——任何人的生命都来自这玫瑰之门。景解放不只是意识到了生命的珍贵，而是通过这具白皙得令他心颤的裸体看到了生命的珍贵，生命就是这具裸体，拯救这裸体就是拯救生命！不是偷窥，不是意淫，没有猥亵，没有欲望，没有亵渎，没有罪恶。景解放用目光触摸的是一个走向青春的女孩儿的福地，他随之产生的意念是人的生命的珍贵——尤其是女孩儿珍贵的生命不只是在此而标示，这块福地就是生命的源头——任何人的生命都像果实一样从这里降落。为了这珍贵的生命，他必须全力去挽救。景解放迫使自己多看了一眼——活到了39岁，他除过用目光抚摸过乔桂芳的那儿以外，叶小娟是他阅读的第二个女性。内心里的淫欲荡然无存。如果说他目睹的是一朵花，这朵花挑逗的不是他的欲望而是救治她的顽强的念头。景解放用卫生纸小心翼翼地给叶小娟把那儿擦干净，一条手臂搂住她的双腿将她的屁股抬起来，给她擦了擦，身子底下垫上了卫生纸。此刻，他的心情平静了，他做完这一切，重新给叶小娟盖上了被单。景解放心里只有一个念头：救活她，千方百计，不惜一切。

景解放将叶小娟的内裤和长裤放进了洗脸盆子端到楼道里的水池跟前去洗，这是他有生以来第一次洗衣服——他给自己也没有洗过衣服。当他洗衣服时才发觉叶小娟的内裤上打着补丁，那块色调不和谐的补丁给洗得发白的内裤上补缀了花季少女生活寒碜的印记，使她那皮肤一样细腻而光滑的人生有了显眼的白癜风一样的斑点。景解放由此联想到了自己的人生——14岁那年，他还没有内裤穿，他只穿一件母亲用黑粗布给自己缝制的大裆裤子。当他第一次穿上内裤时反而觉得不舒服，他只穿了三天就脱下来了——农村人光身子在炕席上滚惯了，光着身子睡觉十分自在。景解放心想，天明后，他一定要去街道上给叶小娟买两条像样的小裤头。

景解放将洗好的衣服晾在了院子里。他想，天气很热，不到天亮，衣服就会晾干的。

回到病房，景解放将凳子拉到叶小娟的病床跟前，他坐在凳子上，头趴在床上，不一会儿就睡着了。

一觉醒来，天大亮了。景解放在水龙头跟前去抹了几把脸，头脑清醒了许多。他在盆子里兑了热水给叶小娟擦脸。他一想，叶小娟没有穿裤子赶紧去院子里的铁丝上收衣服，他把衣服已经给拽到手里了，一摸，有点潮湿，重新将衣服晾在了铁丝上。

八点多，护士进来给叶小娟挂上了液体。

景解放这才到院子里给叶小娟收来了已经晾干的衣服。他撩起了被单给叶小娟穿上了内裤正准备穿长裤，乔桂芳到病房里来了。乔桂芳刚走进来，景解放就说："来，帮把手，给小娟穿上裤子。"

他双手抬起了叶小娟的臀部，乔桂芳向上提裤子。乔桂芳说："咋？晚上脱裤子干啥？"景解放说："小娟尿床了。我脱下给洗了洗。"乔桂芳一听，愣眉愣眼地看着景解放："是你给脱下洗的？"景解放说："是的。"乔桂芳说："你等不到她妈来洗了？"景解放说："天气这么热，不洗，有尿臊味儿。"乔桂芳说："你啥时候变得这么讲卫生了？"景解放说："你这是啥意思？"乔桂芳说："人家娃是14岁的大姑娘了。"景解放说："大姑娘咋了？她是病人。"乔桂芳说："你不是病人吧？"景解放说："谁有病，谁知道。"乔桂芳本来是去进校路过来看看，夫妻俩一见面，言语虽然没磕碰，但乔桂芳说出的话味儿不正，景解放也没有顺溜的话。如果再照着这话题撵下去，两个人非红脸不可，乔桂芳不再说什么了，她走出了病房，到进校上课去了。景解放硬是克制了自己没有发脾气。

乔桂芳刚走，主治医生领着几个年轻人来查房了。主治医生有一张笑意很饱满的圆脸，有一双笑意很饱满的眼睛，他的嘴一张，肉肉的两个脸蛋上的笑意仿佛向下跌落。主治医生给一个鼓着双眼的女孩儿摆了个眼，那女孩儿撩起了叶小娟的被单，解开了她的上衣纽扣，叶小娟那几乎全裸的胸脯包括那坚挺的小小的乳房几乎在众目睽睽之下了。主治医生的听诊器蛇一样地在叶小娟白皙的胸脯上游走。主治医生收起听诊器之后，两个男孩儿和两个女孩儿装模作样地轮流在叶小娟的胸脯上听了听。景解放一边给叶小娟系纽扣一边问："咋样？娃啥时候能灵醒？"主治医生说："没有什么大问题，你放心。"景解放说："究竟是哪儿出毛病了？"主治医生说："我们正在探讨，你不要急嘛。"主治医生领着四个学生走出了病房。

到了下午，叶拴定两口子来了。花秋仙一看，叶小娟依然昏迷不醒便潸然泪下："这到底咋办呀？娃咋还不灵醒？"景解放安慰道："医生说过了，没有生命危险，会醒过来的。"花秋仙说："到底啥时候能醒过来？"花秋仙俯下身，脸面几乎贴在了叶小娟的脸上，她小声呼唤："小娟，小娟。"叶小娟那凝固不变的、看似坦然的表情没有任何变化。景解放说："弟妹，娃不是你能叫醒的，你不要叫了。"花秋仙说："娃这样多可怜呀，她能灵醒吗？"叶拴定说："景厂长不是医生，他咋知道？"花秋仙说："这样等到啥时候去呀？"景解放一看，花秋仙很焦灼，他又去找主治医生了。

主治医生不在办公室，几个病房里也没有，景解放只好又回到了叶小娟身边。

叶拴定木然地靠墙坐着。花秋仙抱怨两句叹息两声。他们坐了一会儿，说要回叶家庄去，景解放没有挽留。这两口子无法面对昏迷不醒的女儿，他们在病房里坐不住站不住。尤其是花秋仙，是个急性子，恨不能女儿即刻能苏醒。回到家里，也是坐卧不宁。叶拴定扛着镢头到了地里，想通过干活儿分散一下注意力，可他无心干活儿，又回来了。

景解放熬过了艰难的一天一夜。叶小娟的状况没有一点儿好转。景解放既忐忑不安又毫无办法，叶小娟的病情每分钟都在折磨着他，他强力按捺着自己的焦灼不安。

第三天早上主治医生又带着四个学生来查房，他们又解开叶小娟的上衣，又裸露了叶小娟的胸脯，又是你听了他（她）又听。当主治医生带着四个学生笑眯眯地向病房外面走去的时候，景解放拦住了主治医生："你们告诉我，啥时候能叫娃苏醒？"主治医生对景解放一瞥，面部那虚假的笑舒展了一些："这说不准，不过，我可以告诉你，病人并没有什么生命危险。"景解放说："这话我已听过好几遍了，我要知道，娃啥时候能醒过来。"主治医生将一脸的笑收敛了："我们也不好确定，我们只能给你说，病人可能是脑震荡引起的昏迷。"景解放说："如果不是脑震荡，如果比脑震荡严重得多，咋办呀？"主治医生大概觉得景解放的问题问得太离谱了，他一字一板地说："医学是科学，科学只回答是与不是，没有假如。这些道理讲给你听，你大概不懂，你耐心等待就是了。"景解放说："等待？这是医生说的话吗？娃如果在你们这里耽误了，我可是没完没了。"主治医生一看，景解放长长地出气，胸脯剧烈地起伏，他说："那好吧，我们下午答复你。"

中午的时光像在坡地里犁地的老牛很吃力地走过去了。一吃毕晌午饭，景解放就去找主治医生。到了医办室，还没有等他开口，主治医生抢先说："我们经过会诊，建议你把病人转到其他医院去治疗。"景解放一听，立时躁了："你不是再三说，没有问题吗？娃会苏醒吗？为啥耽搁到今天才叫我们转院？"主治医生依旧撑着一副笑脸，尤其是鼻梁以下的笑容仿佛是从衣服口袋里刚掏出来按上去的，显得很不真实："叫病人转院，是对病人负责。"景解放说："负责就不会拖到今天的，你们这叫草菅人命。"主治医生脸上的笑像漆上去的一味中草药似的，凝固不动："不要再辩理了，快去办理转院手续吧。"景解放很气愤地走出了医办室。

看来，叶小娟必须立即转院。也许，迟一天会延误生命。景解放毫不迟疑，他到街道上去找了个打电话的地方，给景文祥和马虎强分别打了电话。一方面，他要把厂里的工作再安排一下，一方面还需要准备钱。放下电话，他来到医院办转院手续。

B章（二）

景炳绪把景满仓叫到跟前的时候，他还摸不准儿子心里是怎么想的。景炳绪已经打发自己的女人问过朱翠兰几次了，朱翠兰说她不愿意离开景家，朱翠兰扼腕叹息：说她没有给景家留下一儿半女，心里怎么也不踏实。那样子，好像她做错了什么事。不是朱翠兰不能生，她和景满义结婚后的第二年就生了一个儿子，惋惜的是，孩子已过了周岁，出天花早夭了。后来，朱翠兰再没有怀孕，也不知是啥原因。朱翠兰不走，这可咋办呀？假如她守不住寡提出来招赘男人进门，这事就更棘手了。景炳绪想来想去，终于想出一个万全之策：叫朱翠兰给儿子满仓做媳妇。弟弟和嫂嫂成亲的事在松陵村是有先例的，贯家的炮坊爆炸，炸死了大儿子，贯家的儿媳没有出走，和贯家的二儿子圆了房，这一男一女照样生娃娃过日子。景炳绪叫女人去试探朱翠兰，想知道朱翠兰究竟怎么想的。朱翠兰先是低头不语，婆婆问了几次以后，朱翠兰才说："这不亏欠了满仓吗？"婆婆说："咋能说是亏欠呢？"朱翠兰说不出口她不是黄花闺女，只是绕圈子说："亏欠不亏欠，你还不知道吗？"婆婆说："没有啥亏欠的，你两个圆房后，只要能给景家生一个儿子娃娃，一河滩的水就塌了。"朱翠兰给婆婆的话中传达的意思很明确了，她的话，不是推让之词，是她的心声的流露，她觉得，景满仓没有结过婚，他应该娶一个黄花闺女，这是做男人的权利和荣耀，如果一个男人一辈子没破过处女之身这男人就太冤枉了。当然，能和景满仓圆房，对她来说，是巴不得的事情，这是她日后活人过日子的最好选择。虽说满仓比满义小四五岁，做事却比满义更稳重更老成。满义言语不多，心中有一股狠劲，似乎满腹的委屈无处发泄，似乎他一生下来这个人世间就亏欠了他。一旦心中的那股狠劲冒出了尖，他一脚就会将卧在墙角里的猫踢翻，一棍子就把院门口晒太阳的狗打成瘸腿，犁地时挥起鞭子狠劲地打牛，朝牛的耳朵梢子上打，打最能解馋的地方。在满义的心中，人世间所有的物件都是他的冤家对头，遇到了不随心的事，他走进炮坊随手抓起几串鞭炮拎出去蹲在田地里把那几串炮一齐点着听那钻心裂肺的响声，听得不耐烦了，又用脚去踩，炮没踩哑反而伤了脚。上了炕，满义也是这样，他和朱翠兰同房，粗手粗脚，粗枝大叶，他想弄，抹下朱翠兰的裤子就上，趴在朱翠兰的身子上，像用镢头挖地一样，挖累了，一声不响地就走了，再也不管不顾朱翠兰了。虽然是一个娘身上掉下来的肉，满仓和满义大不一样，满仓是一副慈眉善眼的模样，他有一颗善心，任何事情出来，先替别人着想。没理的话他不说，没理的事他不做。小时候，他没有少挨过哥哥的拳脚巴掌。当满义骑在他的身上抡起拳头打他的时候，他完全有能力把他掀翻在地，以拳相向。可是，他不。他大概知道，哥哥无缘无故地打他一顿心里会舒坦些。有一年冬天，兄弟俩套上木轱轮大车去给麦地里送粪，由于起来得早，风高月黑，没有看清地畔，两车粪土被满义下到人家的地里了。景炳绪知道此事后要打满义。满仓给父亲说，要打就打他，错事是他干的。满仓替满义背了错，满义非但不领情，反而抽了满仓几鞭子，他指责满仓在他跟前装好人。在满义看来，天下老儿爱小儿。父母亲溺爱的是满仓冷落的是他，但他说不出口，只伺机对满仓施暴。朱翠兰进了景家的门之后，暗暗地喜欢上了满仓，但她未敢流露过。朱翠兰明白，这件事弄不好就会使景家兄弟反目，招来杀身之祸。因此，她在满仓面前是一个很尊严的、不苟言笑的嫂嫂。现在公公和婆婆要她再嫁给满仓，她一百个愿意，又觉得这样做对不起满仓，况且，她残废了。

景炳绪两口吃透了朱翠兰的心思之后就拿定了主意，准备给朱翠兰和满仓圆房。景炳绪不知道儿子是怎么想的，其实，他根本不需要知道，他只要给儿子说一声就行了，儿子不同意也要同意。做父亲的是不会顾及儿子的情绪和想法的。

进了父母的房间，景满仓坐在了木柜旁边的椅子上。景炳绪不开口，只顾咂烟锅，他看也没看儿子，景满仓呼吸到的是一股呛人的气味——不是来自那杆长烟锅，也不是烟叶燃烧产生的那熟悉的味道，这气味似乎从墙体上从桌椅柜子中从房间的角角落落里从父母亲的身体里逸散出来的。景满仓忐忑不安，垂下双目，看着脚地。景炳绪咂了几口烟锅，目不转睛地注视着儿子，沉静的目光空空洞洞的什么也不流露——没有疑惑，没有责备，没有气愤，没有喜悦，他的面部书写着似乎是用了几十年的时光修炼出来的肃穆和庄重，除此以外，还多了一点忧郁。景炳绪磕掉烟灰说："我和你娘商量过了，打算下个月给你和满义家的圆房。"父亲的这一句话仿佛是从天外飞来的，尽管没有炸雷般的惊悚，但至少像一个人走着走着突然从脚下溜过来一条蛇，使景满仓惊慌失措："这咋行呢？"景炳绪将烟锅在炕边上又一磕："咋不行？"景满仓说："她是我的嫂嫂。"景炳绪说："一圆房，就成了你的媳妇了。"景炳绪不是和儿子商量的，他只是给儿子打招呼，给儿子下命令。他说："成亲时候准备啥，你自个儿准备去。"景满仓长长地吸了一口气，还没等他再说下去，景炳绪说："就这事，你去吧。"景满仓出去时被门槛绊了一下，差一点跌倒在地。

从父母亲的房间里出来，慌慌张张地下了房檐台阶，景满仓一抬头，迎面走来的是嫂嫂朱翠兰，他第一次没称呼嫂嫂，而是吞吞吐吐地说："你，你……"后面再也没有话了。朱翠兰好像忽略了景满仓反常的情绪，说："满仓，案板上有一碗米汤。你喝了去。"景满仓"噢、噢"了两声，没有看朱翠兰，三步并作两步走进了厨房，端起案板上的米汤碗，一口气把米汤喝完了。他提上水桶去绞水，木桶下到了井里，绞上来时，不见了木桶，桶跌进了井里，他这才记起来了，他下木桶时忘记了把铁钩子上的扣子扣上。他急忙到隔壁去找捞桶的武三。

武三下到井里去把木桶捞上来之后，一边解捞桶的竹竿一边说："这娃？绞水要记住扣扣子，不扣牢，有一百只桶也跌到井里去了。"景满仓一笑，急忙说："是啊，是啊。"

武三走后，景满仓开始绞水。每绞一桶水，他给自己叮咛一遍：要扣好扣子。给牛棚里的大瓮里绞了四担水，景满仓给牛拌上草，这才躺在了牛棚里的土炕上。他平躺着，双眼睁得大大的，注视着房顶。他的目光里满是朱翠兰的身影，是她那双水汪汪的眼睛是她脸庞上的那两个盛满笑意的酒窝。他一听，父母亲要把朱翠兰和他撮合在一起，他既惊诧又兴奋。他不能骗自己，他确实喜欢这个女人，就在朱翠兰进门的那一天，就在哥哥撩起盖头朱翠兰那张脸蛋如草叶上晶莹的露珠闪动的那一刻，他就心动了。他心想，他以后一定要娶一个像朱翠兰这么好看的女人做媳妇。

在朱翠兰进了景家门的头一年，他和嫂嫂很少说过话，他不知为什么总是躲避着她的身影躲避着她的声音——他一听见她的声音心里就发颤。他一看见嫂嫂心里就不安，他的不安来自他的睡梦，他一觉睡醒，发觉裤裆里湿湿的，黏黏的，他开始回忆梦中的情景，开始回味他把嫂嫂压在身底下肆无忌惮地给她戳进去而带给他的快活。他不敢面对嫂嫂，更不敢面对哥哥，他一看见他们就心跳发慌，他责备自己，骂自己，不该睡嫂嫂——即使在梦中也不该。他初次品尝了喜欢一个女人给他带来的不可言说的苦闷。喜欢只是喜欢，他没有胆量去挑逗、勾引嫂嫂，他想也不敢这样想。他觉得，这样想就是违背了天伦，就是罪恶。一旦父母亲要把嫂嫂许配给他的时候，他的思想上还没有接纳嫂嫂的准备。阻碍他在父母亲面前痛痛快快允诺这桩婚事的不只是伦理——嫂嫂和弟弟毕竟是平辈人，也不是年龄——他和嫂嫂都22岁。他的心底深处浮上来一缕声音，这声音不是在呐喊，而是在呻吟：她给哥哥做过婆娘。这声音里的意思明明白白的：她不是黄花闺女。他心里总是疙疙瘩瘩的。他是初婚，和他成亲的应该是一个黄花闺女——他的要求并不过分。这个念头刚生发，他又开始责备自己，你那么喜欢她咋能嫌她呢？景满仓心里乱极了。

景满仓再也躺不住了。他翻身下了炕，拿起黄铜脸盆开始给牛饮水，他从瓮里舀了一盆水给红犍牛刚端到跟前去，红犍牛就迫不及待地将嘴伸进了水盆中，红犍牛一口气喝了一盆水。他又舀了第二盆，红犍牛一口气又喝完了——牛渴极了。牛渴了的那种迫不及待他不止一次地目睹过，渴极了的牛，喝水是一种亡命般的样子，即使你用再狠的鞭子抽它，它也不顾及，它只是没命地喝。他不是牛，但他能体验到牛发渴有多么煎熬。红犍牛连喝了三盆水才喝饱了，它将嘴从黄铜盆中取出来抖动缰绳时是一种十分满足且舒坦的样子。看着牛嘴上向下滴着水珠很快活的模样，景满仓觉得特别好笑。

景满仓从牛棚里出来，恰巧在院子里碰上了朱翠兰。朱翠兰一看，景满仓脸红红的，好像微醉的样子，不知他咋了。

景满仓拦住嫂嫂说："我刚给牛饮完水。"

朱翠兰说:“是吗?”

景满仓说:“牛渴了就要喝水。”

朱翠兰说:“那当然。”

景满仓说:“牛喝饱了,就不喝了。”

朱翠兰笑了:“那当然。”

景满仓凝神看着朱翠兰:“我说错了吗?”

朱翠兰又笑了:“没有呀,你说的是实话。”

景满仓也笑了,他朝嫂嫂莫名其妙地一笑,去收拾牛圈了。

朱翠兰提着竹笼子去打麦场揽柴火,她双眼注视着前方,脚步轻快。走进打麦场,她弯下腰用右手去麦草垛子上撕麦草时想起了景满仓刚才的神情,不觉哧地笑了。

景满仓站在院子里。夜晚宁静而温柔,月亮悬在头顶,仿佛镂刻在天上,边缘清晰而分明;缺了一牙的月亮,是大蓝大蓝的天空中的一挂天灯,它比点着了的雷子炮更亮。房屋和树木的影子倒在院子里。印在地上的房屋老老实实地缺少灵气,树的枝叶看起来有点凌乱。秋天的凉意如同柔软的舌头舔动着景满仓的脸庞。景满仓估摸父母亲睡着以后走出了房间。

静静地站了一刻,景满仓朝嫂嫂的房间那边走去了。嫂嫂房间的灯光透过窗户纸亮出来。在嫂嫂的房子门口,景满仓踌躇了一刻,又离开了——他从来没有在黑地半夜里进过嫂嫂的房间。景满仓抬头看看这,笑眯眯的月亮似乎给了他勇气。他又走到了嫂嫂的房子门口。

嫂嫂房间的门虚掩着,景满仓轻轻一推就推开了,乖觉的房门发出的声音比灯光还暗。景满仓抬眼去看,只见嫂嫂对着菜油灯静默而坐,面容极其沉静。她对景满仓一瞥,一动也没动,似乎景满仓到她的房间里来在她的预料之中,在她看来,景满仓是飘进来的月光,她拦不住也不想拦。朱翠兰没有吱声,用眼睛招呼景满仓坐下。景满仓坐在炕沿,不知说什么好,进屋时准备好的那几句话就像点不着的捻子成了哑炮。尴尬了一刻,景满仓单刀直入:“爹说了,下个月就给咱俩圆房。”朱翠兰断然地摇了摇头眼睛在跳跃的灯花上定格了。灯花闪烁不定。景满仓问道：“你不情愿？”朱翠兰苦笑一声，拔下了头上的簪子去拨灯花。景满仓又问道：“为啥？”朱翠兰又是苦笑一声，没有回答。景满仓说：“是我不配你吗？”朱翠兰还是没有吭声。景满仓和自己较量了一番，他发觉，他还是喜欢朱翠兰的，只要喜欢，他就不在乎她是不是黄花闺女了。再说，父母亲给他定一个丑八怪他也要接纳。他渴望的就是和他喜欢的人在一起。于是，他打算从内心里接纳这个女人，他没有料到，朱翠兰会如此漠然、淡然。他沮丧地说：“你不愿意，我就走了。”朱翠兰扑上来用右臂搂住了景满仓，嘤嘤地哭了：“满仓，你曲解我了，我那样做，会亏欠你的，说不定，你也会后悔的。”景满仓说：“我已经答应爹和娘了，就娶你。娶了你，是我的福气，我咋能后悔呢？”景满仓用自己的衣服袖子去给朱翠兰揩擦脸庞上的泪珠。朱翠兰捉住了景满仓的手腕，静静地看着他。

朱翠兰说：“我是个废人。”

景满仓说：“我不嫌。”

朱翠兰说：“我是个生过娃娃的婆娘。”

景满仓说：“我不嫌。”

朱翠兰又抱住了景满仓，她没有想到，她的命里会有这么好的男人，她之所以没有离开景家并不是蓄意想嫁给景满仓，她觉得，景炳绪两口子待她不错，她打算把她的余生在景家打发掉算了——从22岁起守活寡。而景满仓对她的表白使她十分感动，她说：“只要你不嫌弃，我现在就给你，把心和肉身子都给你。”朱翠兰用牙咬开了景满仓白汗褂子上的纽扣，她用右手拉开了自己的裤带结。景满仓一看，慌神了，他说：“你不做我的婆娘，我说啥也不。”朱翠兰破涕为笑：“瓜怂，你真是瓜怂一个。”

景满仓病了，他得了伤寒，发起冷来，身上捂两床被子还在发抖，一旦发热，浑身像火烤了一般。朱翠兰整天守在景满仓跟前，给他喂药喂水，用热毛巾敷，用冷手帕擦。吃了十副中药了，烧还不退，朱翠兰急得团团转。朱翠兰用驴将他驮到县城里，住到当年给她治伤的坐堂的中医那里，她给景满仓接屎接尿，伺候了半月，烧才慢慢退了。

景满仓没有和朱翠兰如期圆房，一直到正月里，景满仓的身体彻底恢复了，两个人才成了亲。景炳绪像给大儿子结婚时一样，体体面面摆了酒席请了客。儿子成婚前，景炳绪思量再三，不但没有挡客，而且还请了客。他要把景满仓和朱翠兰的婚事办得像他们的初婚一样隆重。这并不是景炳绪的虚荣心作祟，他想，对于满仓来说，是初次成婚，这是他一生中的大事，必须办体面。景炳绪按程序请人写了婚书，婚书是用宽八寸长二尺的红帖子写成的。婚书中写上了结婚的时辰；女方开脸的时分，开脸时的坐向；上下轿时，轿口朝哪个方向摆放，女方进家门的时分，等等。两个人结婚前十天，景满仓就给亲戚朋友下了请帖，请帖是用大红帖子一封一封写成的。朱翠兰在三天前到了景满仓的娘姨家——北杨村。北杨村距离松陵村只有三里路，不过沟不过河，也好迎娶。结婚的前一天，朱翠兰先是进行沐浴，然后，按婚书上的时分开脸；开脸前，先点一炷香。朱翠兰再按婚书上的方位，面东而坐，然后，请村里儿女成双，德行好的女人（称全美人）开脸。全美人用红头绳给朱翠兰把头发扎成一个角形（俗称扎角夫妻），竖在脑后，然后用红线绳绞去头发四周的黄毛，再用打碎的瓦片在头发四周刮一遍。开脸之后，不得再见生人了。朱翠兰是二次开脸，反而显得有点别扭，但她还是掩饰不住内心的高兴。正月十二是迎亲的日子。吃毕早饭，松陵村人便去北杨村迎亲。迎亲的年轻人抬上花轿和食盒。食盒分为四层，里面放十二个年糕，四色礼，连刀礼和一个猪肚子（生女子落肚子）。花轿前帘上贴一个大红“狮”字，后门上贴一个大红“囍”字。四个小伙子抬花轿，两个小伙子抬食盒。前去娶亲的小伙子是景满仓的同辈，身穿崭新的长袍马褂，头戴崭新的礼帽，骑马先行。“娶女客”骑马相随，浓妆艳抹，紧跟轿后。一行人等，笑容满面，喜气洋洋，前往北杨村迎娶朱翠兰。花轿到了景满仓娘姨门前，落下轿。这时候，朱翠兰顶着“盖头”（方方三尺红绸子），盖头上插一朵纸做的石榴花（多子之意），景满仓的表哥背着朱翠兰，将她放进轿内，上轿前，脱掉旧鞋，换上大红新鞋。朱翠兰临出门前，怀里揣三个蒸馍，一个扔在土地堂前，一个扔在大门外，一个将带回新房，放在新房的炕席后。朱翠兰上轿后，一个十岁左右的“压轿娃”也入了轿，“压轿娃”怀内抱着长命灯和镜子、脸盆。轿杆上挂一铜壶，壶内盛有白酒，顶端插白葱、红萝卜。一声锣鼓敲响，花轿起程，一行人浩浩荡荡走向松陵村。花轿到了景炳绪家门前，按婚书上写好的方位，轿口朝东，放下轿子，此时，鞭炮鸣放。接亲的赶紧在轿下铺上红毡。朱翠兰踩着红毡下了轿，开始进门。朱翠兰走到土地堂前，有人开始撒花生、红枣、糖果。连撒三把。看热闹的小娃们争相抢拾。此时，景满仓身着长袍，头戴插花礼帽，脚穿千层底新布鞋，他在门道里摘去了盖头上的石榴花。石榴花刚摘去，一个年轻厨师用擀面杖挑去朱翠兰头上的盖头。盖头交给了景炳绪的女人，女人将盖头放在厨房烧火坐人的木头坐墩上，用屁股连墩三下，表示能守住儿媳，三天后，这盖头布将交给朱翠兰，以后给小孩做衣服。朱翠兰入了洞房，坐上炕以后，便由执事者宣布早饭开始。吃毕早饭后不久，就举行结婚大礼。等这些程序进行完毕，景满仓才松了一口气。他心想，他总算和朱翠兰成婚了。

毕竟朱翠兰是二婚，新婚之夜，前来闹房的年轻人不多。闹房的人走后，景满仓和朱翠兰老早就钻进了被窝里。22岁的景满仓毕竟没有沾过女人，他显得笨拙而急迫，一点儿也不得要领。守了一年寡的朱翠兰虽然也是饥渴难耐，她却不慌不忙，有板有眼，她将血迹斑斑的岁月深藏起来，用女人的妩媚温柔补偿和报答景满仓对她的爱。她夹紧两腿故意逗弄猴急猴急的景满仓，景满仓被她逗得直喘粗气，用手在她的那里挖抓，朱翠兰干脆撩起了被子赤裸着下身。借着长明灯的光，景满仓看见朱翠兰那个地方好像一个白蒸馍上划了一刀，裂开了一条缝，不知缝隙在哪儿。他嘴里念叨着：把他的，咱寻不着地方，这炮没地方放了？朱翠兰哧地一笑，叉开了腿，用一只手辅导着景满仓如何动作，当景满仓从巅峰下来之后，深情地说：

“嫂子，你真好。”

“你说啥？”

“翠兰，你真好，好死我了。”景满仓急忙纠正。

从这个夜晚起，和他同岁的朱翠兰不再是他的嫂嫂而成为他的媳妇了，他将和这个女人一起活人过日子，这是景满仓做梦也没有想到的事情。他看着朱翠兰的脸庞,这张圆脸上绽放着玫瑰色的光彩——不只是满足、愉快,她的心底里有一种无比幸福的激流在搏击,这种搏击无法克制地荡漾在她的面部。作为已经结过一次婚的朱翠兰,她知道,她的刻骨铭心般的愉快不只是来自肉体而是来自两个人的心和脑以及肉体的共同结合。她和景满义结婚几年了,从没有享受到这腾云驾雾般的快活。由此,她明白,景满仓是把心交给了她。令她担心的是,她不知道两个人的爱能持续多久。其实,朱翠兰的担心是多余的,景满仓心里清楚,他所爱的是景满义当年揭起盖头时他第一眼瞄上去的那个朱翠兰,是他渴望得到的朱翠兰。

"你不知道,每个女人都是这么好。"朱翠兰说。

"我只知道你好。"

"那就叫你好一辈子。"

"不行,至少好八辈子。"

"小心把你好死了。"

景满仓把朱翠兰紧紧地搂在怀里,他抚摸着她,略显粗糙的手从朱翠兰的胸部向下轻轻地抚摸。

"翠兰,我给你说,咱景家不再做炮了,活人的路子多得是,何必吊死在一棵树上。"

"那不行。"朱翠兰捉住了景满仓的手腕。

"做炮这活儿,一不小心,就伤人,就像老辈人说的,在老虎口里拔牙。"

"你害怕了?"

"我害怕没有你。"

"你不要害怕。咋能没有我?景家炮和朱家炮还靠咱俩向下传呢。"

"我不想做炮,只想放炮。"

景满仓的手又伸向了朱翠兰的那个地方了,朱翠兰娇嗔地说:"你有本事,你就放。"景满仓说:"我不能一辈子光做炮,我是炮人,就要放炮。"朱翠兰捉住景满仓的那个东西说:"炮是我的炮。"景满仓说:"给你,我给你。"景满仓刚刚趴上朱翠兰的身子,恍然听见几个孩子在遥远的地方呐喊:"一个娃娃一拃高,突儿一跳就飞了。”两个人折腾了一番，终于像满地的炮皮一样沉静下来了。

过了正月十五，景满仓和朱翠兰就动手盖炮坊。炮坊依然盖在村子南边，但没有在炸死景满义的地方。景满仓请来了看风水的先生，另选了房址。

正月底，景炳绪在家里又摆了两桌饭，他请来了景德胜的父亲做证人，将鲍银花正式过继给景满仓和朱翠兰做女儿。景德胜的父亲景天绪摇头晃脑地念了一遍过继文书。景满仓和鲍银花以及景天绪在各自的名下按了手印。文书由景满仓收管。当鲍银花给景满仓和朱翠兰叩毕头，叫了一声爹和娘以后，忽然放声哭了。她的哭声惹得朱翠兰也流下了眼泪。

A章（三）

景解放行走在去叶家庄的路上。他没有叫马虎强开车去，而是骑了一辆破旧的自行车。虽然节令过了立秋，实际上还在伏天里，天空不见一丝云彩，干燥的大地染上了太阳光刷白刷白的颜色。最后挣扎的酷暑不顾一切地释放着最后的热量，热得难耐的知了争先恐后地把嘶哑的声音厚厚地铺了一路，自行车的轮胎从叫声上碾过去使那叫声更加凌乱不堪。尽管景解放将自行车骑在树荫下，汗水还是濡湿了衣衫。田野上被太阳烤出来的玉米的味儿如同阳光一样浓郁，景解放呼吸着庄稼的气息，强烈地感受着这火辣辣的日子。躺在病房里的叶小娟好像已经感受不到这酷热这气息了，她似乎被抛在了生活之外。景解放一想起昏迷不醒的叶小娟，心情就十分沉重。他本来打算今天晌午就去省城，他想了又想，必须先把叶拴定两口子安顿好，解除他们的担忧，他要给叶拴定两口子说，只要有一线希望，他也不会放弃治疗叶小娟的，就是倾家荡产也要把叶小娟治好。

景解放到叶家庄的时候，叶拴定两口子也正准备去县城。

景解放实话实说："医生叫小娟转院治疗。"

花秋仙急忙问："娃还没有灵醒？"

景解放说："没有。"

花秋仙说："这可咋办呀？"

景解放说："我准备下午就把娃转到西安去，我来问一下，你们去不去？"

花秋仙说："家里这么一摊子事，我一天也离不开，再说，儿子还要吃饭，我走了，谁给他做饭呀？手心手背都是肉，儿子女子都要顾。"她瞅了一眼叶拴定，"你说话呀！"

叶拴定低头不语，他用右手在左肩膀上搓动着汗泥。生活如同一把利剑削砍着叶拴定的个性，把本来还有些个性的叶拴定削砍得仿佛一棵剥光了叶子的高粱秆孤独地在风中摇摆。景解放记得，他和叶拴定看毕秦腔《芦荡火种》的第二天午饭后，班级召开会议，这是一次只有出身于贫下中农的学生和共青团员才能参加的会议。也许是叶拴定并不知道会议所界定的人员范围，他坐在教室里没有走。学校的团委书记讲了几句话后发觉了坐在后排的叶拴定。他故意问叶拴定："你家是什么成分？"叶拴定说是地主。团委书记说："我还以为是革命干部。"他厉声说，"出去！马上出去！"团委书记的呵斥声像鞭子一样抽打着叶拴定，叶拴定的自尊心受到了极大的挫伤。班主任质问他为什么要偷听会议？他有口难辩。班主任叫他写检讨，他不写。班主任说："你是地主的娃，你知道吗？"叶拴定说："地主的娃咋了？"班主任说："你还嘴硬？你再不老实就开除你。"叶拴定一气之下跑出了教室，他跑到教室后边的润德泉边一头向泉水中栽去了。幸亏，随后就赶来的景解放抱住了他。后来，他回农村当了农民，连续遭受到几次打击之后，再也不乱说乱动了。生活一天一天地将他打磨成如今这个样子了。叶拴定半晌才开了口，他说："我不去西安，我去能干啥？"

景解放说："小娟是你们叶家的女儿，也是我景解放的女儿。既然你们都不去，你们就放心，我一定要把小娟给治好。西安治不好，我就去北京、去上海。"

花秋仙说："我们把女儿交给你了，治好了是你的女儿，治不好，还是你的女儿。"

景解放说:“治好了是你们的女儿,治不好,我养她一辈子。”

“你不光要养活她一辈子,后面的事还多着哩。”

叶拴定瞅了女人一眼,眼神里的意思是,你不要把话说得那么绝。花秋仙不管不顾,还在说:“我不能白白养活她14年。”

景解放一笑:“有白享的福,没有白受的罪,你们不会白养活的。”景解放看看叶拴定说,“好了,既然你们两口子都不去,我也不强求,吃毕晌午饭,我们就动身了。”

回去的路上,景解放回味着花秋仙的话,他听得出,女人话中的意思是:“假如叶小娟有什么不测,全部责任是他姓景的。景解放本来想给花秋仙说,他景解放就不是不负责任的男人,他想了想,还是没有说出口。并不是叶拴定两口子对女儿缺少感情,不陪叶小娟去西安治病。对于这件事,两口子谋划过:他们不能管得太多。一方面,他们担心管得太多导致景解放撒手不管;一方面,他们没有钱管女儿,所有的问题都要钱解决。因此,他们只能横下一条心,把叶小娟全推给景解放。

叶小娟住进了省城中心医院。这所医院在西安市永康路。

去办住院手续时,院方叫景解放先交一万元。景解放一听,立时愣住了,他的炮厂一年的纯利润只有七万多元。景解放以为他听错了,又问了一遍,从窗口里戳出来的声音生硬得跟木棍一样:一万。确实要交一万!景解放把他带的所有钱从窗口递了进去,办好了住院手续。

小娟住下以后,他吩咐和他一块儿来的马虎强回凤山县取钱。他给景文祥写了一封短信,叫景文祥到银行取一万元。马虎强已经上了车,他再次给马虎强叮咛:钱到手即刻就拿来。马虎强说:“景厂长,你放心。”马虎强觉得,平日里很干练很干脆的景解放像老人一样啰嗦了。景解放只有一个心愿:只要能治好叶小娟,花多少钱他也愿意。

景解放在省城熬过了一个礼拜,叶小娟还是没有苏醒。景解放每天都要问几遍医生:“孩子啥时候能苏醒?”医生每次的答复都是一样的:“需要一个过程。”

景解放心想，这个过程是多长时间，十天？半月？半年，还是一年？医生没有给明确答复。开初几天，景解放焦灼不安，坐卧不宁，甚至连多看叶小娟几眼的勇气都没有了。一个礼拜过后，他反而平静了，他不得不说服自己接受这个残酷的事实：小娟要苏醒过来必须用时间熬。按照医生的说法，叶小娟没有内伤，脑血管和整个大脑也没有受损，也许是哪条神经出了问题。景解放相信医生的话。这是一所在省内很有名气的大医院，这里的几个专家是省内医学界的名流，他们不会弄错的。景解放相信专家就像相信太阳每天要从东边出来一样。

景解放感觉到叶小娟在好转，她能进食了，只是大小便没有知觉。叶小娟拉在床上，景解放当即给清洗。景解放从来没有这样伺候过任何人。母亲跌了一跤就再也没有苏醒过来，他常常感到内疚的是没有在床前服侍母亲几天，没有尽到一个儿子该尽的孝心。每次给叶小娟擦洗一毕，景解放就想，他如果能把母亲这样照料上十天半月或者一天两天，他的内疚就能减轻几分。母亲是守寡把他们姐弟三个养活成人的，母亲的一生吃了太多的苦受了太多的罪，在辛苦劳碌中离开了人世。服侍小娟给他带来的伤感多于劳累。每次给小娟擦毕屎尿，他都要打一盆水来给她把下身洗得干干净净的，他抬起叶小娟的屁股分开她的双腿给她揩擦时，不再迟疑不再心动，他是平静的，他的头脑里只有这样一种伦理意识：躺在他面前的几乎全裸的叶小娟就是他的女儿，是血管里流淌着他的血液的亲骨肉。小娟每次挂上液体后，他就坐在她的跟前静静地看着她默默地朗读她，他像面对着一片绿油油的青草地面对着礼花绽放的夜景。他记住了小娟的五官面貌，连她的眉毛似乎也能数得清——叶小娟就是这样一点一点渗进他的意识流进他的血液的——仿佛滴水穿石一样。就这样，一个可以作为女儿的女孩儿被他牢牢地固定在心中了。他像疼爱他的儿子一样疼爱叶小娟。连他自己也无法给他的这种情感作注释——究竟为什么呢?

景解放已经先后给医院里交了两万元，院方又催他交款。他给景文祥打了几次电话，叫他汇钱过来，景文祥口头答应得很欢，就是不汇钱。他十分生气。他想回凤山县筹钱，但又走不开，叶小娟没人照料根本不行。就在他为难之际，叶拴定两口子来了。

他给叶拴定两口子说，他回凤山县准备钱，花秋仙不信，以为他要开溜，他把院方的催款单拿出来叫这女人看，花秋仙这才相信了。花秋仙问他回去几天。他说三两天。花秋仙说："你可不能把我们撂在省城不管。"景解放一听就躁了："我姓景的是那样的人吗？你咋老用那种眼光看我？"花秋仙急忙赔上了笑脸："我只不过说说，看你？咋还当真了？"景解放临走时给这两口子叮咛，什么时候给小娟喂水喝，什么时候喂饭吃，什么时候接大小便。他吩咐这两口子，晚上不能睡着了，小心小娟跌下床。他已走出了病房，又转身回来，掏出来身上的几十块钱，给了这两口子。

景解放回到家里没有见到乔桂芳。学校已经开学了，乔桂芳吃住在学校里。放了下午学，景解放到松陵村小学来找乔桂芳。乔桂芳撩起房间的门帘一看，床沿上坐着的是景解放，她愣了一下放下手中的课本和粉笔盒，说："瘦了，你瘦多了。"景解放说："饭倒不少吃，医院里是劳人心的地方，每天晚上睡不好觉。"乔桂芳说："你买一张行军床支在病房里。"景解放说："医院不叫支。"乔桂芳说："那你咋睡觉呢？"景解放说："坐在小凳子上，头趴在床上睡一会儿。"乔桂芳心疼地又看了看景解放，她连沾在手上的粉笔屑也没顾上擦，两只手分别捂在了景解放颧骨突出的脸庞上，长长的睫毛扑闪着，她说："走，咱回家去，晚饭在家里吃。"景解放说："在学校灶上将就着吃一顿也行。"乔桂芳说："那不行，你先回去，我一会儿就回来。"景解放一看乔桂芳那深情的目光，心里酸酸的，他假装抚头发，在眼睛上抹了一把，走出了乔桂芳宿办合一的房间。

乔桂芳一进家门就做饭。

就在乔桂芳到厨房里去做饭的时候，景解放躺在炕上睡着了。乔桂芳做好饭到房间里去叫景解放，只见景解放正在酣睡之中，就没有叫他，她想叫他多睡一会儿，可是，儿子嚷着要吃饭。儿子把景解放吵醒了，他睁开眼一看，天已黑实了，爬起来说："你咋不叫醒我？"乔桂芳说："你瞌睡成那样子，我咋能叫你？"景解放说："我吃毕饭要去找文祥，你快端饭去。"

吃毕晚饭，景解放将饭碗一推，拧身就要走，乔桂芳说："我今晚上不去学校了。"景解放说："你先睡，我和文祥说毕事就回来。"乔桂芳给景解放送了温暖、温馨的一眼："我等你。"

儿子睡着以后，乔桂芳将儿子抱到了隔壁房间。

乔桂芳洗了手脸，精心地抹上了雪花膏，她端起桌子上的小圆镜子，镜子里的女人脸上浮现着柔和而滋润的神情，透过那神情她仿佛能听见女人体内涌动着一种声音，她仿佛能看见女人的渴望如同熟透了的苹果一样。她十分满意地放下了镜子，上了床，脱了衣服，钻进了被窝。初秋的凉爽坚定不移地将晚夏的闷热逼走了，舒适的凉意抚摸着乔桂芳的裸体，长长地躺在床上她觉得慵懒而舒服。她是25岁和景解放结婚的，他们结婚时，和她同龄的姑娘们大都已经抱着孩子在街上逗着玩了，虽然灿烂的年华尚未败落，但失去的美好时光如同晶莹的露珠一样掬不到手中来了。对男女之事的迫切是她和景解放的共同心理，不同的是，她的如饥似渴到了不顾羞丑的地步，每天晚上她主动地要景解放和她云雨一番不说，连白天的闲暇她也不放过——她将景解放拥进房间三两下扒掉他的衣服，她像孜孜不倦的弥补学业一样弥补失去的岁月（好多女孩儿20岁就结婚了），弥补从20岁到25岁那几年没有做爱的缺憾。等孩子出世后，她的疯狂劲儿减了一些，但对男人的渴望如同一树未被风卷雨打的梨花，依旧繁繁的。乔桂芳打开电视看了一会儿，电视画面非但没有熄灭她心中依旧点燃的火苗反而使那一团火越烧越旺了：电视屏幕上那个十分性感的女人的姿势和动作具有明确的挑逗意味，这样的挑逗不禁能擦出男人心中的火花也会使女人心里发痒。她关了电视，还是翻来覆去地睡不着，房间里漆黑如炭，她发觉，阻碍她入睡的是各种各样的声音，她仿佛听见了黑夜的嗡嗡声房间里的呢喃声大地的低吟声秋风在树叶间的行走声鞭炮的鸣叫声，尤其是自己的呼喊声特别醒目，那呼喊声就来自她的体内，这声音唤起了她对婚后那段美好日子的记忆，唤起了他对做爱的迫切渴望。这是她生命的最强音。是她充满激情的写照。也许，这就是一个人顽强的生命力的体现。她睡不住了，她又开了灯，拿起一本书。书本上的汉字如同蝌蚪一样在她的双目中左右摆动着，她的眼睛里只有汉字，连词组也没有，更不要说这些汉字表达的是什么内容了。她将书本丢在一边，双目盯着屋顶，她的目光里是一只雷子炮，圆柱形的雷子炮像棒槌一样悬挂在屋顶。她看见，自己拿着香头去点那雷子炮，却没有点着。

孩子们用清脆、清澈的声音在喊叫：一个娃娃一拃高，突儿一跳就飞了。这时候，景解放回来了。

半夜而归，对景解放来说，是常有的事情，无论景解放回来得多么晚，乔桂芳从来没有问过是什么原因，她知道，景解放为炮厂的事而奔忙。不是她不担心景解放拈花惹草，而是她感觉到景解放是不会拈花惹草的——她相信她的直觉胜过流言蜚语——语言有时候是最靠不住的东西，尤其是人们把语言当做武器来使用的时候。景解放大概意识到自己回来晚了，他的开门声很轻，关门声更是小心翼翼的，生怕可恶的声音把女人在房间里营造的气氛撞碎了。他轻手轻脚地脱了衣服轻手轻脚地钻进了被窝。

“还没有睡？”

“能睡着吗？”

“现在的人真是难以相信了，连文祥也给他四爸使绊子。”

“咋回事？”

“我明明知道账上还有十多万，一个月没去厂里，景文祥说只剩下一万多元了。”

“你回来是专门查账的？”

“查啥账？叶小娟治病需要花钱。”

“已经花了多少？”

“三万多了。”

“还不够？”

“不够。”

“叶小娟现在咋样？”

“还没有醒过来。”

“成植物人了，得是？”

“医生没有那么说。”

“如果成了植物人，不要说你花三万多，你就是花三十多万也是枉然。”

“照你说，不花了？不给她治了？”

"我没那么说，我是说，这个无底洞你能填起来吗？"

两个人三句话过后就顶撞起来了。乔桂芳酝酿了几个小时的情绪就像一片绿茵茵的青草地。这片青草地突然被泥污的脏脚踩踏了。她构想的情景无法亲热地进入。她本来等待得有点毛躁了，景解放不但不道歉反而很强硬。她的气不打一处来。房间里温馨的气氛在变味。乔桂芳就不知道，景解放是憋着一肚子气走进家门的。如果不是他急着用钱，如果不是他急着去西安给叶小娟治病，他非要叫景文祥把资金的去向说个一清二楚不可。其实，景文祥早就在后面捣鬼了，他私刻了景解放的私章和松陵村花炮厂的公章，在银行另立了账户，把两万元转在了自己的账户中。这件事，会计和出纳没有察觉，景解放根本不知端倪。对于景文祥，景解放从来就没有戒备心，更没有怀疑过他什么。景解放只看见了景文祥精明能干的一面，没有觉察到他狡诈而不老实的一面。如果他要查账，景文祥是不会露出破绽的。景文祥把漏洞早弥补了。他是那种一声不响地做事的人，是上山之前就选择好下山之路的人。景解放虽然一肚子的气，还不能在景文祥面前发作。因为，厂子里的一大摊事情需要景文祥来管，他离不开景文祥。他只能忍了，叫景文祥想方给他弄些钱。

"填不起来也要填。"

景解放的口气不容置疑。他好像举起拳头念宣誓词。

"你花的是大家的血汗钱。"

乔桂芳翻身坐起来了，她冷眼看着景解放，堆积在心中的爱欲像冰雪一样在消融。

"我不会花大家的钱，员工们的工资我一分也不少，我要花就花自己的。"

"只要你有钱，你尽管花去，给我说啥？"

"生啥气嘛，我会想办法的。"

景解放的口气软了下来，他侧过身子把乔桂芳向跟前揽了揽，一只手在她丰肥的乳房上拨弄。景解放猛然意识到，他心中有天大的事也得暂且搁下来，在这个时候，他应该做什么，怎么做。女人需要安抚，特别是久别的女人，温存比什么都重要。乔桂芳的身子是僵硬的，心在慢慢地动。景解放紧偎住乔桂芳，被窝里的四条腿无声地纠缠在一起了。景解放说："咱不说钱，好吗？"乔桂芳说："咋啦？钱咋啦？钱咬人哩，得是？"景解放说："咱啥都不说了，行了吧？"景解放拉灭了电灯。乔桂芳的身体开始软下来了。她从被窝里摸出了一只鞭炮，这大概是景解放衣服口袋里的鞭炮掉落在床上了。景解放有把鞭炮装在衣服口袋里摸揣的习惯，有动不动就燃放一只鞭炮的习惯。乔桂芳说："炮咋在被窝里？"景解放说："天黑了在被窝里，天亮就在裤裆里。"这句话把乔桂芳惹动了，乔桂芳娇嗔地说："狗嘴里吐不出象牙来。"景解放把乔桂芳手中的鞭炮接过去放在了床头柜上。景解放说："真的很想你了。"乔桂芳说："一样。"他们开始用身体说话了——只要感情没有破裂，两口子拌个嘴闹点小矛盾，用嘴巴以外的器官最能解决问题了。

一直到了第四天，景解放凑了两万元才到了省城。为这两万元，他差一点儿和景文祥闹翻。在景解放的心目中，这个比他小得多的侄儿善于经营，有社交手段，也能管住工人。他相信他，才将他叫来在花炮厂当了副厂长。他没有想到，在他遇到困难的时候景文祥不但不帮他反而为难他，这使他很失望。在他走后没几天，景文祥没给他打招呼，把账上的钱转给了购买原料的厂家，进行了预支。有几万元还莫名其妙地转给了两家商店。景文祥这样做，使他既气愤又失望。当他再次踏上了省城的客运车以后，沮丧的心情才有了些好转。

进了病房，同室的病友告诉景解放，叶小娟的父母撇下女儿回凤山县去了，是晌午回去的，也就是说，在景解放上了来省城的客运车的时候，叶拴定两口子正好坐上了返回的车。景解放心想，幸亏他今天赶到了省城，不然，谁来照料叶小娟。

景解放什么也没有问，他撩起叶小娟身上的被子看了看，床单是干净的，叶小娟没有拉在床上。景解放给袋袋奶上插了一根吸管，把吸管给叶小娟放进嘴里，他提着奶袋子，叫叶小娟喝了一袋子奶。他知道，叶小娟还没有吃中午饭，他到街道上去给叶小娟买了一碗面条，端进病房，给她喂着吃，叶小娟张开嘴吞咽着，却不睁眼睛不说话——难道植物人就是这样？景解放给叶小娟喂着饭，心被紧紧地揪着。

同室的病友也是一个女孩儿，女孩儿比叶小娟大两岁，病友的母亲还在抱怨叶拴定两口子："女孩的亲爸亲妈，把女儿撇下就走了，这种人，人世上真是少见。"景解放说："怪我，我给他们说，我只回去两天，结果，一来一去就是四天，他们大概等不及了。"那女人说："自己的女儿，多照料几天也是应该的。"景解放说："你不知道，娃是工伤，我是厂长，责任在我。"那女人一看景解放一脸的真诚，不再说什么了。

景解放回去了两天之后没有来，叶拴定两口子就有了疑虑，等到第二天，景解放还没有来，叶拴定两口子就有些焦灼不安了。花秋仙一口咬定，景解放撂下叶小娟，借故取钱，躲着走了。叶拴定说："景解放不是那样的人。"花秋仙说："你说他是咋样的人？小娟花了一河滩钱了，病没有好一点儿，景解放不跑才怪哩。"花秋仙撺掇叶拴定回凤山县去找景解放，叶拴定说："咱走了，小娟咋办呀？"花秋仙说："咱守在这里小娟能咋办？医院里来要药费，咱拿啥给人家？只有找到了景解放，小娟才有治。"叶拴定说："他说过，他会来的，他没来，大概是没弄到钱。"花秋仙说："人家开个工厂，能没有钱？他八成是不来医院了，咱还是回去找他吧。"叶拴定说："咱们再等一天，最后一天，明天早晨他还不来，咱就回凤山县去找他。"

又等了一天，吃毕早饭以后，景解放没有来医院，花秋仙再也等不住了，她嚷着要回凤山县。叶拴定给女人说："等到吃毕晌午饭吧。"花秋仙说："我连一忽儿也不等了，要等，你一个人等。"女人说着就要走，叶拴定只好和女人下了住院部的楼。

他们从城西客运站坐上了回凤山的长途客运车。

车到了凤山县城，叶拴定两口子没有回叶家庄，他们径直去了松陵村。

叶拴定两口子到松陵村村委会一打问，才知道景解放的妻子在松陵村小学教书。他们一刻也没有停，来到了松陵村小学见到了乔桂芳，乔桂芳一听，站在她面前的是叶小娟的父母亲，急忙招呼。花秋仙坐也不坐，单刀直入："景厂长在家没有？"乔桂芳说："他吃毕饭搭车去西安了。"花秋仙说："真的吗？"乔桂芳说："他说医院催款，他带了两万块钱去医院了。"叶拴定相信乔桂芳不会说假话的，她是教师嘛。乔桂芳以为这两口子是从叶家庄赶来找景解放的麻烦的，就说："他守在西安给叶小娟治病，你们放心好了，他会千方百计给娃把病治好的。”花秋仙说：“我们来看看，他回来了没有？”乔桂芳说：“回来了四天，今天早上心急慌忙地走了。你们得是要给女儿捎话？”叶拴定说：“不，不。”叶拴定拽着女人的衣袖，叫女人快走。他们知道，景解放在路上和他们擦肩过去了。只要景解放去了医院，他们就放心了。

这两口子离开了松陵村回到了叶家庄。

又是半个月过去了，叶小娟的病情没有一点儿好转。

意料不到的事情发生在仲秋的一天凌晨两点多。

半夜时分，景解放困得不行，趴在叶小娟的病床上睡着了。病房里的灯光黯淡，房间里似乎罩上了一层薄纱。对面床上的女孩儿和母亲都睡着了。景解放在睡梦地里听见了一声响动，那响声好像晶亮晶亮的雪花向下飞舞，虽不震动，却清晰可辨。景解放醒过来了。他站起来一看，叶小娟跌到了右边的床下。他急忙绕过去，弯下腰，准备抱起叶小娟把她放在床上。就在这时候，奇迹出现了：叶小娟爬起来了。她站立在床跟前，揉了揉双眼，问道：“我是在哪里？”景解放一下子惊呆了，他叫了一声：“小娟！”急忙打开了灯。他仔细端详，站在他跟前的就是叶小娟。景解放丢鞋落帽地拉开了门，跑出了病房，他敲开值班医生的门，失声叫道：“医生！医生！你快来看！”

当天晚上，叶拴定在炕上辗转反侧睡不着觉。花秋仙问他是咋回事？叶拴定说：“咱把小娟给老景撂下不管，村里人知道，一定会指咱脊背，说咱心肠硬。”花秋仙说：“咱心肠不硬有啥办法？难子是他景解放动下的，他应当管娃。我给景解放说过了，小娟治不好，他领去算了。”叶拴定说：“话能那样说，事不能那样做。咱把小娟撂出去一回了，再不能撂了。”叶拴定旧话重提，花秋仙无话可说了。叶拴定两口子之所以对叶小娟感情淡漠是有原因的：叶小娟生下来快3岁了，还不开口说话，这两口子把叶小娟抱到凤山县医院，抱到西水市医院去检查，并未查出什么疾病。但这两口子认定叶小娟是哑巴。他们想把这孩子丢弃了。周公庙庙会时，他们将叶小娟带到了庙会上，丢弃在了圣母殿中，谁料，两天之后，叶家庄赶会的人把叶小娟领回来了。这两口子不得不收下女儿。他们整天为这个哑巴女儿发愁。恰巧这时，远在甘肃武都的花秋仙的妹妹想要一个孩子——妹妹结婚五年了，一直没有怀孕。花秋仙得知消息后就把叶小娟送给了妹妹。花秋仙告诉妹妹，叶小娟开口晚——4岁才开口说话的孩子大有人在。妹妹也没有嫌弃，要了叶小娟。果然，叶小娟到甘肃两个月后就开始说话了。出乎叶拴定意料之外的是，叶小娟到了姨妹家两年，花秋仙的妹妹突然怀孕了，而且，一胎生下了一男一女两个孩子。那一年，计划生育抓得紧，村委会要罚花秋仙妹妹的超生款。花秋仙的妹妹把叶小娟又送到陕西来了。花秋仙坚持不要叶小娟，花秋仙的妹妹撂下叶小娟就走人。姐妹两为了叶小娟大打出手，惹得全村人来看热闹。叶拴定两口子只好收留下了叶小娟。只是，这两口子和叶小娟之间的情感总是淡淡的，尤其是花秋仙，对叶小娟动不动就张口乱骂或动拳脚了，好像这女儿是她的死对头而不是亲骨肉。不然，女儿伤得那么重，花秋仙不会那么淡淡的……花秋仙又抱怨了几句景解放，直到鸡叫头遍，两个人才入睡了。

B章（三）

朱翠兰担着一担硝土行走在通向松陵村的田间小路上，她用右手紧紧地扶住扁担不叫那嘎吱嘎吱的响声在冬夜里逸散，扁担声似乎是不听使唤的牲口，她越小心那响声越乖戾越张狂。紧跟在朱翠兰后面的鲍银花撵上来换下她肩上的担子，朱翠兰不叫银花换。银花的肩膀还很嫩，还没有到挑重担的时候。银花过继给景满仓和朱翠兰之后，这两口子就把银花当做亲闺女看，时时处处护着她。银花只担了几步路，朱翠兰赶紧换下了她的担子。朱翠兰虽然还很年轻，但她的胸膛里跳动的是一颗母性的善良而温暖的心，她怕银花吃了过力影响发育。这一百斤重的担子朱翠兰已挑了三里多路了。黑夜仿佛是从脚底下升上来的,越升越高了;缺了一半的月亮悬挂在深邃而呆板的天穹上,眨动的星星雨点似的向下飘落。月光将这两个女人的身影投在冻得发硬的白花花的土路上,一股寒风出其不意地迎面扑过来在这两个女人身上挖抓,朱翠兰打了个趔趄,那条空荡荡的棉袄袖子大幅度地摆动着,银花走在后面看见朱翠兰左边的空袖子在腰身上凄凉地一甩,她的心不由得怦然一动。

朱翠兰和鲍银花是在夜阑人静之后悄悄地走上老鼠嘴这个地方的。三面临沟,一面接坡,大自然把这块地方打造成老鼠嘴的样子了。掠去记忆的浮土,朱翠兰的印象中深深地埋藏着一个地方,这个地方就是老鼠嘴。也是在一个冬夜,月亮也是这么亮,天也是这么冷,田野上也是这么静。朱翠兰跟着爷爷懵懵懂懂地上了老鼠嘴又懵懵懂懂地回到了家爬上炕懵懵懂懂地进入了梦乡。稍谙世事以后,她才知道,他们朱家炮之所以名气响亮,震响了凤山县,一个不可忽视的原因就是所采的硝土来自那个神秘的地方,这个神秘的地方大约只有她的祖父和父亲知道。她好像听爷爷说过,明代以前,老鼠嘴上有一个很大的城堡,清军打过来,由于城堡里的人顽强抵抗,城堡被破,城堡里的男女老少被全部杀光斩尽了。怀揣着模模糊糊的记忆,朱翠兰曾经上了老鼠嘴寻找过,每一次,她都是欣然而去,悻然而归。在一个冬日的夜晚,朱翠兰于失望中准备回去的时候,她想将一泡不怀好意的尿留在老鼠嘴,她走到土崖底下刚抹下裤子,一股陈年已久的尿臊味儿强烈地刺激着她,她系上裤带用一只手在乱石堆中刨动,当灰白色的硝土呈现在她眼前的时候,她惊呆了,她用三根手指头捏了一撮土放进嘴里尝了尝惊喜地吐了一口,朱翠兰心中一亮:这就是当年爷爷领她取硝土的地方!她用乱石覆盖好硝土上了崖畔蹲在月亮地里淋漓尽致地撒了一泡尿,满心欢喜地回到了家。在残秋初冬那些漫长的夜晚,朱翠兰不止一次地撺掇自己去老鼠嘴上取硝土,又不止一次地克制了自己,她叮咛自己:不要轻易上老鼠嘴。她吩咐景满仓和鲍银花一如既往地和村里人共同去老牛沟采硝土——那是松陵村几代炮人共同采硝土的土场。等村里做炮的人家采足了春节卷炮熬药的硝土之后她和银花第一次摸上了老鼠嘴。“一硝二黄三木炭”是炮人的口头禅。卷鞭炮的火药是由硝、磺和炭配制而成的——一斤硝配二两硫磺三两木炭。要做好鞭炮就要兑好药；要兑好药，离不开好硝。朱翠兰生怕别人知道老鼠嘴藏有煮硝的好硝土，她只能选择在深夜里和鲍银花一起上老鼠嘴。每个手艺人都要给自己留一手，他们要靠手艺吃饭，在这件事上，朱翠兰不会大度的。

鲍银花从朱翠兰手里要过来担子担在了肩膀上，扁担的响声小了些。月亮地里，朱翠兰看着银花那根摆动着的大辫子和微微翘起的屁股，心里一热：银花大了，四年时间，银花长成大姑娘了。当朱翠兰不再用养母看养女的眼光看银花时，当朱翠兰用一个27岁的女人的目光去审视一个16岁的大姑娘时，她的心中涌动着一股复杂的情感：既惊喜又不安；既疼爱又嫉妒。不知是朱翠兰盯着银花只顾自己想心思，还是她故意没有换银花肩上的担子，直到银花的喘气声如嘴里哈出的白气一样亮眼，朱翠兰才接过了她肩上的担子。

景满仓和朱翠兰刚认了银花做干女儿的时候，银花每天晚上要缠着朱翠兰睡，朱翠兰没有理由也不忍心把银花支走，只好叫银花和她睡在一头。那时候，景满仓刚和她成亲，每天晚上，不等银花睡着，景满仓就猴急了。银花毕竟11岁了，两个人要亲热必须避着她，景满仓不敢情急用事，只好一忍再忍。有一天晚上，景满仓误认为银花睡着了，他爬到炕这头来，迫不及待地趴上了朱翠兰的身子，朱翠兰给景满仓说："你不要把声音弄得那么大。"而景满仓似乎是难以克制似的喘着粗气，说着粗话："太受活了，我日了还要日。"朱翠兰也不由得吸气，呻吟，叫喊。两个人刚事毕，听见银花低声啜泣。他们急忙穿上了衣服，点着了菜油灯。朱翠兰以为银花生病了，她摸了摸银花的额头，问她哪儿疼？银花只是啜泣不吭声，朱翠兰还是一个劲儿地问："肚子疼吗？疼得很厉害吗？"谁料，银花胳膊一甩，只说了声："你们……"哇的一声又哭了。朱翠兰似乎一下子明白了什么，她不觉脸红耳热，舌弯嘴笨了。鲍银花坐起来，抹了一把眼泪，抱上枕头，拉开门栓，到景炳绪和他的女人房间睡觉去了。以后几天，朱翠兰一看见鲍银花脸就红了，她恍然明白，女孩儿懂事了。

朱翠兰一看，松陵村就在眼前，目光中的松陵村如同涝池里倒下的一团树影。他们新盖的炮坊在村子的东南方向。炮坊在半亩大的院子里，院子里除炮坊以外，还有三间厦房。有时候，景满仓和朱翠兰做完炮就睡在厦房里不回家了。

母女俩进了院门。

景满仓在后院里的毛边锅里烧了一锅水正蹲在灶门前吃烟。银花叫了一声："瓜客。"松陵村把做务西瓜的人叫瓜客——景满仓十六七岁的时候就以西瓜做务得好而扬名了。那时候，景家的实际炮人是哥哥景满义。也许，鲍银花故意不叫景满仓爹；也许，叫瓜客有揶揄的味道，比叫爹少了年龄上的距离多了一份亲切。鲍银花被收养后没多久，鲍银花就将景满仓叫瓜客。对此，景满仓不在意。而朱翠兰当面纠正过，说银花，你应该叫他爹，银花不那样叫，朱翠兰也没有计较。

景满仓从银花肩上接过担子。银花领口里扑出来的热烘烘的汗味儿像毛边锅里的蒸汽一样扑向了景满仓，景满仓抓住扁担给银花递了一条毛巾叫她擦汗，银花用毛巾在额头和两鬓沾了沾，她扑过去搂住了景满仓，嘴巴捂在了景满仓的耳门上不知道嘀咕什么悄悄话，朱翠兰一看，银花已显饱满的胸脯紧贴住了景满仓，她张开双眼，抬起头来给银花说："银花，都多半夜了，快煮药。"朱翠兰不知道银花给景满仓说什么，景满仓只是笑了笑。景满仓和鲍银花一人提着一只竹笼子将硝土倒进了冒着热气的毛边锅里。景满仓向灶膛里添了一把火操起铁铲在毛边锅里搅动着。朱翠兰举起了菜油灯，她将菜油灯端到锅跟前看了看，她心里一喜：这硝土煮出来的芒硝要比老牛沟的硝土煮出来的芒硝多二三成。

朱翠兰叫银花去睡觉，银花不去睡。银花说："娘，你去睡吧，我煮的硝不比你们煮的差。"银花说的是实话，在做鞭炮这个行当，16岁的鲍银花已像16岁时的朱翠兰一样，远近闻名了，无论煮药兑药她都很在行，火候和比例掌握得很合适。在凤山县的赛跑会上，鲍银花卷的雷子炮把沸沸扬扬的炮会震动了，连多年独占鳌头的凤山县田家炮也逊色了几分。凤山县的赛炮会一年举办一次。赛炮会那天，不仅仅凤山县各家的炮人将自己的炮带到县城来比赛。县城内各家商铺店户和市民的门前也竖杆挂炮，连接成串。赛炮开始后，城内炮声齐鸣，锣鼓喧天，人声鼎沸。晚上，大放焰火，天空五光十色，满街硝烟弥漫。随着鞭炮的爆裂、升空，随着焰火的嘶嘶作响，天空的花朵绽放，红色、黄色、蓝色、紫色的花束在苍穹熠熠生辉，观看焰火的人们尖声喊叫，欢呼雀跃。各家的花炮尽情展示，在天空书写风景。县城大什字，两家戏班搭起舞台唱秦腔，老百姓称为斗台戏。民国元年，初到凤山县的县长观看赛炮会之后，赋诗一首："两家梨园咫尺街，喧天车马混尘霾。儿童欢喜游民欣，多少人家典金钗。爆竹万杆数行排，纷传迎到火神来。"会后，田家炮的第十三代传人田根旺来松陵村找到鲍银花想讨秘诀，鲍银花瞄了一眼年轻英俊的田根旺，扑哧一笑，对田根旺说："秘诀只有一条，我们景家炮比你们田家炮多了一份原料。"田根旺有些吃惊，做鞭炮的原料就是硝、磺、炭，还能多出啥原料呢？鲍银花一看田根旺那疑虑的样子一语点破了："人血。你回去煮药的时候给锅里掺些血；要人血，记住，从人身上流出来的血。"田根旺大概觉得鲍银花的说话既调皮又深刻，使他不得要领。一头雾水的田根旺茫然地离开了松陵村，回到了田家庄。

其实，鲍银花的话并没有深奥之处，她不过是实话实说而已。景家炮也罢，朱家炮也罢，没有一家不是血染的。

景家炮和朱家炮死人最多的是1912年正月那一次。

那一年，景满仓和朱翠兰都12岁了，他们学做鞭炮五六年了，也到了记事的年龄。

1911年10月28日，凤山县的革命志士头裹红布攻打清军占领的县城，县城内的革命者从县城里头策反，县城当天被攻破，残余的清军西逃而去。不甘失败的清军在甘肃平凉一带纠集残余势力反扑，他们多次围攻被革命军占领了的凤山县城而不克。历时三个月之后，清军只好向凤山县城以西的柳林镇逃窜而去了。到了1912年除夕（公历2月17日）这天，西北革命军首领万炳南在凤山县城主持召开会议，告诫革命官兵：虽然是春节，现在还不是宴乐之时，敌人可能伺机报复，我们要严加防范，不准酗酒玩乐，不准玩忽职守，违者将严办。万炳南看得很清楚，西逃的清军残余对凤山县城依旧虎视眈眈，他们有时刻卷土重来的可能，形势不容乐观。可是，凤山县城里的革命官兵并没有把万炳南的告诫放在心上，他们看不到，祥和欢乐的一片平静的后边，敌人正在磨刀霍霍，乌云正聚拢翻滚。凤山县城已在他们的算计之中。

从除夕到正月十四日，凤山县城并未遭到清军的袭击，守城的官兵解除了心理防线。正月十五日，是凤山县城知事李纪谦结婚的日子，李纪谦在县城大摆宴席，守城官兵一个个喝得东倒西歪，有的大呼小叫，有的滋扰闹事，县城内一片混乱。当天晚上，李纪谦的手下叫来了松陵村的景家花炮和朱家庄的朱家花炮来县城助兴。本来，元宵节就是大放花炮的日子，这两家的炮人一听给县知事助兴，争着去显示。景家去了三十六个炮人，朱家去了三十三个炮人。景家和朱家各放了“一扎子”花炮，景家的花炮在县城街道燃放，朱家的花炮在县城内的北操场燃放。街道上所有树木都做了花架子还不够，景家人在县城大十字栽了200多个扎花炮的木杆子。而在北操场放花炮的朱家花炮全部扎在杆子上，500多个木杆子竖在县城北操场如树木一般。县城东西南北四条大街和北操场涌满了看花炮的市民和从乡下赶来看热闹的庄稼人。

月上树梢，清辉照耀，县城内灯火通明。随着一声枪响，县城街道和北操场上的花炮一同点燃，万炮齐鸣，万花齐放，县城上空五彩缤纷，礼花斑斓耀眼，万民齐声雀跃欢呼，凤山县城如醉汉一般手舞足蹈摇摇晃晃。景满义、景满仓和景德胜五六个景家的儿子娃娃们跟着景家炮人跑来跑去，看村里的炮人怎么样点捻子。朱翠兰也跟着朱家炮人在北操场看热闹。凤山县城上空如花的海洋一般，距离县城20里以外的庄稼人也能看得见，礼花把天空织得如锦缎一般。县知事拥着新娘子与万民同乐，他醉倒在新婚庆典和空前的热闹之中了，万炳南的告诫他早已忘得干干净净了，他哪里知道灾难就在身后，明晃晃的屠刀已逼近革命官兵和无辜者的心口。

观看花炮的庄稼人刚刚退出县城正在回家的路上。

景满义、景满仓和几个儿子娃娃要帮助景家的炮人收拾摊子。这时候，景德胜突然肚子疼，景家的大人们便把孩子们支使回去了，他们叫娃娃们轮换着背着景德胜回松陵村。五六个儿子娃娃依依不舍地离开了县城。与此同时，朱翠兰也与同村人走在回家的路上。

就当这两家炮人正在收拾杆子的时候，在马啸枪响中，从柳林镇赶来的清军分统王三甲率领两千多名步骑兵打入了凤山县城。守城的革命官兵毫无准备，有的来不及拿枪举刀就被清军砍杀，有的脱下衣服向商铺民房中逃跑，即使举手投降的也难免一死，清军见人就杀。清军轻而易举地占领了县衙，李纪谦被砍死在洞房之中，新婚的娘子被数人奸污而死。穷凶极恶的清军关上四个城门，在县城内烧杀抢掠三天，三千多女人被奸污，四千多官兵和市民被杀戮。清军追到商铺居民家中不仅砍杀了逃匿的革命官兵，连市民也不放过，有的被砍了头颅，有的被掏出心肝。县城街道上血水漫流，这儿一颗脑袋，那儿一段肚肠，被奸污后杀戮的女人一丝不挂地横陈在街道上。景家的炮人和朱家的炮人没有来得及逃出县城，他们挥起架花的木杆子和清军展开了搏斗。他们没有武器，就用木杆挥打，用手掐用牙咬。面对穷凶极恶的清军，他们英勇无比，毫不畏怯。他们赤手空拳打死了十多个清兵。景家的一个炮人身中数刀，临死时，双手还紧掐着一个清兵的脖子。景家和朱家的炮人各除过一人幸免之外，其他人都死于乱刀之下了。正月十五之夜，景炳绪因为有病没有去县城，不然他也难以幸免。他的一个哥哥和两个弟弟在和清军的搏斗中被清军用刀砍杀了。

清军撤出凤山县城后，景家的炮人从县城里运回来了35口棺材。景满仓记得，棺材摆在街道上，黑漆漆的一大片，正月里的日子仿佛也被染黑了，天空灰云低垂，冷风凛冽刺骨，女人小孩齐刷刷地跪了一地，凄凉的哭声如雨而下，松陵村沉浸在悲痛之中。松陵村所有的炮人将春节前没有卖完的炮抱出来在街道上点着了捻子，炮声响了一天一夜，朱红色的炮皮血一样在街道上流淌着。

景炳绪安葬了哥哥和两个弟弟。景家的炮从此一蹶不振，五年以后，有些人还没有进炮坊做炮。血染的炮不是夸张之词，而是景家炮历史上不可或缺的一笔。

朱翠兰同样记住了朱家炮的历史。在那次血洗凤山县城中，朱家炮人死了32个，朱翠兰失去了两个亲人。景满仓之所以给田根旺说，景家炮中有人血，并不悬乎，也没有夸张的意味。

朱翠兰对于银花独当一面的工作当然是很放心的，她给景满仓打了声招呼，用手抚了抚微微有点不舒服的断臂肩胛处，回厦房睡觉去了。

院子里静悄悄的，黎明前的寒冷一阵一阵地袭来。硝已经滤出来了。将硝从硝土里过滤出来以后兑上木炭搅浑在一起，再煮。景满仓坐在灶口里添火，毛边锅里冒着丝丝热气。银花将木炭投进硝水中，硝味儿木炭味儿以及草木灰燃烧的味儿一起弥漫在院子里。银花用铁铲在锅里搅动着，景满仓向灶膛里又添了一把麦草，他的嘴一撮，呼呼地吹着火，火焰猛地从灶口里扑出来，燎着了他的眉毛，景满仓“哎呀”了一声，向后一仰，他的额头上沾着麦草灰。

“抽火。”

景满仓一只手攥着一把麦草轻轻地摇动着，他的眼睛伸过去停留在银花身上：月光中，银花一会儿清晰如画，一会儿朦胧似花；一会儿遥远了，一会儿逼近了。随着铁铲的晃动，景满仓不由自主地摇动着身子。

“添火。”银花说，“你出啥神哩？”

景满仓一看，攥在手里的麦草快烧着手了，他将火把向灶口塞了塞。

银花将铁铲从毛边锅里取了出来，硝和炭融合在一块儿了，锅里暂且平静了，两种结合在一起的物质贪婪地偎在热水中。银花在盆子中洗净了双手。等景满仓再看时，银花的手指头悬在毛边锅的上空，一滴血滴在了锅里。她用刀子割开了中指头。

“银花。”景满仓站起来了，他说，“你这是干啥？人血没有多余的。”

“我只滴五滴，”银花说，“你数着，一、二、三、四、五。”银花脸上平静而肃然。

她的血滴在锅里，锅里发出了悲泣似的声响。

“快把手包住。”景满仓说。

景满仓走过去攥住了银花的手腕，还没等银花明白过来，他的嘴巴按在了银花手指头的伤口上面一口一口地咂着，他吐了口血水开始给银花包扎伤口。银花的手颤动着，出气声也粗了，银花似乎看见一个男人的气息而不是养父的气息像火一样向她扑来了，她的脸庞发烧，浑身燥热。冬夜潮水似的退走了，院子里格外寂静。厦房里，朱翠兰在睡梦中呻吟了一声。银花猛地抽出了手，她说：“再添一把火，火候还不到。”景满仓俯下身又吹着了麦草火。

景满仓从毛边锅里捞出来煮好的硝和炭，晾在了一块芦席上。等硝和炭晾干之后再配上硫磺，就是火药。它可以做炮，也可以当枪药使，这要看配置的比例如何。

天，差一点就亮了。

A章（四）

值班医生进来的时候叶小娟已经躺在了床上，是她自己上床躺下的。值班医生是一个瘦高瘦高的年轻人，有一张白净的脸，一双眼睛像没有喂饱似的，睁不大。他极力张了张眼睛，问道："叶小娟，你感觉怎样？"叶小娟似乎没有反应，没有回答。值班医生头低了低，看着叶小娟的脸，又问了一遍："感觉怎么样？叶小娟，说话呀。"叶小娟突然坐起来了："谁叫叶小娟？"她问值班医生。值班医生莫名其妙："你不叫叶小娟？"叶小娟睁着双眼茫然地看着值班医生："我这是在哪里呀？"景解放急忙说："在医院。"叶小娟说："医院是干啥的？是睡觉的地方？"景解放一听，小娟好像在睡梦中，他说："医生问你啥，你回答啥。"叶小娟说："医生是干啥的？谁是医生？"值班医生打了个手势叫叶小娟躺下。叶小娟没有躺。景解放扶着叶小娟，叫她平躺在床上。叶小娟这才躺下了。值班医生用听诊器听了听叶小娟的心脏，又问道："感觉怎么样？"叶小娟说："没有感觉。"她看看景解放，又补充了一句，"不怎么样。"

值班医生走出去了。景解放跟到了医办室。值班医生说："病人好像意识有障碍，明天做个脑CT再看看。你们去休息吧。"景解放说："娃清醒了，咋会是这样？"值班医生说："清醒不等于没有疾病了。清醒不一定就比昏迷好，清醒不是康复的标志。"景解放问值班医生："不会有啥危险吧？"值班医生说："不会的。你去休息，明天再进一步诊断。"

景解放回到病房时，叶小娟又坐在了床上。她的双腿曲起来，下巴支在膝盖上，她抬起眼，看了看景解放，问道："你是谁？"景解放愕然了："我是你景伯伯呀！"叶小娟说："哪个景伯伯？我不认识你。"景解放说："咋不认识？你不是在我的炮厂栽'捻子'、封口吗？你不记得了？"叶小娟说："不记得。没有的事。"叶小娟的回答使景解放摸不着头脑，这孩子咋了？昏迷了四十多天，换了个人似的。景解放有点吃惊："你是在炮厂受了伤被我送到省城中心医院的。"叶小娟说："我是咋受伤的？"景解放说："我要问你哩，你还问我？你不知道你是咋受伤的？"叶小娟说："我没有受伤呀！"景解放说："你被撂翻在玉米地边了，你不记得？"叶小娟摇摇头。景解放一看，叶小娟好像一个不懂事的孩子，她有十五六岁女孩儿的个头，十七八岁大姑娘隆起的胸脯和身段，而她的智力只有两三岁——似乎连两三岁的孩子都不如。景解放说："你睡下，天还没有亮，再睡一会儿吧。"扶着叶小娟，叫她躺在床上。

等叶小娟睡熟以后，景解放走出了病房，下了楼。他走到住院部后边的小花园里，坐在了一条石凳上。一丝凉意似乎从花草的叶片上袅袅而飞，从伫立的树木上飘落而下，他的皮肤凉凉的，心里更凉，凉透了。景解放睡意全消，头脑里只有叶小娟，什么也装不进去。叶小娟总算清醒了，清醒着的叶小娟好像在梦中，她嘴里说出来的话如同人的梦呓，这使景解放十分蹊跷：她怎么会变成这个样子？值班医生只是看了看，一时半刻也说不出原因，这使景解放忧心忡忡。他最担心的是叶小娟由此而成为一个痴呆，这样，孩子的一生就毁掉了，他的后半生就难以安宁了，他每天将面临良心的谴责。他看得出，叶拴定两口子把责任全部推到他身上了，他倒不怕承担责任，他愿意承担责任。一个不敢承担责任的人是一个不可信赖的人，是没有道德感的人。可是亲情呢？难道叶拴定两口子和叶小娟就没有骨肉之情？人不只是自私的，人为了自己的生存和利益所表现出来的残酷无情令他心寒，他曾经在电视上看到过，外省一对夫妇把12岁病重的儿子抛弃在医院里不管，逃回老家的报道。这件事使他很震惊：在儿子危难时刻，父母亲怎么能够忍心将儿子抛弃呢？叶拴定两口子和这两个狠心的父母有什么区别呢？叶拴定两口子已经从心理上把叶小娟剔除了，似乎叶小娟不是他们的女儿，而是他景解放的女儿。他能体谅到，这两口子来一趟省城要花费，不容易，可是，四十多天了，这两口子连一个电话也不打，一封信也不写。他们固然贫穷，但贫穷和儿女亲情是两回事。如果是生活把他们逼上了贫穷之路，但生活绝不会逼走他们心中温馨的情感的。使景解放不可容忍的是，他们竟然丢下了女儿回到了凤山县城，还怀疑他的为人——可是，他最终还是容忍了。假如叶小娟成了痴呆，假如叶小娟不可医治，他就养着她，他不能丢下孩子不管。从叶小娟刚住进医院他就给乔桂芳说过，他就是倾家荡产也要给叶小娟治病。乔桂芳倒没有阻拦他，乔桂芳担心的是他花光了所有的积蓄以后叶小娟依然治不好怎么办？他不这么想，他只想给叶小娟治病。住了四十多天医院，已花了五万元。再花五万元呢？他也不会被钱愁倒的。钱虽然是硬头货，但钱是人身上的垢痂，有人就有钱。十多年前，他还是个穷光蛋。“文化大革命”中，他曾经要过饭吃。两三月间青黄不接，挟条口袋四处借粮。一家人有一顿没一顿地过日子。他饿得像牛一样扒着路边的青草吃，他照样不是活到了今天？只要有他在，他一定要想方设法给叶小娟治好病。景解放捏弄着裤子口袋里的那只鞭炮，想了很多很多。作为一个男人就要敢于撑起生活的一片天空，要敢于顶天立地。假如他是一只炮，他不能做哑炮做臭炮；要做，就要做雷子炮。

初秋的天空升得很高，黎明前，城市里的天地间是澄清的，尘埃落定，空气清新。景解放站起来长长地呼吸了几口。亮光已经挂在楼房的墙角，悬浮在城市上空，景解放本来打算再坐一会儿，一直坐到天大亮，他突然想，假如叶小娟再从床上翻下来，再回到昏迷不醒的状态怎么办？人世间，有幸和不幸随时可能都会发生，叶小娟不是跌到床下突然苏醒了吗？景解放这么一想，走出了小花园，上了住院部的楼房。

第二天刚上班，主治医生开始重新给叶小娟做检查。又是抽血化验又是做B超又是做CT，从这个房间出来进了那个房间，需要做的检查差不多都做了。晚饭前，脑外科、神经内科和胸外科、心内科，好几个科室的医生对叶小娟进行会诊。医生的认真使景解放感到，医生们对叶小娟是很负责任的。经过会诊，医生们得出的结论是：叶小娟没有任何记忆了。这是为什么？医生回答：原因很复杂，也许是脑血管出了问题，也许是脑神经受损，也许和脊柱神经有关，也许是其他神经有了毛病。医生暂时还不能得出结论。医生告诉景解放，要恢复记忆是一件很不容易的事情，需要一个漫长的过程，也有可能一辈子也恢复不了记忆。现在唯一的办法就是继续观察治疗。

医生这种不确定性的回答将景解放的心又悬起来了。看来，叶小娟的苏醒和恢复健康不是一件容易的事情。他只有听从医生的吩咐：坚持治疗。

主治医生重新确立了治疗方案。

主治医生告诉景解放，在药物治疗的同时，家属一定要配合医生。怎么样配合？主治医生告诉了景解放几种方式。景解放一听就明白了，从现在起，他要像幼儿园的老师一样对叶小娟进行启蒙。假如说叶小娟的意识里是一片空白，假如说叶小娟的感知世界连新生婴儿都不如，景解放就要担当起给她的意识里灌注她没有意识到的新的事物的概念。比如说，他首先要叫叶小娟明白他叫景解放，他是她的伯伯。伯伯是父亲的哥哥，而父亲就是和母亲共同生育她的人。他给叶小娟说，她现在在医院，医院是给病人治病的地方。病人就是身体不健康有了毛病的人。景解放从衣服口袋里摸出来一只鞭炮，对叶小娟说，这是鞭炮。叶小娟夺过鞭炮往嘴里塞。景解放说，这不是吃的东西，鞭炮只能燃放，燃放时会发出响声。鞭炮是给人带来愉快的东西。景解放在比画中念着谜语："一个娃娃一拃高，突儿一跳就飞了。"叶小娟将鞭炮用双手掬在手里捻动着，嘴里说："鞭炮，我要鞭炮。"

景解放每天将新的概念灌输给叶小娟，叫这些概念变成叶小娟的记忆，储存在脑海之中。可是，叶小娟的意识里似乎有一个很强硬的弹簧，景解放灌输给她的概念有一大部分被她从意识里弹出来了。她睡一觉醒来，昨天给她说的那些东西它又不可命名，失去记忆了，只有个别事物她没有忘记。这使景解放觉得既蹊跷又困难，看来，恢复她的记忆和教婴幼儿识别事物是两回事，并不那么简单。景解放也有很沮丧的时候，尽管他费了那么多口舌，功夫还是白费了，他就很失望。他面对面地坐在叶小娟跟前，只见叶小娟的眼睛里和脸庞上闪现着一种天真烂漫的、纯粹的、好像人类初始无过失的神采，一种近似痴呆又不是痴呆而像一张白纸没有经过文字和色彩的浸润、污染的情态。他想：婴幼儿的意识肯定是一尘不染，没有功利、价值，没有烦恼、痛苦，像水晶一样透明。也许，人类的初始状态就是这样；也许，这就是人的幸福状态，是人的涅槃状态。可是，这种状态是社会不容纳的，人活着就要创造，就要融入这个社会。景解放忽然明白，叶小娟是病态，病态是身体有了疾病所致，教化是不能解决疾病问题的，疾病要靠治疗。报纸上也报道过有人用唱歌说话唤醒植物人的事例，他相信那是真的，但毕竟是个案，是奇迹。奇迹能否出现在叶小娟身上，这使他无法预测的，他只能抱定使她恢复健康的愿望按医生的吩咐去做。

药物的功效很缓慢，景解放的“教化”见效甚微。景解放想从医生口中知道以后如何，以便使他有信心。主治医生再次告诉他：医学上对这样的病例似乎没有更好的办法。虽然希望渺茫，医生的话并没有挫伤他的信心，景解放暗自希望奇迹出现暗自祈祷幸运之神降临。他甚至相信：也许有一天，叶小娟会突然恢复记忆的。使景解放感到安慰的是，叶小娟逐渐能自理了，吃饭、穿衣、大小便和睡觉，不再要他伺候了，这是一个大的进展。

乔桂芳是9月10日教师节那一天来到医院的。学校放一天假，乔桂芳带着儿子景旭坐早班车来到了省城。

乔桂芳到医院后才知道叶小娟已经苏醒了。乔桂芳进了病房，坐在病床上的叶小娟半眼也没有看她，目光依旧投向景解放。景解放指着乔桂芳给叶小娟说：“这是从凤山县来看望你的姨姨。”他把儿子向床跟前推了推，“他是我的儿子。也是你的小弟弟。”叶小娟对乔桂芳只是一瞥，那对乌黑的眸子又是一动不动了。乔桂芳一看，叶小娟的脸上有了血色，只是脸上的表情似乎是一潭死水，僵硬的样子好像受了冻的庄稼。她的面部和眼睛好像不是表现喜怒哀乐的，而只是为了表示她是一个有头有脸的人。乔桂芳看得出，叶小娟的神态并不能用漠然来概括，漠然是主观意识在面容上的表现，叶小娟面部的神情似乎是固有的，是从娘胎里带来的先天性的东西，好像墙体上贴的瓷片和楼房浑然一体属于楼房本身，而不是挂在面庞以此表露内心情感的。乔桂芳坐在凳子上，看着叶小娟。

“你想不想家？”乔桂芳问道。

“家？家是啥东西？”

“家不是东西。家是有父母亲的地方。”

“谁是父母亲？”

“就是生你养你的人。”

“没有人生我养我呀。”

“你忘记你爸你妈了？”

“谁是爸和妈？是伯伯吗？我有伯伯。”

叶小娟用手指了指景解放：“就是他。”

叶小娟的话可能使景旭也觉得蹊跷，他抬起双眼，不认识似的看着叶小娟。乔桂芳拉了拉景解放的衣袖，叫他到病房外面去。景解放跟着乔桂芳来到了楼道里，两口子站在过道尽头靠窗口的地方。

“什么失去记忆，我看她就是痴呆一个。”乔桂芳说。

“这不是痴呆，医生说过了，任何新事物对她来说都是陌生的，因为她的记忆里没有这些东西，就像小孩子不认识1、2、3、4、5、6一样，你给她说，她当然不知道。”

“就算你说得对。这病咋办呀？”

“没有啥办法，继续治疗。”

“叶拴定两口子知道吗？”

“还不知道。”

“我看医生在哄你，明明她成痴呆了，却不给你说实话。”

“就是痴呆，也要治疗。”

“你要给叶拴定两口子说明白，就是咱们有责任，叶小娟也是他们的女儿，你一个人背在身上，啥时候是个头？”

“你是不负责任的说法。”

“谁不负责任？”

“你。”

几句话过后，两个人就吵起来了。乔桂芳的意思是，景解放要为她和儿子想一想，不能把心思全放在叶小娟身上，假如不能治疗就趁早放弃，不然，花一大笔钱，背一屁股债，往后的日子怎么过。景解放坚持不放弃，花多少钱也要治疗。乔桂芳一看两个人很难说到一块儿去，她二次进了病房，手牵着儿子景旭就要走。景解放想拦也拦不住。景解放只好把这母子俩送下了楼。

景解放看着乔桂芳和景旭母子俩上了去城西客运站的公交车，他在公交车站站了好一会儿。乔桂芳一走，他就抱怨自己：乔桂芳老远来看自己，他不该几句话就把她顶走。他知道，他怎么解释也不会使乔桂芳改变看法的，可乔桂芳也是一片好心，也许，乔桂芳比他想得更全面更周到。他对叶小娟，他对乔桂芳和儿子都是有责任的。他甚至觉得他对亲戚、朋友、同学、邻居以及全社会的每一个人包括为难过他整治过他的人都是有责任的。他不能顾此失彼。乔桂芳担心沉重的经济负担把这个家庭压垮，不无道理，乔桂芳即使责备他，也是出自于对这个家的负责任，他应该理解她才对。他不该对乔桂芳那么生硬的，更不该对她发脾气。乔桂芳是知书达理的女人，是好妻子。他一定要想办法回凤山一趟，给乔桂芳道个歉，两口子居家过日子，忍让才能和和气气。

主治医生将景解放叫去谈话，他告诉景解放，中心医院对叶小娟恢复记忆已是无能为力了，他叫叶小娟转院治疗。景解放问医生，省城还有哪一家医院可以就诊？医生说，省城中心医院是全省最好的医院，这种病，无论到哪个医院去都没有百分之百的把握。医生劝景解放吧叶小娟带回凤山县好好疗养，说不定哪一天记忆会恢复的。景解放觉得，医生想把叶小娟推出门。医生的推托之词使景解放很愤慨，景解放从电视新闻中看到了无德医生的恶行：有的使用过期的药物置病人于死地；有的开出百万元的天价药勒索病人；有的开错了刀，把好腿当残腿治；有的趁给女病人检查之机奸污病人。这些医生披着白衣天使的外衣，干着杀人恶魔的坏事：敲诈、欺哄、勒索……为了钱财，毫无廉耻，没有怜悯，没有同情，没有良知。虽然只是个案，却使民众对医生失去了信赖。对于医生，景解放本来就存着戒心。景解放本来想质问这位主治医生，但医生最后那句奉劝好像朋友之言，含有一番善意。主治医生说："我也可以不叫你走，我就怕你再花上十万八万依旧不能治愈，给你背上经济包袱。目前，国内医学界对这种病确实拿不出比较理想的治疗方案。"景解放说："叫我再想想。"

经过和医生将近两个月的打交道，景解放仔细回想，觉得这个医生的话是出自一片好心，医生既替叶小娟着想，又替他着想，并不是推卸。既然中心医院没有办法，那就只能进北京下上海去碰运气了。即使要去外地治疗，他必须先回去筹钱。景解放想了想，三天以后，办了出院手续。

景解放带着叶小娟在凤山县城汽车站下了车，他没有直接回松陵村去，他和叶小娟踏上了去叶家庄的路。他的目的是，先叫叶小娟见见她的父母亲。

景解放手托着叶小娟一走上叶家庄的街道，叶小娟就东瞅瞅，西看看，一脸的茫然，她问景解放："这是啥地方？"景解放说："这就是你出生的地方叶家庄。"叶小娟说："没见过，不知道。"景解放说："那你就记住，你的家就在这里。"叶小娟摇了摇头："我为啥要记住？"景解放说："故乡是你的根，你必须记住。"

进了家门，叶拴定两口子一看女儿回来了，以为女儿的病好了，他们即刻改变了几个月前对女儿的漠然，花秋仙上前拉住了叶小娟的一只手上下打量着，她似乎看不出女儿脸上有病容。叶小娟挣脱了花秋仙的手问景解放："她是谁？"景解放说："是你妈。叫妈妈。"叶小娟没有看花秋仙，她拉住景解放的衣角，仰起脸看着他。景解放指指叶拴定说："这是你爸，叫爸爸。"叶小娟摇摇头，还是没有看叶拴定。叶小娟的冷漠使这两口子很尴尬。景解放一看，这两口子竟然不知所措了，就把话挑明了："小娟失去了记忆，正在恢复。"

叶拴定两口子一时间怔住了，女儿住了两个月医院，竟然不认识爸和妈了，这是咋回事？花秋仙站在两步开外打量着女儿，叶小娟脸上看不出什么表情来——没有高兴，没有慌张，没有伤感，更没有久别重逢对父母的想念之情，女儿的面部出奇地平静，只有平平淡淡的、几乎是对待仇人的那种冰冷。站在远处的叶拴定看着女儿反而不知如何是好——招呼她不行，不招呼也不行。花秋仙走到叶小娟跟前去，搂住她，潸然泪下，女人哭着说："娃呀，你咋能不认识你妈呢？"叶小娟木桩一般，站在那儿不动，似乎是，母亲的动情和她无关——既然她的记忆中没有这个妈，对于任何的女人，她在一瞬间不会产生母女情感的，哪怕一点热情也无法分泌。叶小娟一把推开了花秋仙，她拉住了景解放的手臂，偎依着他说："伯伯，咱走吧。"景解放说："这是你的家，走到哪搭去？"景解放伸出手，抚摸着叶小娟的头发说。叶小娟说："我不认识他们，我没有这个家。"景解放说："听伯伯的话，到家了，你应该高兴才是，不要惹你妈伤心。"叶小娟还是一脸的无动于衷，她摇动着景解放的手臂说："走吧，咱走吧。"叶拴定坐在了凳子上，木然地看着女儿和景解放，那神情仿佛是一个门外汉在看一幅看不懂的西方现代派的抽象油画——不看又不足以证明他是搞艺术的，看了却是白看。院子里出现了短暂的沉寂，那种尴尬的气氛使景解放如坐针毡，他不知道自己该说什么，该做什么。突然，花秋仙将景解放和叶小娟向外推，女人的一只手按在女儿的胸脯，一只手按在景解放的胸脯，双臂断然撑起来，断然把两个人向院门口推。花秋仙说："你们走吧，走得远远的。"景解放倒退了两步，站定了。他说："弟妹，你这是干啥？小娟有病，你和她不要计较了。"花秋仙说："不认爹和妈也算是病？这是昧良心的病。叫她走，我权当没有养活她。"叶小娟拧过身就走了，景解放追上去，追到院门外，才拽住了她，他给叶小娟说："你今晚上先住到你家吧，你是叶家的女儿，伯伯咋能哄你？他们是你爸和你妈。"景解放拽着叶小娟向回走。叶小娟牛着不走，景解放硬是拉着她，走到院门口，景解放推门时，门已关上了。他叫了几声，花秋仙和叶拴定都在里边不吱声。景解放躁了，他用脚在院门上狠劲一踹，对着院门骂道："狗日的叶拴定，你是不是人？你不管娃，谁给你管？"这两口子塞死不说一句话。景解放拾起一块砖头准备砸门，他起身时看见，不远处有一只狗蹲在一棵树下静静地看着他。他扔掉了砖头。景解放叹息了一声，眼里有了泪水。景解放心酸了，叶拴定两口子原来不是这样的，生活将他们改变了。他们的做人做事使他失望至极。景解放只好领着叶小娟离开了叶家庄。

景解放和叶小娟返回县城。他们在县城里吃了晚饭后，向松陵村赶。两个人走进村口时，暮色四合了。

景解放和叶小娟走进院门一看，乔桂芳在家里吃了晚饭，正准备领着景旭去学校睡觉。乔桂芳抬眼看了看，景解放回来了，略略有点吃惊，令她吃惊的是，景解放怎么把叶小娟领回了家？乔桂芳对两个人一扫，松开了拉住景旭的手说："我给你们做饭去。"景解放说："我们在县城里吃过了。"景解放把叶小娟领进房间，倒了一杯水递给她，叫她坐下，他和乔桂芳到了隔壁房间。景解放把叶小娟在叶家庄不认爸和妈的事给乔桂芳说了一遍，乔桂芳半信半疑："她咋连父母亲都不认识呢？"景解放说："她不是故意的，是病态，医生说了，恢复记忆，要有一个很长的过程。"乔桂芳说："你把她领回咱家，咋办呀？"景解放说："先住下来，明天再说吧。"乔桂芳就是有一肚子抱怨也不能当着儿子的面指责景解放的，即使景解放做错了，她也会原谅他的。她太了解景解放了：他是一个很有责任心的男人，他有一颗至情至善的心。

景旭牵着乔桂芳的手，要叫乔桂芳到学校里去睡觉，乔桂芳给儿子说："今晚上咱睡家里。你爸爸肯定给你买啥好东西了。"景解放知道，乔桂芳的话是说给他听的，他已经好多个晚上没有和乔桂芳同床共眠了。景解放给儿子说："旭旭，你不要去学校了，爸爸给你买了两本书，一会儿给你。"景解放这么一说，景旭松开了妈妈的手，去翻爸爸的包儿。

景解放给叶小娟打来了洗脚水，叫她洗了脚，给她铺好了床铺，吩咐她睡觉。叶小娟说她等会儿再睡。景解放给她打开了电视机，把遥控器塞进她手里，教她怎么使用。叶小娟选了一个台，坐在沙发上看电视。景解放一看叶小娟面对着电视机那种入神入迷的样子，朝她点了点头，回到了隔壁房间。

景旭翻看了一会儿小人书就睡着了。景解放上了床还没有脱衣服就听见叶小娟在隔壁房间里叫他，他只好下了床。

叶小娟还没有睡着，她对景解放说："伯伯，我要跟你一块儿睡。"景解放说："你一个人睡吧，我还要和你阿姨说事呢。""不。"叶小娟扑上来搂住景解放不叫他走，"不说事，陪我睡觉。"景解放一看，叶小娟十分固执，一双手紧紧地圈住了他的腰，就说："你松开，我去给你阿姨说一声。听话。"叶小娟这才松开了双臂。

景解放回到隔壁房间里给乔桂芳说："你先睡吧，等叶小娟睡着了，我就过来了。"乔桂芳已经脱了衣服，她斜了景解放一眼，用揶揄的口气说："咋啦？是月娃子，还要大人哄着睡？"景解放脸上赔着笑："娃有病，换个生地方，一下两下睡不着。"乔桂芳讥讽地说："你搂着就睡着了？毛病真多。"景解放说："看你，和病人计较？”乔桂芳说：“好好好，你去陪她。”

等叶小娟睡着了，景解放才回到了乔桂芳身边。乔桂芳已经迷迷糊糊地睡着了。本来，景解放不想把乔桂芳弄醒，但他一想，假如他不和乔桂芳亲热而死睡一个晚上，第二天，乔桂芳肯定会无故给他找事的，乔桂芳没有去学校睡的意思是明确的，久别之后的今晚的做爱就像外交辞令一样，假如不及时表达就会严重影响两个人之间的关系，这已经不只是为了肉欲的满足为了情感的满足而是生活的需要是夫妻关系的需要。景解放明白乔桂芳对他的爱不只是表现在日常生活的细节上，也包括对床第之欢的看重，她肯定是饥渴难耐了——她是一个激情饱满，很有活力的女人。景解放搬了搬乔桂芳滚圆的肩头，她果然没有睡实，他想，她即使在睡梦中，也在等待他的亲热。景解放的手搭在她的肚脐上向下抚摸，她的身体有点僵硬，他能感觉到，她的皮肤她的神经他触摸到的每一处都表示着渴望表示着抱怨。乔桂芳嘴里咕哝着，一只手揽住了他的腰，两条腿主动地分开了。景解放心里明白，这确实是一场外交活动，双方肯定会共赢的。他进入了乔桂芳的身体，还没有大幅度地动作，叶小娟突然一声喊叫，那叫声仿佛用尖利的指甲掐进了肉中，使人觉得心寒。景解放十分扫兴地结束了刚刚开始的“外交活动”。他穿上衣服，下了床，进了隔壁房间。

景解放一进房间，叶小娟就说：“伯伯，你咋走了？我一个人睡不着。”景解放虽然扫兴，但还是耐着性子说：“半夜了，不要喊叫。”叶小娟说：“我不叫你走。”景解放说：“我不走，不走。”他只好和衣躺在了叶小娟的身边。

等叶小娟再次睡着后，景解放回到了乔桂芳身边，他一看，乔桂芳已睡得很熟，就没有再叫醒她。她明天还要上课，他不忍心把她从睡梦中弄醒。

一个晚上，景解放被叶小娟叫醒了三回。

天快亮了，乔桂芳起床时，景解放才和乔桂芳草草地云雨了一回，他们担心景旭醒过来，因此，做爱像完成什么紧急任务一样，两个人都觉得毫无情趣。

景解放一看，乔桂芳去学校时，脸吊得老长，她的不尽兴不满足明确地书写在面部。景解放也觉得对不起妻子对他的爱情，但又说不出口。景解放知道，这不是赔情道歉能解决的问题。

B章（四）

冬日的天空晴朗如洗。清晨浸润在短暂的静寂之时朱翠兰和鲍银花已经把灰叫驴拉上了碾道，母女俩将驴套上碾子开始碾药。碾药是非常细致的活儿，稍微不谨慎就会起火，尤其是碾盘上不能有一个碎石头，石头和碾子摩擦就会惹出事来。煮好的木炭一块一块地平摆在豆绿色的碾盘上，木炭大如鸡蛋小如杏核。朱翠兰给灰叫驴蒙上眼罩之后在它的后臀上拍了一巴掌，灰叫驴冤屈似的叫了一声拉动了碾子。

鲍银花弯下腰身不时地用手在还未碾成粉末的黑药上刨动着，她的眼睛她的鼻子她的耳朵她的所有感官都专心致志地集中在碾盘上了。碾子转动得太快或者药铺得太薄都会导致一场起火或者爆炸的灭顶之灾。银花用一只手刨动着黑药，一只手拢住了灰叫驴，她从绵软的黑药中摸出了一颗比黄豆还小的石头。朱翠兰收拾好笸篮和簸箕，她接过银花手中的碎石子一看，夸银花眼尖。朱翠兰捏住那颗碎石头用三根手指头搓了搓，看了几眼，把碎石头攥在手心，沉思了一瞬间，抬起头来看着西边的天。她的目光似乎穿透了空间穿越了时间落进了遥远的一幅情境中。她吩咐银花用罗儿过药，自己去搅动碾盘上的黑药。只有银花明白朱翠兰和她调换活路的用心所在，本来是她跟着碾子搅药朱翠兰过罗儿，可是，朱翠兰却叫她过罗儿。因为过罗儿比搅药危险性小一些。朱翠兰把危险性大的活儿留给了自己。她看着朱翠兰那条晃动着的空棉袄袖子，感激之情油然而生。朱翠兰不止一次地给银花说过，炮人是在老虎嘴里拔牙，是在生死线上讨生活。卷炮的人从和黑药打交道的第一天起就把自己交给看似简单的鞭炮了，生命随时有被血染红的可能。银花本来想给朱翠兰说，你用一只手搅动不方便，话到嘴边又咽回去了。她一想，没有这样说，这样一说，会使失去手臂的娘伤心的。银花给朱翠兰说："我眼睛尖，我搅药，你过罗儿去。"银花将朱翠兰推出了碾道，她给朱翠兰用碎簸箕在碾盘上揽了半簸箕黑药，倒进了罗儿里。如果说，这真的是生与死的选择，两个女人都愿意将死留给自己。朱翠兰看着弯下腰身在碾盘上刨动的银花，全身有感觉的部分都活跃了，她的身体合奏着一种声音：多好的一个姑娘啊！但她没有说出口，只是专心致志地罗着黑药。

也是在冬日里的一天，天晴得很体面，冷风很尖，瓷盘一般的太阳发着黄黄的疲软的光。朱翠兰和娘一起在碾子上碾黑药。娘一面吆驴一面伏下身子在碾盘上搅药，朱翠兰在碾道旁边用罗儿罗药。突然，朱翠兰听见娘苍凉地尖叫了一声，她抬眼看时，只见碾盘上笼着一团火，受了惊的叫驴反而站住不动了，娘倒在碾道里，用双手捂住了眼睛。后来，朱翠兰才知道，制造灾难的是一个姓申的猎户。这个打猎的躲在大树后面用弹弓的子弹打着了碾盘上的黑药之后扬长而去了。朱翠兰的娘是在雍山里打核桃时被猎户的爱情俘虏了的，草丛里刻骨铭心的欢娱使一身蛮劲的猎户念念不忘，他日思夜想着和女人再次偷情云雨，翻江倒海。当已嫁给朱家炮人的女人多次拒绝了猎户的求欢之后猎户妒火中烧，伺机报复。他没有举起猎枪还算是理智的。他用弹弓一子弹打着了黑药导致的是女人的一只眼睛被烧瞎，美丽的面庞上留下的疤痕和心中的伤痛一样难以治愈。弟弟被炮药炸死还没有过周年，娘又伤了面目，一家人再次陷入了灾难和悲痛之中，春节刚过，父亲断然做出了决断：不再做花炮，进南山去种地。

父亲在离开故土前给朱翠兰和景满义完了婚。朱翠兰进了松陵村景家的门没几天，父亲和母亲带上7岁的弟弟远去秦岭深处的南山了。

日头爬上了碾道旁边的树梢，碾盘上的黑药差不多碾完了，也用罗儿过完了，只剩下了薄薄的一层子。药太少，碾子和碾盘互相碾动最容易出事，朱翠兰和银华卸下了灰叫驴。

吃毕早饭时，母女俩将碾好了的黑药用芦席晾在了打麦场上。朱翠兰坐在不远处看护着碾好的药，以防不测。

景满仓和鲍银花又开始煮药了。

这几天来，松陵村的所有炮人，包括景家炮人贾家炮人申家炮人都在日夜加班不停歇地做黑药。他们做的药不是用来卷炮的而是用来对付人的肉体的。事出有因：陕西省政府主席宋哲明要攻打盘踞在凤山县城里的地方军阀党玉昆。因为炸城墙的炸药准备得不够，当地驻军向凤山县做炮的炮人每户摊派了100斤火药，谁家不给也不行。打党玉昆凤山人固然高兴，可是，要每户炮人三天之内做100斤火药也不是容易的事情。

景炳绪一听要打党玉昆，给景满仓说："咱就是不做炮，也要给人家把火药做够，党玉昆不走，凤山人不得安然。"景满仓说："打来打去，还不是他们给自己争地盘，对咱庄稼人有啥好处。党玉昆张玉昆王玉昆对咱庄稼人来说，都是一样的。"景炳绪说："娃呀，你还不知道吗？啊？党玉昆这个瞎怂把咱庄稼人害扎咧，这个瞎怂不除，咱庄稼人不得好过，他倒台的时间到了。"景满仓说："宋哲明不是也祸害咱们吗？要咱给他们做100斤火药，不是害人的事吗？"景炳绪说："咱做火药是为咱除害哩。"景炳绪的话没有错，凤山县各村庄就流传着这样一首歌谣："党家官兵似虎狼，一进村庄打三枪，抢钱财拉人票，房屋挖成胡基（土坯）窖，幼女被奸无处逃，吓得姐姐（未成婚的姑娘）井里跳。"

党玉昆是以"刀客"起家的地方军阀，在坐镇凤山县的十几年时间里，党玉昆横征暴敛，搜刮民财，奸淫掳掠，无恶不作。凤山县人叫苦连天，深恶痛绝。凤山县周围几个县是秦、周两代发祥地，古墓众多。自从党玉昆入主凤山以来，这几个县的古墓有好多被他所盗，盗去的珍贵文物经他倒卖，落到外国人手中的不少。他的手下在宝鸡县斗鸡台挖掘古墓时被一个农民无意间撞见了，党玉昆害怕这个农民泄密，也是为了恐吓众人，他命令他的士兵将这个农民的手脚用铁钉钉在了凤山县城西门上，把他面额上的肉皮剥下来遮住了双目，这个农民满脸血污，惨不忍睹。党玉昆用马鞭指住这个奄奄一息的农民说："你看？我叫你好好看！"在党玉昆的蹂躏下，凤山县的农民有眼睛不敢看，有嘴不敢说。他在凤山实施暴政，而且手段多端，每村每乡都有"眼线"，老百姓全在他的监控之中，谁想聚众反抗也不行。老百姓无处讲理，也不允许讲理，明明知道不公正，也只能默默忍受。

党玉昆为了肆意挥霍，为了购买军火，敛财的手段多种多样，他开办钱局，滥发钞票，造成了凤山县市场的极大混乱。有钱的黑心商人囤积奇居，欺行霸市，他不管不顾。一时间物价暴涨，一斤绿豆比一斤猪肉还贵，老百姓手中的纸币不如手纸。老百姓被逼上了梁山，他们于无奈之际聚众在钱局门口抗议，残暴的党玉昆命令士兵当场开枪打死了十二个人，老百姓吓得四散而逃。

当时的军阀几乎没有不好色及酒的。党玉昆已经娶了八房姨太太，还要娶第九房，大太太田梅花想拦也拦不住，她一气之下，吞金而死。为掩众人耳目，党玉昆在凤山县城为田梅花大办丧事，可恶的是，他将田梅花的墓地选在了北宋苏轼任凤山县知府签判时所修的东湖之中。安葬田梅花那几天，东湖四周的百棵古柳全裹上白布，白布做的白花如雪花一样缀满枝头。仅此一项，耗费的白布就有几百匹。为建造墓穴，党玉昆派人运来了砖石、木材和各类建筑材料。极其愤怒的老百姓故意和他作对，夜间偷走了建墓用的材料。党玉昆知道此事后，派人四处搜查，并借此事杀死了38个农民，连要饭吃的乞丐也未能幸免。

安葬田梅花那天晚上，党玉昆在县城大放烟火，凤山县的景家炮、田家炮、申家炮都进了城，为党玉昆的太太治丧放烟花。景炳绪至今仍记得，那一夜，天特别冷，北风呼啸，星星点点的雪花如针尖一样向人的领口里钻。放花炮的艺人冻得手臂直抖，一时半刻点不着捻子，党玉昆嫌炮人的动作太慢，命令他的士兵当场打死了两个炮人。

现在，宋哲明要除掉党玉昆，景炳绪当然很高兴，他甚至觉得，白白地做100斤火药是很值得的一件事情。

景满仓和朱翠兰挑着黑药到宋哲明的军营里去交货。一路上，两个人换着挑，七八里的路程，一会儿就到了。

火药要交到北杨村。北杨村的郭家崖的崖畔下有一排窑洞，为了安全起见，收来的火药就放在窑洞里。交药前，先要验药。一个士兵将手伸进竹笼子底抓上来一把火药，放进一个铁盘子里，然后，由另一个士兵端到土崖西边的田地里去点火试验。如果点不着，或者冲力不大，就要挨打挨罚。景满仓将担子放下之后，那个士兵向笼子里伸手时，景满仓多了一句话："老总，我们是景家炮人，做的黑药没麻达，就不要试验了。"那个士兵回过头来瞅了景满仓一眼："话多得很！"景满仓本该闭上嘴巴的,他又多说了一句:“我是怕……”站在旁边的朱翠兰拽了拽他的衣袖,他把后边的话咽了回去。旁边一个满脸横肉的长官说:“怕啥?说!”景满仓说:“怕失火。”满脸横肉伸手就给景满仓一个耳光:“尽说不吉利的话!”朱翠兰说:“这老总咋打人哩?”满脸横肉说:“打他咋咧?再说一句,就毙了他。”满脸横肉抽出了身上的盒子枪。朱翠兰赶紧赔上了笑脸:“我们错了,老总,你饶了我们。”朱翠兰一只手拽着景满仓向后退。她的空衣袖摆动着。大概满脸横肉注意到了这个女人的残疾,这才把盒子枪插进枪套,拧身走了。

景满仓白挨了一个耳光,他窝了一肚子气回到了松陵村。景炳绪问儿子:“火药交了没有?”景满仓说:“交了。”景炳绪说:“交了就好。”景满仓说:“好啥好?我看这伙人和党玉昆是一个球样子。我们还指望他们把党玉昆赶走有个好政府,咱是白指望了。”景炳绪问景满仓咋回事。景满仓把自己挨打的事给景炳绪说了一遍,一听儿子挨了打,景炳绪前几天的高兴劲儿减了大半,景炳绪说:“赶走了清政府,来了军阀,军阀换了一个又一个,军阀一个比一个瞎。改朝换代,换汤不换药。娃呀,这世上哪里会有好政府?政府都是一样的。咱老百姓就不要盼望有好政府了。你还冤屈什么?谁来了当官,都要靠老百姓养活,都要欺负老百姓,咱老百姓都一样受苦,咱还得做炮,还得种庄稼。只要你顺顺当当给人家交了火药,人家不再摊派,咱就安然了。”景满仓说:“他宋哲明打党玉昆,咋给咱派款?”景炳绪说:“派100斤黑药是小事,你心里要有个底,说不定,会给咱村派几个壮丁的。”也许父亲说的话有道理,景满仓说:“好吧。我去准备些钱,以防万一。”父子俩说了几句闲话,景满仓又去了炮坊。

宋哲明攻了三个月的凤山县城,死伤了三千多人,还没有拿下凤山县城。宋哲明觉得,正面攻打,是很不容易攻破城池的。宋哲明想起,唐末,军阀朱温攻打凤山县城两年多也没有拿下凤山县城的事情。看来,这座城池是轻易攻不破的。后来,守城的岐王李茂贞因为粮绝饿死了不少士兵才和朱温和谈。宋哲明召集他的将军们商讨攻城的办法,有人提出,围而不打,等城内弹尽粮绝,不攻自破,但这需要两三年时间,因为城内的粮食给养都很充足。宋哲明等不住。有人提出智取，办法是从远处开挖地道，一直挖到城下，在城下埋足火药、炸药，将城池炸开。宋哲明觉得这个办法还可行，于是，他命令士兵，从七八里之外开挖。为了一举攻破县城，宋哲明的士兵从县城的东、南、西、北四个方向同时向城下挖坑道。士兵们没有停歇地挖了三个月，才将坑道挖好了。宋哲明的士兵将炸药和火药装进棺材里运送到城墙跟前。每个坑道内送七副棺材，五副棺材装炸药，两副棺材装火药。炸城的准备工作如期做好了，城内的党玉昆还没有察觉。因为宋哲明每天都要佯攻一次，以麻痹党玉昆。

八月三日黎明，宋哲明一声令下，四个坑道内的炸药同时点着了，巨大的响声将四十里开外的农民的窗户纸都震破了，城外村庄里的厦房震倒了不少。凤山县城从四处垮塌，宋哲明的六千多官兵一齐涌入了凤山县城。激战进行了大半天，党玉昆在激战中被乱枪打死，他的四千多官兵被宋哲明俘虏。

听说打死了党玉昆，凤山县万人欢呼。第二天，景满仓和许多农民一样进城去看热闹。宋哲明在城西的关帝庙外斩杀俘虏。关帝庙外搭了一座戏台，凤山县有名的张家戏班子敲响了锣鼓，正在唱《刘备回荆州》。宋哲明和他的将军们坐在凉棚下一边看戏一边吃烟喝茶。而距离戏台不远就是杀场。

景满仓站在警戒线外看宋哲明杀人。

为了节省子弹，宋哲明的部队成立了大刀队。杀场上挖了十几个大坑，这里就是俘虏们的葬身之地。两个士兵架着一个俘虏走到大坑旁，刽子手一刀砍下头颅，头颅正好滚入坑内，刽子手一伸脚将尸体蹬进了大坑，然后，再砍再蹬。刽子手的动作机械而有规律：挥一刀，蹬一脚，一个小伙子就见了阎王。喷溅的人血将刽子手的脸弄成了一张血脸，面目狰狞而可怕，刽子手除了一双眼睛在圆睁着一双手在活动以外，看似一个用血铸的木桩。如果碰到那些并不怕死的俘虏伸长脖子叫刽子手砍，一刀可以使人头落地，干脆利索，刽子手也可以省些力气；如果碰到俘虏是胆小鬼，脖子发软，一刀砍不断，俘虏便大声哭嚎，哭声令人毛骨悚然，心惊胆战，刽子手必须费尽力气，连砍几刀方能结束。每当这时候，场外看热闹的庄稼人便“噢号、噢号”地呼喊，有些人喊道：“好汉，把脖子伸长！二十年后又是一个小伙子！”庄稼人似乎愿意观看刀飞头落地，血溅满天红的壮观景象，而不愿意看到缩头缩脑或跪地求饶的怂样子。在凉棚中看戏的宋哲明和他的同僚们朝这边看也不看，似乎这杀人的场面没有舞台上的丫环扭捏作态吸引人。

宋哲明下令，凡属凤山县当地的俘虏，如果有亲戚或亲人来认领，一律领回，予以特赦。

景满仓刚从后边挤到里圈，就听见有人喊道："二哥！二哥快来救我！"景满仓一看，两个士兵架着他舅舅的三儿子正向坑边走，景满仓于是什么也不顾，从栅栏上跃过去向表弟跟前跑，后边的士兵紧追着他。景满仓此时一身胆量一身勇气，他跑到架着表弟的士兵跟前去，抱住了一个士兵的腿说："老总，放了吧，他是我表弟。"这时候，一个当官模样的人走到景满仓跟前来了，他抬手给景满仓一个耳光，他骂道："你妈的屄，党玉昆的兵你也敢救？"景满仓挺了挺身子用手提了提粗布裤子说："他是我舅舅的娃，是被党贼强行拉去的。"军官问景满仓："他住哪个村？叫什么名字？"景满仓说："住横水镇西白村，叫白志军。"那军官猛喊了一声："白志军！"景满仓的表弟答了一声："到！"景满仓没有再求军官，那军官挥了挥手，两个士兵把景满仓的表弟放了。

景满仓和他的表弟走出围栏后没多远，撒腿就跑。他们一口气跑到离横水镇不远的地方扑倒在地，大口大口地喘气。景满仓喘着气说："太害怕了。宋哲明和党玉昆一个球样，把庄稼人的命不算啥。"景满仓的表弟说："多亏二哥有胆量，不然，我就没命了。"景满仓说："我从栅栏上跳起的时候就没想活，豁出去了。活人没这二杆子劲，不行。"景满仓的表弟一听，抱住景满仓大哭不止。

A章（五）

乔桂芳站在松陵村小学的操场里，眼望着远处，她身旁的杨树上飘落下来几片黄叶，尽管叶片是从她眼前头飞过去的，她全然不觉，仿佛她的目光比凉凉的秋风快得多；她的目光穿过围墙穿过树林穿过庄稼地穿过村庄穿过所有的障眼物，如同放飞的一支箭在远处飘荡。浓重的暮色从雍山里从田野上从学校的围墙后边包抄而来，压在了她的身上。她心里乱糟糟的。今夜晚，轮到她值班，也就是说，要在学校里睡觉。在往日，景解放撵到学校来和她同床共枕是常有的事，可是，今夜晚，她不想在学校睡也不能在学校睡。她想来想去，想不出不值班的理由来，她怎么给校长说呢？拿出什么样的理由才会使校长信服她今晚上不值班是应该的。她的脑海中塞满了叶小娟的身影，尤其是她那双眼睛的变幻莫测使她受不了，尽管，叶小娟看她时，从眼角里飘出来的光是木然的，淡然的，带着病态，而她的目光一旦投向景解放就柔软了，活泛了，而且有撒娇的意味。她觉得，这女孩儿是人小鬼大，简直就是个小精灵。在她看来，作为一个不到15岁的女孩儿她的目光不该那么游弋不该那么成熟，她的胸脯不该那么馋人，她身上的线条不该那么响亮。正因为她有那么多不该，乔桂芳对她的不放心完全在情理之中。

景解放把叶小娟刚领回来她就问景解放怎么办？景解放似乎是装糊涂，反而问她："啥怎么办？"她说："你准备把这个女孩儿怎么办？"景解放说："给她继续看病。"她说："我看她就没有病。"景解放说："她的病没在脸上，在头脑里，她失去记忆了。"她说："我看，她对你记得牢牢的。"景解放说："你说这话是啥意思？"她说："没有啥意思，就是说，她有记忆。"三句话过后，两个人就说不到一块儿了，不为别的，就为这个女孩儿。

今夜晚，她之所以踌躇不安还是为了这个女孩儿。她不必掩饰她内心的疑虑：叫景解放和叶小娟睡在家里，她不放心。令她犯难的是，假如她一定要值班，就不能回到景解放身旁。

疲惫不堪的夜色像披在身上的老棉袄。乔桂芳在院子里徘徊了一阵子又站住了。景旭站在她的身后，景旭叫了一声妈妈，拉住她的手说："妈，咱回去睡觉。"她看了看儿子说："旭旭，你今晚回家去跟你爸睡，好吗？"景旭仰起头问道："为啥？"乔桂芳说："不为啥，睡觉就是睡觉，没有为啥不为啥的。"景旭说："我不跟他睡。"乔桂芳说："那你给妈说为啥？"景旭说："他的脚太臭。"乔桂芳说："叫他洗一洗。"景旭说："他打呼噜。"景旭扭头就想走，他说："我不回家去睡，我要跟你睡。”乔桂芳心想，不必难为孩子了，她就是叫景旭睡在景解放跟前又能怎么样呢？孩子一翻身就睡着了，就什么都不知道了，如果要发生什么事照样就发生了。乔桂芳说：“景旭，你回房间去睡，妈回家取一本书，一会儿就来了，好不好？”景旭点了点头，朝乔桂芳宿办合一的房间走去了。

乔桂芳走出了校门。夜色像南瓜蔓一样，乔桂芳踩上去，有丝丝蔓蔓的感觉，她差一点被这铺满地的瓜蔓绊了一跤。

乔桂芳回到家里时，景解放正在教叶小娟铺床叠被。他把被子拉开铺好，又叠在一起。他给叶小娟示范每一个细节，手把手地教她每一个动作，怎么样把被子折成三折，然后，再折起来，再折成四方形。叶小娟按照他教的流程，一个动作一个动作地学着做。叶小娟不仅仅对过去的人和事失去了记忆，对日常生活中的一些简单的活儿也不知道该怎么干。她像初学写作者一样靠的是模仿，她的动作看起来有点机械、迟钝，给人一种痴呆呆的感觉，尤其是那双眼睛看陌生人时眼神里的意思是，他人给她的人生构成了威胁，她的提防是一种潜意识。难怪乔桂芳说，她看景解放时眼神就变了，这并非只是乔桂芳妒意大发，她看景解放时目光确实是不一样的，她不由自主地恢复了一个小姑娘的单纯、天真，而且将感激变成了一副痴情的样子。也许，她的印象中只烙上了景解放这么一个伯伯，一个恩人。景解放像种子落进泥土里一样生根了，发芽了，想抠也抠不出去。对此，乔桂芳是不可能理解的。而她看见乔桂芳时，眼神总是疑疑惑惑的，有一种难以确定难以接受的意味。

景解放回头一看，进来的是乔桂芳，随口问道：“你咋回来了？”乔桂芳说：“咋？我的家，我不能回来吗？”景解放本来想说，你不是值班吗？他一听，乔桂芳的话中满是火药味儿就闭口不言了。乔桂芳偷了叶小娟一眼，叶小娟并没有察觉到。乔桂芳佯装在书架上去翻书，翻了一会儿，她又走进了隔壁房间。她一看，景解放已经将被子拉开在床上了，家庭的温馨似乎就在被子底下，她看了一眼那被子那枕头，摇摇头，走出去了。

乔桂芳第二次返回叶小娟准备睡觉的房间，在刚才翻动的书架上抽了一本书，挟在腋下，临出门时，回过头来给景解放说：“别忘了关上院门。”景解放一看，乔桂芳像演员一样，刚才还抹在面部的愠怒不见了，眉眼里填充着柔和而平静的光彩，他说："忘不了。"

临睡前，景解放到前院去关上了院门。铁门在拉上门栓时发出的响声跟石头一样，他仿佛能看见空气在震动中荡漾的粗砺的波纹，这波纹水一般泼了他全身，他打了个颤。

回到房间，他一看，叶小娟脱了衣服钻进了被窝，但还没有睡着。他说："娟娟，你睡吧，我睡那边房间去。"叶小娟一听，半裸着从床上扑下来搂住了他的腰不叫他走："不，我要跟你睡。"景解放说："你成大姑娘了，不能跟伯伯睡一个被窝的。"景解放说这话就像给刚入学的一年级学生进行启蒙一样：什么能做，什么不能做。在景解放的眼里，病中的叶小娟的智力就是这样的水平。叶小娟根本不听，她将景解放抱得更紧了："你不跟我睡，我就走了。"叶小娟突然松开了手断然朝房子外面走去了。景解放急忙拦住了她："你没穿衣服，小心着凉了。"景解放话一出口自己才意识到叶小娟只穿一件小背心一件小裤头，他不由得注视了一眼叶小娟开始隆起的胸脯和一双白皙的精腿。他飞快地收起目光将叶小娟抱起来往床上放，叶小娟恰如其分地用双手勾住了他的脖颈，不叫他松手。叶小娟的脊背在床上，景解放只好俯下身去面对着她。叶小娟说："你不要走，我一个人害怕。"景解放说："我就在隔壁房间，你害怕啥？"叶小娟说："这房间只有我一个，我一个睡在床上。我一个……"叶小娟哽咽了。景解放听明白了，叶小娟之所以强调她一个，之所以说她害怕，其实是她觉得孤寂。这几十天来，他一直和她在一个房间，一直在她身边。景解放伸出一只手给她揩了揩眼角的泪花说："好吧，我陪你睡。"景解放和衣躺在了叶小娟的身旁。叶小娟不停地嚷嚷，说景解放的衣服扎着了她。景解放说："我的衣服不是枣刺，咋能扎你？"叶小娟说："就是，比枣刺还扎人。"景解放说："你离开我一点就不扎了。"叶小娟说："不离开，就是不，你把衣服脱了睡。"景解放说："好，好，我把衣服脱了睡。"他坐起来，脱了衣服。他刚一躺下，叶小娟就偎依过来了，那只孩子般的毛茸茸软乎乎的手搭在景解放的腰身上，手臂紧紧地搂住了他。景解放眼一垂，只见她那乌黑的睫毛遮出的两道阴影牢牢地黏在眼睑下，她的面容平静如水。不一会儿，叶小娟就睡着了。景解放将叶小娟的手臂从自己的身上取下来，他离开了叶小娟一点儿，侧过身去，却怎么也睡不着。院子里极其静谧，秋虫的叫声如火一样燃烧，如水的月光透过窗户的玻璃泻进来充盈在房间里，房间里灌满深秋的凉意和无限的惆怅。景解放看得出，乔桂芳内心里的那一片阴影好比皎洁的月光下一幢房屋倒下去的影子，沉重而冰冷。那影子压在了景解放的心上，使他十分郁闷。在乔桂芳的心目中，叶小娟根本不是一个病人而只是一个女孩儿，一个走向成熟的女孩儿，这个女孩儿威胁了她，似乎成了她的敌人。乔桂芳对叶小娟的提防无疑是对他的怀疑，是对他的人格的不尊重。乔桂芳不只是心胸狭窄，妒意大发。乔桂芳对他的不信任使他觉得伤心。他从未做出过对不起乔桂芳的事，从未和那个女人暧昧过，乔桂芳为什么不放心他呢？也许，是她太爱他了，爱之过及就走向反面；也许，是她太脆弱了，总是担心会失去他，才提防他的。景解放想把话给乔桂芳挑明，但仔细一想，这样做，也许将本来的莫须有变成了事实，给乔桂芳留下了他心虚的口实。话到嘴边，他咽了回去。在夫妻生活中，他是一个最能隐忍的男人。他觉得，忍，不是软弱的表现，而是智慧的反映。他熟读中国历史，历史上是大政治家都有隐忍的品性。隐忍才能成全一个人，成全一件事。他觉得，他和乔桂芳之间的矛盾已很明朗，就像他明明白白地看见了墙上的一块斑点而不愿意承认那是斑点，只承认墙上趴着一只苍蝇，而且相信，既然是苍蝇它就会飞走的。他的隐忍多跨出一步就变成软弱了。

景解放侧过身去看，叶小娟已经睡实了，他爬起来，抱上衣服，进了隔壁的房间。钻进被窝里，被窝里有一股陌生味儿，那味儿虽然淡淡的，却很呛人，景解放被呛得睡不着，他起来，穿上了衣服，端了一张凳子坐在了院子里。面对着秋夜，景解放将手伸进衣服口袋里捻动着一只鞭炮。手底下给他送来了纸质熟悉的感觉——那鞭炮似乎是自己身体的一部分，即使不触摸，也存在着。如果不是叶小娟受伤，他真的不知道一个人失去记忆是怎么回事。从叶小娟身上他看到，失去记忆是很悲哀的。记忆不只是逝去的岁月的重演，记忆是做人的参照物。记忆就是历史。今夜晚，毫无睡意的景解放的记忆像月光一样活跃。

如果说景解放最初的记忆始于3岁，3岁里印象最深的也是深秋的这个时候。

秋庄稼已经全部收割完毕，新播种的麦子由嫩弱而淡黄的绿色向坚强而浓郁的绿色演变，村子后边的雍山脱下了丰满秀丽的秋装显出了颓败的景象，一场秋雨过后，后院里的老楸树落下来的黄叶如纸钱一样凄凉而哀婉。蹲在不远处的冬日已在向人们招手。景解放一家人早早迎来了严寒的季节。人心之所以比季节还冰冷是由于父亲的离去而造成的。

父亲死了！

母亲执意叫人把棺材抬进院门放在后院里的老楸树下面。棺材四周的纸钱和枯黄的楸叶搅浑在一起铺在了院子里。按照习俗，死在外面的人是不能抬进自家院门的。不是母亲失去了理智，她很明白，她很冷静，她挥了挥手将习俗拒之于门外而让父亲回到了家，使父亲的灵魂能够在生他养他的地方安歇。

父亲是1952年11月4日被凤山县人民政府枪毙在县城北边的大教场的。景解放记得，母亲说过，父亲过世的那一天距离立冬日只有三天。清早起来，景解放无意间瞅了一眼台历，今天是1988年11月4日，时间已经翻过了36年，景解放怎么还没有和父亲的忌日割断？也许，是由于今夜晚和36年前的那个夜晚一样的冰凉一样的使他心神不安。

也许，在景解放幼年的记忆里是一片空白，没有寒意没有棺材没有哭声没有血腥，什么也没有，甚至没有记忆，只有混沌和茫然。不要说3岁的幼儿，连母亲也是茫然的——父亲怎么能被人民政府枪毙呢？她不相信他会回去当土匪，父亲因为憎恨土匪才干上了游击队的。他怎么能去当土匪呢？可是，父亲确实是以土匪的罪名被枪毙的，是和他一同干游击的战友揭发了他，说他带上枪去等路，去抢人，去祸害老百姓。他的战友说得有鼻子有眼，不露编造的痕迹。当时，父亲已经做了雍川乡人民政府的武装部长。在雍山游击队，父亲是一位枪法很准、英勇善战的游击队员，在川口河狙击战中，雍山游击队配合西北野战军全歼国民党的青年军一万多人。父亲扛着一挺机枪守在山头打得很猛，一颗子弹擦伤了他的头皮，血流下来蒙住了眼睛，父亲在眼睛上用手一抹，又是一阵猛打……战斗结束后，父亲受到了西府工委的嘉奖。1949年8月，凤山县解放了，父亲和他的一大半战友回到了地方上。父亲的战友中有几个做到了县（团）一级。不知为什么，父亲却被留在乡政府工作。对此，父亲并没有怨言。一些转业的游击队员违法乱纪并不是因为那时候实行的是供给制，没有工资的缘故，他们之所以提着枪去抢人是因为受不了管束。作为一名政府工作人员不抽大烟不嫖女人是最起码的做人准则。可是，有人就违犯了这条准则。1950年春节前，父亲的一个战友约父亲去搞些过年吃的猪肉，父亲不去。后来，父亲的那个战友去一个商人家抢来了半扇猪肉（大约五十斤），腊月二十七晚上，他给父亲提来了五斤猪肉，父亲不收，战友竟然掏出了枪，父亲一看这样只好收下了。这五斤猪肉就成了父亲伙同战友抢人的一条重要证据。1950年下半年就开始了打击反革命的运动。运动开初，父亲还很活跃，由于他的揭发，十几个战友或被送进了监狱或被送上了不归之路的法场。一直到1952年年初，这个运动快结束的时候，那个抢猪肉的战友揭发父亲参与了抢劫，还给父亲背了一桩杀人夺财的命案。没有一个人出面证明父亲是清白的，却有十几个人出面证明父亲有土匪行为。于是，父亲被送上了法庭，送上了法场——一个叫景金才的名字从户籍簿上抹去了，一个和国民党保安团警备队正规军英勇作战的26岁的战士以土匪的罪名被镇压了。

枪毙父亲那天，母亲抱着景解放去收尸。随着一声枪响，母亲扑倒在地，怀里的儿子撂出去老远。法场上久久地回荡着景解放年幼的哭声。对于母亲来说，那一枪太毒了，比景家做的雷子炮更有力，枪声比任何声音都可怕、都震撼。那一枪在打穿父亲的脑壳的同时也把母亲打倒在地了。母亲准备和父亲一起过安然日子的美好愿望被粉碎了。母亲不是被人搀扶起来的，她是自个儿爬起来的，当她听到景解放那寒彻心肺的啼哭之后从地上爬起来了。她把儿子紧紧地搂在怀里，掠了掠凌乱的头发给一同来收尸的景家人说:“走，咱拉着解放他爹回松陵村。”这个年仅24岁的女人从此后没有再嫁人。

家族里的故事是景解放从母亲口中听说的。因为景金才没有来得及给景解放讲述他的父亲景满仓和母亲朱翠兰的故事就和儿子阴阳两界了。当景解放听了那个断了臂的祖母的故事以后，对祖母肃然起敬。景解放是母亲一手拉扯大的，母亲的做事为人就是他的榜样，他从小就认定，世上的女人就是祖母和母亲那样的女人，是令人敬重的，是不容玷污的。和乔桂芳结婚后，他总是用看祖母和母亲的目光看乔桂芳，即使看出了乔桂芳的某些弱点，他也容忍了原谅了。热爱女人似乎成为他血液中的某种物质了。女人是要男人呵护的，男人生来就有呵护女人的本能。叶小娟既是女儿辈，又是女人，他对叶小娟的疼爱中更有呵护。

1980年，在"文化大革命"中被定性为土匪组织的雍山游击队被平了反，父亲的历史反革命问题也随之澄清了，父亲失去的年轻的生命和印刷体有了联系——那张平反证书和人的性命相比，没有任何分量，即使景金才的名字挪到"革命烈士"那一栏又能怎么样？父亲当年几个健在的战友来松陵村看望母亲，尽管老人们的言语很温暖也无法暖热母亲冰冷的心，两鬓霜染的母亲只能苦笑着用一声谢谢感激几个老人的一片善心。只有景解放明白，守了大半辈子寡的母亲心中有多苦。

老秋初冬总是令人很伤感的。然而，1988年秋天的伤感和1952年秋天的伤感不尽相同。

景解放还没有活到用回忆往事来安慰自己来支撑自己的年龄。今夜晚的追忆只不过是触景生情或者偶尔的联想罢了。他抽了两支烟，回到了房间，脱了衣服，钻进了被窝。他明白，使他难以入睡的原因不是来自外部世界的侵扰而是来自内心的不平静。只要心情平静下来，他很快就会入睡的。景解放觉得，他没有任何理由抱怨乔桂芳，就是乔桂芳做错了什么，他也不能抱怨的。乔桂芳的情绪波动是由他引发的，是由炮坊爆炸引发的。假如乔桂芳无动于衷，假如乔桂芳什么也不在乎，那就不是乔桂芳了——乔桂芳对他爱得太深了，只有他才能体味到。这个家，有一半是乔桂芳撑起来的——操持家务，教育儿子，这些事情由乔桂芳一个人操心。景解放觉得，他应该平心静气地和乔桂芳谈一谈的。他的心情无法平静。他爬起来，穿上了衣服，下了床，走出了院门。景解放来到了松陵村小学，站在校门外，他一看，学校大门已上了锁。他站在校门外，看了看乔桂芳和儿子睡觉的那一排厦房，他似乎能听见乔桂芳细细的鼾睡声。他站了一会儿，又返回去了。一弯细月粘在蓝得发白的天空上，秋风很细很凉。景解放回到房间，上了床，很快地睡着了。

景解放是从睡梦中被吵醒来的。他睁开双眼一看，房间里朦朦胧胧的，玻璃窗户上透出的亮光很有限。他又闭上了双眼，想再睡一会儿。又是一阵敲门声。他爬起来，穿上了裤子，披上了茄克，走出了房子。他抬头一看，黎明前的晨曦还在天地间徘徊。他到了前院，没有问敲门的是谁，毫不迟疑地拉开了门闩。站在院门外的是乔桂芳。乔桂芳披着一身凉气站在院门外，他一句话也没有说，乔桂芳给他解释："在校园里跑了一圈，跑步到了村子。"他本来想说：你从来没有回来得这么早过。他一看，乔桂芳急于向前蹿出那一步，就欲言又止了。

乔桂芳径直走进了他睡的房间。

走进房子，乔桂芳朝床上一瞥，只见床上的被子撩起一个角，被窝里的热气似乎还没有散尽。乔桂芳拧过身拉开了大立柜，她从立柜里取出来一件上衣在身上试了一下。景解放只看了她一眼又上床钻进了被窝。乔桂芳说："天变了，回来穿一件衣服。"景解放忍不住说："学校里连一件衣服也没有？"乔桂芳换了话题的概念："我穿啥还要你管吗？"景解放没有再说什么。他明白，当然乔桂芳也明白，天还没有大亮，她就回来，绝不是专程取衣服的。乔桂芳是回来看景解放昨晚睡在哪个房间，是不是和叶小娟睡在一起。景解放不可能把乔桂芳的想法当面揭穿。

乔桂芳走出去了，景解放再也睡不着了。他想，乔桂芳比他还累，她活得太累了。他真不知道，她为什么要把自己弄得那么累。如果乔桂芳能够像他已经过世的母亲那样活得很坦然，那该有多好啊！守了大半辈子寡的母亲活得是特别从容特别平静。她从不揣摸别人从不嫉妒别人。即使面对流言，母亲也能坦然地应对。就在母亲30岁那年（景解放已能记事了），贾姓人家的一个小伙子在炮坊爆炸中失去了女人。那个小伙子三番五次地朝母亲那里跑，一时间，村子里流言四起，说母亲招人纳汉。母亲很坦诚地给贾姓人家的小伙子说，你的情我领了，我这辈子是再也不会嫁人了，你就死了心吧。小伙子以为母亲是敷衍他，错上加错，竟然在深夜闯进了景家。在山里长大的母亲什么事没经历过？她将小伙子制服后，扭到族长那里去，给族长说清了事情的经过，并求族长放小伙子一马。族长没有再追究此事，也没给生产大队里的干部说。对此，小伙子对母亲感激得痛哭流涕，后来，还是在母亲的撮合下，给小伙子找了一个年轻寡妇成了亲。母亲这样的女性高大地矗立在景解放的心中，成为他衡量女性美的标杆。

B章（五）

在寒冷而枯燥的阴历十一月间里，银花一头扎进炮坊整日不出门。其实，炮坊只是一个房屋的框架，门窗整日洞开以防不测。毫无情意的冷风畅通无阻地钻进炮坊，炮坊内寒气逼人。银花的双手冻得又红又肿，脸蛋上也起了疙瘩。银花做了无数次实验，两响炮还是没有成功。白天，朱翠兰和银花在一起制药；晚上，她陪着银花一起在炮坊里卷炮。

景满仓走进炮坊，他一看银花便笑了。正在装药的银花没有察觉，景满仓连叫两声，银花才抬起了头。

“你笑啥哩？”

“你看你，鼻眼凹里和嘴唇上满是黑药，得是偷着吃哩？”

“我就是偷着吃哩，咋啦？”

“火药是啥味儿，你偷着吃？”

“酸甜苦辣，啥味儿都有。”

银花伸手去端架子上卷好的炮纸。景满仓一看银花裸着的双手，一把抓住了它，将又红又冰冷的手焐在了自己的手掌里，他看着银花那红润的脸庞，撩起棉袄，将她的双手塞进自己的衣服里面了。银花的双手紧贴在景满仓温热的身上，银花的手暖和了，心里也暖和了，彼此的呼吸声变得有点急促了。银花一看，景满仓的眼里有异样的光，便低下了头。这时候，院门响了，银花说了声：“娘来了。”她断然推开景满仓，从他身上抽出双手，站在案桌前慌乱地翻着炮纸。

朱翠兰将从田地里背回来的玉米秸秆放在了后院，她走进炮坊一看，银花的眼里剔除了往日的忧郁和焦灼，还以为她做成了两响炮。

“没有做成。”银花头也没有抬。

“我听见她自个儿在里面说什么，还以为她弄成了，走进来一看，她说还没有。”景满仓随机应变。

“娘，瓜客刚才给我说，他昨晚上梦见我卷好了双响炮，炮的样子很像西瓜。西瓜一飞上天就炸开了，掉在地上的瓜瓤比血还红。”银花应答自如，她和景满仓一唱一和。

“这女子，梦里的事能当真？”景满仓顺水推舟。

朱翠兰没吱声。过了一会儿才说：“手冷就回房子暖和暖和。”

银花说：“不冷。”

朱翠兰和景满仓一前一后地走出了炮坊，走到后院，朱翠兰沉下了脸。

“你呀，咋是一满胡说，”朱翠兰说，“西瓜不就是人头？还有血呀肉呀的，说这话多不吉利。”朱翠兰相信凶从嘴边生，相信冥冥之中有一种左右命运的力量，相信一代一代传下来的那些古老的箴言。

景满仓一怔，脱口而出：“我没有说啥呀。”

朱翠兰眼睛一睁，眉毛扬了上去：“难道是银花编排的？”

景满仓忽然意识到了什么，就改了口：“你咋也把睡梦里的事当真了？”

“当真不当真，以后不能那样说话，”朱翠兰说，“银花不叫你，你就不要到炮坊去了，你一进去，她手底下就乱了。”

朱翠兰发现，景满仓的脸有些红，她方才明白，自己的话有些重了。银花确实大了，成为一个大姑娘了。尽管他们两口子和银花的年龄只差11岁，但他们是她的养父养母。他们一直把银花当女儿养，尤其是她，没有把银花只当女人看，而只是把她看做女儿，她从来没有猜疑过她的行为有什么不端，因为，她知道伦理的藩篱如同铜墙铁壁，没有哪个庄稼人敢穿过这铜墙铁壁而做出不齿的事，就是银花比现在年龄大一些，也是女儿，这个亘古不变的伦理已经把银花固定在她的位置上了，这个位置不可动摇，一旦动摇，一个家就没法维系，整个松陵村就没法维系。这个社会就靠伦理维持。她也相信，这亘古不变的伦理关系是渗透到银花血液中的物质，轻易不会流失的。当她进了炮坊，看见景满仓和银花有些慌，故意掩饰什么，她就有些气恼。但是，只能佯装不知道。

“怔着干啥呀？你听，叫驴在踢踏哩，还不快去给拌草？”朱翠兰支使景满仓走人。

“我去拌。”

景满仓走进了牲口棚。朱翠兰又去敬火神了。又经过几天的实验，银花的两响炮有了进展，她已经琢磨出来，是配方不对头。当她准备继续试验时，朱翠兰要和景满仓去平凉赶趟腊八会。平凉在陕甘两省交界处，是甘肃的西大门，平凉是一个大县城，从腊月开始，关中西府的炮人就将卷好的炮拿到平凉去卖。到了腊八那天，平凉城里逢会，年集涌动，生意红火。

“叫他一个人去还不行吗？”银花说。

“你没去过平凉，你也去见见世面，再说，两个人去还能多挑一些炮，多卖一些钱。”朱翠兰说。

“两响炮怕按腊八会卷不出来了。”

“能行，现在才十一月十六，还有二十多天哩，你再试试看。”朱翠兰鼓励银花。

“娘说能行就能行。”银花很高兴地说。

正当景满仓一家人加紧为赶平凉的腊八会做鞭炮时，出事了。事端是由凤山县税务局制造的。凤山县税务局在凤山县和甘肃平凉的交界处设卡，凡是出陕西的花炮都要纳税。这不是要纳双重税吗？炮人去平凉卖炮必定要给平凉人纳税，凤山县又要强收出境税，花炮的利本来就很薄，如果要纳双重税，炮人确实赚不到几个钱。入冬以来，几乎每天有炮人在设卡处和税务局的人大吵大闹，有些伶俐的炮人给设卡的塞几个钱，缴几个税款就过境了，那些血气方刚的炮人脾气如炮仗一样，坚决不交税，田家炮的一位炮人就在设卡处点着了自己的一担花炮，炮人被炸断了一条胳膊，一个收税的被炸掉了半条腿。申家炮人中一位申姓的年轻人在设卡处和税务局的人吵了半晌，年轻人担着担子要闯关，护卡的一个士兵竟然朝申姓的年轻人腿上开了一枪，事情由此而闹大了。

申姓炮人中的申猪娃是申姓的族长，他和申姓炮人一经商议，准备举事，他们一方面组织了“铡刀队”——每家铡草的铡刀都被卸下来磨得寒光闪闪，作为武器。铡刀队全是20多岁的小伙子，他们手举铡刀，头裹白布开始操练。同时，他们开始用火药装备猎枪，制造石雷。申猪娃做好了鸡毛信，通过鸡毛信传送，发动全县的炮人在阴历十一月二十六日冲进县政府闹事。

景满仓接到鸡毛信以后，将鸡毛信如期传给了松陵村的贾姓炮人。

景满仓把全县炮人准备举事的事情给父亲说了一遍，景炳绪只是吃烟，一句话也没有说，他连吃了两锅烟后问儿子："你说咋办？"景满仓说："官府对咱炮人这么苛刻，咱不闹事没活路了。"景炳绪说："农民造反，成事的不多，李自成、张献忠都是，可他们是瞎怂，张献忠把四川人杀得剩不了几个。除过朱元璋坐了皇位，恐怕没有第二个成事的了。朱元璋就不是一个本本分分的农民。现在是民国，不是朱元璋那个时候了。"景炳绪的态度很明确，不叫儿子去。景满仓说："我给传鸡毛信的人已经回了话，说我们一定去。过几天，咱也要去平凉卖炮，咱免不了也要被纳双重税。咱不去，还等着挨宰？"景炳绪说："我是怕凤山人闹不倒官府反而闹出人命来；再说了，官府是农民能闹倒的吗？江山都是拿枪打下来的，不是闹出来的。远的不说，宋哲明为赶走党玉昆死了四五千自己的人，党玉昆的俘虏被宋哲明杀了四五千，总共把万把年轻人的命搭进去了。"景满仓说："咱就是搭上命也要去。咱不去，咱景家人在松陵村就没脸面了，景家炮在凤山县就卖不成了。全县的炮人很快就会知道咱景家炮人是狗熊。"这正是景炳绪的为难之处。不去参加举事，景家炮人将会失去威信，恐怕日后连一串炮也卖不出去了。要去参加举事，说不定就会把儿子的命搭进去的。他知道，官府人身上的枪不是烧火棍。景炳绪说："那好，要去，我去，你在家守着。"景满仓笑了："人家就不要老汉参加。"景炳绪沉思了半晌，他蹲在脚地，用烟锅在地上划了几个道道。这是他自己发明出来的占卜吉凶的办法，他擦去了几个道道之后，才说："你去吧，不过，你要多长一个心眼儿。万一出了事，爹做好的那副柏木棺材就给你了。"景炳绪说得很伤感很凄凉。景满仓还要说什么，景炳绪朝儿子摆了摆手说："咱景家人老几辈子都是硬气人，爹不会叫你趴倒在凤山县的。"

腊月二十六日早饭以后，凤山县的炮人从四乡八镇涌向了凤山县政府。炮人们有的背着鞭炮和雷子炮，有的扛着石雷，有的挑着一担火药，三百多人的大刀队在寒风刺骨中穿着背心举着锋利的铡刀聚集在县政府门前。县府即刻调来了四百多人的警备队和保安团前来守卫。炮人们齐声呐喊:“减轻税赋!”“撤掉关卡!”“我们要做生意!”“我们要吃饭!”一身黄皮的这四百多人并没有动刀枪。申猪娃一声呐喊:“放炮!”于是,县府门前的鞭炮声和雷子炮声惊天动地,如炸雷一般。县政府的两扇大门紧闭不开,申猪娃手下的人呐喊:“我们要见县长!”“县长出来!”士兵们横着枪杆子将人们向后赶,这几千人一齐向前一涌,几十个士兵便倒在了地上。这时候,申猪娃命令几个炮人将用火药造的石雷放在大门前点着了捻子,随着人们向后退去,县政府的两扇大门被炸飞了。这时候,从大门里冲出来一伙士兵,他们举起枪就打,前排的几十个人倒在了血泊中。后面站的炮人一时被震住了。随之,那些炮人如同堤岸崩溃了的洪水,不顾一切地向大门里面冲去了。大刀队的小伙子挥起铡刀就砍,手起刀落,几个穿黄皮的倒在了地上。炮人毕竟人数众多,警备队和保安团的人根本抵挡不住。到了不可开交之处,县长终于出面了,年近50的县长站在高处,拱手礼让,他答应炮人,即刻撤掉关卡,同意放炮人去平凉卖炮。炮人一听,高声欢呼。

就在炮人自以为胜利后撤回去的第三天深夜,县府下令秘密将带头闹事的申猪娃他们几个挑了“地地菜”——分别从各村各庄带走了,每家炮人被带走了一个带头人。景家炮人被带走的是景满仓。

申猪娃、王大海、马春贵这三个带头闹事者当天夜晚就被县长下令活埋了。

景家、贾家、田家等十几家的炮人被关进了县城监狱。这几家炮人的长辈们知道,不可能再举旗闹事了,再闹下去又要人头落地了。他们挨家挨户地在炮人家走动凑份子钱,以钱赎人。景满仓是景家炮人凑了100块大洋才从监狱里赎出来的。

三天以后,景满仓回到了家中。银花第一个扑上去抱住了景满仓。站在一旁的朱翠兰用一只手揩擦着眼泪。银花说:“瓜客,你把一家人吓坏了。”景满仓说:“我这不是回来了吗?”景满仓给朱翠兰说:“看你,哭啥哩?松陵村几千口人,有几个进过监狱?我这次进去后才知道监狱是啥地方了。”银花说:“是啥地方你说说看。”景满仓说:“是把人塞进磨眼里天天研磨的地方。”景满仓告诉朱翠兰和鲍银花,刚一进去就是一个狱人的拳打脚踢。狱头子指挥手下的人先给你一个下马戚。每天晚上，他们脱下的棉袄棉裤就被看守收去了。没有被子，只有一把烂棉絮。四九天，连老鼠也冻得都不能动弹了。于是，他们一个晚上不睡觉，就在方方几尺大的房间里跑圈子，一直跑到出了汗为止。不然，就会被冻死的。三个晚上了，景满仓一眼都没有合。他走进房间倒下头就睡，昏昏沉沉睡了三天三夜。

腊月初三清早，银花和景满仓分别挑着一副筐担走出了松陵村。筐担里很整齐地码着卷好的炮仗。银花的筐担上盖着两条被子。这两条被子白天可以防火，晚上父女俩就做铺盖用。卷好的炮最怕的是明火，一不小心将火柴头或火星溅进筐担里就会炮响人翻。景满仓的筐担上盖着朱翠兰的衣服袖子。

腊月初二晚上，朱翠兰从她的旧衣服里翻出来三件上衣铺在炕上用剪刀把左边的衣袖铰下来，然后，脱下身上的棉袄操起剪刀铰去了那条空荡荡的衣袖。脱光了衣服钻进被窝里的景满仓扭头一看，捉住了朱翠兰的手腕。

“衣服好好的，铰了衣袖干啥呀？”

“留着也是多余的。”

“咋能是多余的？”

“铰下来盖炮筐子。”

“连衣服盖上去回来不是照样穿？”

“那不一样。”

“一样。”

“衣服袖子和好衣服不一样。”

朱翠兰将衣服袖子几个字咬得特别重。景满仓一下子明白了她的用意，他一把揽过去了朱翠兰，朱翠兰低声抽泣。

“你咋啦？”

“不咋。”

“哭啥？看你。”

“我想哭。”

“那就放声哭。”

朱翠兰反而不哭了。她用右手在景满仓坚实的胸脯上搓动着，景满仓觉得她的全部心思在她的手底下游走。

"你说银花把你叫啥哩？"

"叫瓜客。"

"她应该把你叫啥？"

"你不知道？"

"知道。"

"知道还问我？"

"我想听你说。"

"叫爹，当然叫爹。"

朱翠兰用完好的右胳膊紧紧地搂住了景满仓，景满仓能感觉到她的那条胳膊传达着什么样的情感。他看着朱翠兰，满怀深情地看着她，这个女人自从嫁给他以后就把全部身心都交给了他，她对他的爱十分彻底，就像好麦客割麦子一样，地里不落一穗麦穗，这种很彻底的爱有点让景满仓受不了。她将他视为她手中卷成的炮，想卖想放都由她。也许，这是她自卑的原因；也许，她以为，她的命是他捡回来的，她的爱也是他捡回来的，因为要报答，她才爱得那么毒。她不是再不能生孩子了，令他们两口子振奋的是，他们圆房后没多久，她竟然怀孕了，她一口气生了三个娃娃，但后来只成活了景金才和一个女孩儿。她使景家的炮人有了传宗接代的人，在家族里，她也是值得荣耀的。

朱翠兰是一个标准的贤妻良母，对此，不只是景满仓没有啥可说，景家的每个人都有口皆碑。她把母爱给景金才的同时，也给了鲍银花。不知为什么，有时候她就将鲍银花摆在了她的对立面，她无缘无故地给她找碴儿，无缘无故地操起笤帚在她的身上乱抽，好像不是抽打一个活物而是抽打土地——那种狠劲，使景满仓不可理解。打够了，她丢下笤帚，抱住银花大哭不止："孩子，你长大了，你成大姑娘了。"她一边念叨一边哭。

景满仓知道她心里在想什么，也能看见她心中布下的阴影把本该要透进来的阳光遮住了。也许，朱翠兰相信自古以来上苍就有这样的安排：一个男人一生肯定会拥有一个处女的，就像一头牛必然要破土耕地一样。她相信，上苍的这种安排才是公正的。她相信，这个黄花闺女迟早会出现在景满仓生命中的哪一天——上苍不会苛刻地让景满仓失去占有一个黄花闺女的机会的。这个黄花闺女将是谁？她一旦把思绪停留在日渐丰满日渐漂亮的银花身上，她就极其担忧，忐忑不安，就对银花极其嫉妒。尽管，她也相信景满仓和银花不会无视伦理的，但她控制不住自己的疑虑、焦灼。因此，她只能用庞大的爱去遮掩自己的脆弱覆盖景满仓的身心。而当银花给她端吃端喝伺候她的时候，她就责备自己是小心眼儿，用右手在自己的头上捶打，她知道自己不该有那种心思。她会无缘无故地给银花说，我女儿真是她娘的乖乖女。银花哪里知道她的心思，朝她笑笑，觉得莫名其妙。

景满仓说："我不去平凉了，好吗？"他差一点说，我整天守着你。

朱翠兰笑了："你去吧，卖炮要紧。我朱翠兰的炮你挑到哪搭都是我朱翠兰的。"

景满仓说："是呀，你的总归是你的，谁也抢不去。"

朱翠兰吃的一声笑了："啥时候学得这么会说话了？"

景满仓抱住了朱翠兰。朱翠兰吹灭了菜油灯。也许，是景满仓要出门了，两个人都觉得这一晚的亲热比哪一次都有味。景满仓说："今晚上，我要叫你吃个饱。"朱翠兰深情地说："吃一顿，饱一月，你一个月不回来，我也不饿了。"两个人说说话又折腾，一直到天快亮了才睡着了。

清早起来，景满仓去给父母亲辞行，和爷爷奶奶睡在一起的景金才从被窝里探出头来说："爹，你回来的时候给我买些写大字（毛笔字）的纸。"景满仓摸摸儿子的脑袋说："只要你好好写字，爹准保给你买一大堆纸。"看着渐渐长大的儿子，景满仓心中有一种很温暖的感觉。他似乎只眨了一下眼睛，儿子就长大了。他不希望儿子能学出什么名堂来，但不能是睁眼瞎。就是儿子长大做炮卖炮，也要识几个字，能算账。因此，他宁肯少做些花炮，也要叫儿子念书、识字。可是，景金才最终没有念成书。

景满仓和银花在家里老早吃了早饭。朱翠兰把景满仓和银花送到了村口。景满仓一看朱翠兰那只失去了袖子的断臂在冬日里的早晨显得更加凄楚，他的心里酸酸的，当着银花的面，他不可能对朱翠兰有亲热的举动，他只是用爱怜的目光看着她。朱翠兰走上前去拉了拉盖在竹筐子上的那条棉袄袖子。平展展的衣服袖子意味深长地盖在鞭炮上，好像一个人的手臂在搂着一筐子炮。

“一个娃娃一拃高，突儿一跳就飞了。”

景满仓似乎听见，儿子在去学堂的路上呐喊着。

朱翠兰挥动着右手，示意景满仓和银花快走。

西北风把天空打扫得干干净净的，天空不见一丝云彩，没有热量的太阳像人嘴里哈出来的冷气凝结在天空。大地冻得结结实实的。景满仓和银花踩在硬邦邦的路面上。脚下发出的响声像孩子们在嚼干糖。他们走到雍山脚下的峪口镇时，已是吃晌午饭时节了，他们在镇上的小面馆里吃了两碗扯面就上坡了。天气太冷，银花的鼻子嘴里哈出来了三股烟。扁担嘎吱嘎吱的响声如同一条乖觉的狗紧随着她，她有板有眼地哼着秦腔《借水》中的一段曲调。这是一段爱情戏，剧情是年轻公子假借水吃而去讨美貌小姐的欢心。银花嘴里哼出的调子好像给扁担的嘎吱嘎吱声增添了节奏，尽管是上坡路，她并不气喘。

在炮坊里，银花用不愿意和景满仓一同去平凉卖炮来试探朱翠兰心思的深浅，朱翠兰的坦白如水和善解人意使银花反而有些不安。银花当然知道，自己内心蛰伏的情感已经苏醒，如果她不把这情感牢牢地握在手里它就会变成洪水猛兽，淹没了自己害了别人。她也坦白，和景满仓在一起，她恪守着一个养女的本分，但有时候难免把景满仓只作为男人看待。但她还是很清醒的，她绝不会以毁灭这个家庭作为代价而使自己的情感如困兽出笼一样撒欢。然而，要叫她在朱翠兰面前承认，她不爱景满仓不可能，不论这是女儿对养父的爱，还是她一时搞不清的女孩儿对一个男人的很纯粹的爱，她都不能不承认自己内心萌发的情感。单纯的银花觉得，她不能自己欺骗自己，也不能欺骗朱翠兰。有时候，她的内心纷乱不堪，她毕竟20岁了，她需要爱的滋润和温暖，她想长长地躺在一个男人的怀抱里，她想把一个她爱的男人装进心里去。然而，她只能是这么想一想，不能无视规矩，她必须活在规矩之中。她更不能把自己的爱建立在别人的痛苦之上，那是罪恶。

上到半坡，银花问景满仓，距离平凉城还有多远。景满仓说："还有二百多里，不紧不慢还得走四天。你得是怯火了？"银花说："就是再走二千里，我也能行。"银花明白，每一只炮都是在汗水中浸出来血水中泡出来的，放炮的人放炮时漫不经心只图个热闹，而做炮的人吃过多少苦担过多少风险，只有做炮的人知道。做炮这个行当不挣钱，但世人的生活中没有这个行当不行，一声炮响，使鸦雀无声十分沉寂的生活一刹那间热烈了活跃了有了新的内容。放炮是放炮者的一种释放，做炮是做炮者对生活和人生的渲染和缔造。它既是手艺和行当，又是生活的土壤，生命的种子。炮响纸飞翔的过程是十分愉悦的过程。人常说，牛吃枣刺图扎哩，人吃辣子图辣哩。花钱卖炮就是图个听响声，而这响声就来自炮的粉碎过程。对此，庄稼人心里明明白白的。

景满仓和银花上了老爷岭。他们放下了担子。银花专致而忘情地凝视着西边的天，即将落山的太阳又大又红，好像是挂在古老的柿树上的最后一颗没有被敲打下来的熟透了的柿子。山上有了风，路面上的尘土被风吹得干干净净的像苦守贞节的寡妇一样体面而呆板。景满仓擦了擦额头的汗水脱下了棉袄披在身上，银花很随便地将棉袄向肩头一披，显得很散漫。景满仓看了银花一眼说："把棉袄披好，小心着凉了。"银花说："我又不是纸糊的，不怕。"银花走过来和景满仓坐在了一块石头上，银花说："你能不能看见松陵村？"景满仓说："能看见，当然能看见。"银花说："山下面村庄那么多，我咋看不清，你指给我看。"景满仓用手朝东南方向一指说："你看，在那里。"山下面的村庄埋在雾岚之中，傍晚时分，从烟囱里冒出来的白烟和田地里袅袅而升的雾气混合在一起贴着地表不走也不散，田野上是一派氤氲之气。银花站起来，目光朝景满仓所指的方向远眺，她的脚一踮，手臂随之扬了扬，披在身上的蓝底散花的棉袄滑落了。银花只穿一件紧身夹衣，她没有拾棉袄，伸了伸胳膊，她隆起的胸脯凸现在了景满仓眼前，修长的四肢和山风斗艳。景满仓拾起棉袄给她披在了身上。银花穿上了棉袄，她说："我还是看不见松陵村。"其实，景满仓也没有看见。他笑了："瓜女子，你咋那么瓜？那还用你看吗？"银花似乎一刹那间开窍了。是的，一些东西在人的心中装着，不用看也知道的。银花拍了拍自己的脑壳说："瓜客不瓜，比我灵透。"景满仓说："装在心里的是不能说出来的，瓜女子。”银花点点头，表示认同。景满仓说：“天快黑了，咱走吧。”父女俩挑起了担子。落日跟一块石头掉进沟底一样快，山沟山坡和山头山路很快融为一种颜色了。风停了，山里寂静无声，只有两个人的脚步声空洞而干燥。脚下隐约可见的山路引导着这父女俩走到了一个小山村。景满仓打算在打麦场上的麦草垛子跟前凑合一夜，走进场间他们才看清麦草垛子跟前的土崖下有一眼窑洞。景满仓站在窑门外连喊了几声，窑内没有人答声就摸黑进了窑洞。窑洞内放着铡刀铡成的喂牲口的短麦草节。景满仓划了一根火柴照了照，给银花说：“今晚就睡这里，有这窑洞比睡露天地强多了。”他将堆在一起的麦草节用手刨平，抱来了两床被子，放在麦草上。景满仓又环视了一眼窑洞，虽然看不清，他凭感觉知道了窑洞口朝北开着。他将被子卷成了两个筒，东西而放。在外面小解进来的银花说：“你再划一根火柴，我看看。”景满仓又划着一根火柴，借着一点亮光，银花将两条被子提起来，她坚持要打通铺。她说一个人睡下太冷了。景满仓说，有这么多麦草，不会冷的。银花说，她一个人睡一个被窝害怕。景满仓只好依了她。把两条被子一条铺在身下，一条盖在身上。

银花毕竟不是十年前喊着他抱着他睡的小姑娘了，等银花睡着之后，他才将腿伸进被窝，躺在银花身旁。半夜醒来，景满仓发觉，银花一条腿搭在他的身上，一只手揽着他的腰。他正要挪开身子，银花猛地坐起来了。

“你咋啦？银花。”

“我做了个睡梦。”

“啥睡梦？大惊小怪的？”

“我梦见我娘出事了。她……”

“咋啦？”

“她，她抱着雷子炮，突然炸响了……”

“睡梦又不是真的。”

“炮把她炸飞了。”

“梦见死人是给活人添寿哩。”

“我害怕。”

“有我在，你害怕啥？睡觉吧，明天还要赶路哩。”

嘴上虽然那么说，景满仓心里还是平静不下来，银花怎么会做那样的噩梦呢？景满仓老大一会儿睡不着。睡梦里的银花紧紧地抱着他，他看不见银花的脸庞，他能感觉到银花身体的柔软和温热，她的呼吸毛绒绒的，如同刚从轧花房中抱出来的棉花一样。景满仓一条胳膊搭在她的身上前思后想，依稀听见远处的鸡鸣狗叫，叫声凄凄惨惨的，在冬夜里尤其显得苍凉寒心。过了老大一会儿，他才慢慢地睡着了。

A章（六）

坐在自行车后座上的叶小娟一只手揽着景解放的腰，一只手抓着自行车的座架。她的腰没有挺直，是一副懒散的模样，她的眼睛在田野上放逐。收获了秋庄稼的田地裸露在太阳光下，没有复种的玉米地和豆子地里散落着发白的庄稼的叶片儿，秋天的倦怠和凄凉好像来自这些孤苦伶仃的玉米叶子和豆叶，出齐了苗的麦子用齐刷刷的嫩绿色表示着季节的轮换生命的延续。秋收之后是播种，播种之后又是收获，庄稼在一次又一次的播种、收获之后再把自己埋在土地中——就像放鞭炮，响过之后，粉碎之后，大地复归沉寂，留下的只是满地纸屑。可是，很少有人这样想。活人过日子就是白天接着黑夜，一天一夜地向前行进。景解放不去看两边的田地，他双手把紧自行车的车头，只是看着路面。他已经将他的客货两用车和他的炮厂交给了景文祥，也就是说，他的名下已经一无所有。

1979年春天，上面一纸文件，农村虽然还讲成分，但成分不再是身份、地位和个人价值的衡量标志，成分只是表示一个人的出身。“黑五类”这个惯用的词语正在从印刷品中消失，景解放也不再作为“土匪”的儿子被“另类”看了。到了1980年，雍山游击队平反父亲的问题得到重新审定之后，景解放被彻底“解放”了。就在那年冬天，他着手筹建炮厂。那时候，还没有允许私人办厂的政策条文，他申办的松陵村花炮厂只能挂在生产大队的名下，实际上是由他筹资，由他经营，只给生产大队上交每年一万元的管理费。松陵村花炮厂也就是解放前景家炮坊的延续。8年来，他确实挣了些钱，究竟挣了多少钱，他当然心中有数。炮厂爆炸后，除去赔付，应该还有10多万余的盈利。在这10多万元中，叶小娟在西安治疗花去了将近6万。前几天，他去炮厂，把景文祥和会计叫来算账，景文祥和会计将算盘一拨，炮厂的账上只有两千多元了。他明白，这两个人合伙哄他，但他知道，现在不是清算的时候。他也没有心思再追究，即使追究，他们肯定早给那笔钱找到了合理合法的出路。他把村支书和村长叫到跟前，当着他们的面把炮厂交给了景文祥。他和松陵村炮厂再无干系。叶小娟是在炮厂出的事，按理说，叶小娟的恢复治疗要炮厂负担，但他只字未提。他觉得，叶小娟已经花了花炮厂不少钱了，他不能把大家的钱再花在叶小娟身上了。他只是对景文祥说："你接手的是景家炮，你也是景家的后人，我只希望你把炮厂办下去，办好。"景文祥说："四爸，你放心，我一定要把炮厂办好。"

他要继续给叶小娟治疗。怎么治疗，到哪儿去治疗。他要去给叶拴定两口子说明白。叶小娟毕竟是叶家的女儿。

"小娟，见到你爸你妈，有话给他们好好说说。"景解放回过头去说。

"谁是我爸我妈？"叶小娟茫然地注视着远处的田野。她的意识里依旧没有叶拴定两口子。

景解放虽然看不见叶小娟脸上的表情，但他能估摸到她那双毫无记忆的目光中是一种比天真无邪更淡然的神色。

"上次咱不是到你家去见你爸你妈了吗？你再想一想。"景解放说。

"我没有家，没有爸和妈。"

她的记忆里确实没有家，没有爸爸和妈妈，她不是有意识地不认爸和妈。景解放要给她的印象里打入这个概念。

"我不是给你说过了吗？你要记住。"

"他们是爸和妈，你是谁？"

"我是你伯伯。"

"不,你是我爸爸。"叶小娟大概觉得爸爸应该是景解放那样的男人。

"见了你爸你妈,不能那样叫我。你叫我爸爸,你爸会伤心的。"

叶小娟没有吭声。她挪了挪屁股,自行车晃动了一下,景解放给胳膊上用了点劲,掌握住了车头。

景解放用自行车带着叶小娟进了叶家庄的街道。街道上空无一人,村庄里没有炊烟没有牲口没有鸡鸣狗叫,似乎连生活气息也是薄如纸张,只有一些人家院门前的树杈上垂挂下来的剥了皮的玉米表示生活在这里进行着,时间一分一秒地向前走动着没有停下来。

两个人走进叶小娟的家。叶拴定和花秋仙正准备去油菜地锄地,他们一看是景解放和自己的女儿,就将锄头倚在了厦房的墙角。

见到叶拴定两口子,叶小娟并没有按照景解放吩咐的那样叫爸叫妈,她没有正眼去看叶拴定两口子,只给了他们一个侧面,这两口子在女儿脸上看到的是平静是心不在焉,叶小娟对家里的一切好像都没有兴趣。叶小娟的样子使他们本来就凉了的心再也热不起来了。花秋仙将凳子向小娟跟前挪了挪,拉住女儿的手:"真的不认识妈了?"叶小娟看也没有看母亲,眼睛始终在景解放的身上,她的无动于衷使花秋仙既愤怒又伤心,她松开了手,把小凳子挪到旁边去了。叶小娟不认爸和妈,景解放没有办法,他苦笑了一声:"娃的病还没有好。"花秋仙说:"没心没肺了,病也就好不了了。"叶小娟不搭理母亲很严厉的责备。咋能这样咒娃呢?景解放一听,忽地站起来了,他说:"娃确实有病。大人该没有病吧?"花秋仙一看,景解放怒目而睁,就没有再吭声。景解放不想多呆一分钟,景解放说:"今儿个来想给你们说,我准备带小娟去北京看病,多跑几家大医院,看看小娟能不能恢复记忆。"叶拴定说:"这恐怕要花不少钱,我知道做炮利薄,你们赚钱也不容易。"景解放说:"我就是砸锅卖铁也要给小娟治病的。"花秋仙说:"人是在你们炮厂出的事,怎么治病,你看着办。你今儿个不来,我们也打算锄毕油菜去找你。"景解放说:"我来了,你们有啥话就说。"花秋仙说:"叫他爸说。"景解放把目光投向了叶拴定。叶拴定站起来了,他端起热水瓶,一看,景解放的茶缸里有水,又放下了。

他重新坐在老地方，还没有坐稳当，又挪了挪凳子。花秋仙说："你说话呀，你不是说要和他景伯伯说说吗？他景伯伯来了，你就说。"叶拴定干咳了一声，又垂下了头，目光盯着地上几只辛勤跑动的蚂蚁。"看你那怂样子！"花秋仙骂了一声说，"你不说，我说。"她朝景解放跟前坐了坐，说道，"我和他爸说好了，小娟我们不要了，不是我们心肠硬，你能给她治好病，算你积了德，有福气，她就是你的女儿，你给她治不好病，算你倒了霉，运气不好，她还是你的女儿。"景解放真没有想到，花秋仙会有这样的想法，会说出这样的话来，他竟然一时愣住了，不知道怎么回答是好。还没等他开口，花秋仙接着说："至于说，我们养活了她十四年，你给我们多少，五千一万是你的心，七万八万也不算多，你看着办吧。"景解放说："你们的女儿我怎么能要？再说，孩子不是什么物件，不是随便想送给谁就能送给谁的。"花秋仙说："假如她不受伤，你想要，我们还不给。"女人哽咽了，"她现在成了半个废人，我们有什么办法？我们这样做，也是心里滴血哩。"景解放听得出，花秋仙话中的意思是：叶小娟的灾难，这个家的灾难，是他一手造成的，责任全在他。景解放不可能和花秋仙争辩，推托叶拴定两口子就等于他在开脱自己的责任，这两口子就是这样认为的。他不是那种不负责任的男人，从叶小娟受伤的那天起他就抱定一颗心：一定要给孩子把病治好。但是，他又不能接受叶小娟为自己的女儿，不是他拿不出来花秋仙所说的抚养费，他是不忍心叫这两口子没有女儿的。他只好说："小娟治好了，还是你们的女儿；小娟治不好，我养活她一辈子，好吗？"花秋仙说："能不能治好，是你自己的事，我们不再管了。"景解放说："我夺走你们的女儿，良心不安。"花秋仙说："不是你夺，我们是两厢情愿。"景解放说："两厢情愿也不行。这不是咱两家说了算的事情。"花秋仙说："我们已经给村干部说好了。"女人抬起眼给叶拴定说，"你去找马村长，叫他来一下。"叶拴定坐着没有动。花秋仙声音大了："去呀！磨蹭啥？"叶拴定在女人脸上一瞄，站起来，走出了院门。

叶小娟在母亲和景解放说话的时候将凳子挪到了景解放跟前，她的头偎依着景解放，不错眼地看着母亲，那神情好像古董商得到了一件古董正在辨别这物件的真假。花秋仙给叶小娟说："小娟，既然你不认我们，就给你景伯伯做女儿去，行不？"花秋仙万万没有想到，叶小娟一只手臂挽着景解放的胳膊，爽快地说："他就是我的爸爸。”花秋仙看看景解放又看看叶小娟，突然“哇”的一声哭了，她一把鼻涕一把眼泪：“碎挨刀的，没心没肺的东西！还说你有病？你心里亮亮清清的，我把你从一把大养活到14岁，容易吗？你咋连一点良心都没有？”景解放急忙安慰花秋仙：“你不要伤心了。娃和我在一块儿几个月了，她的记忆里存留的爸爸就是我，娃不是故意惹你生气的。”花秋仙说：“你不要替她遮掩，说不定你们是串通好的。”景解放说：“既然你这样说，我还能说啥？”花秋仙说：“事情明摆着哩，你走进了油菜地，还怕穿黄衣服吗？”景解放苦笑一声：“还没有走进油菜地，就把黄衣服穿上了。我啥也不怕的。”

说话间，叶家庄的马村长来了。马村长50岁上下，有一张和善的脸。马村长一来，花秋仙又开始淌眼抹泪了。马村长说：“有啥话就说呀，眼泪能解决问题吗？”花秋仙止住了哭把自己刚才说过的话给马村长说了一遍，马村长说：“这事儿不是我能说了算的，只要你们两家和孩子都同意，过继女儿就要到县民政局去办手续，不然，叫上面知道，还以为你们买卖人口，我当证人，老景你说是不是？”马村长转过身问景解放。景解放说：“是呀，是呀。这事是有法律程序的。”花秋仙说：“我们叫你马村长来，是想叫你知道有这件事，至于说在哪搭办手续，我们去办就是了。”马村长说：“回头你们写个字据，留在村上，村上就知道你们把女儿过继给松陵村了，什么农业税呀，果园税呀，辣椒税呀，这些税款你们就少交一个人的。”花秋仙说：“你是大忙人，来一回不容易，我们现在就写。”女人当即取来了纸和笔，她叫叶拴定趴在饭桌上写了一张字据，字据的内容是：叶拴定两口子和女儿叶小娟同意把叶小娟过继给景解放两口子做女儿，景解放两口子愿意做养父和养母。叶拴定在字据上签了名。花秋仙叫景解放签名，景解放迟疑了，他说：“这么大的事，我得回去和乔桂芳商量一下，她不同意咋办呀？”花秋仙说：“小娟是在你的炮厂受的伤，你的女人不同意，你自个儿养活去。”景解放说：“那也得把小娟问一问，看娃同意不同意。”花秋仙说：“她都认你做爸爸了，还能不同意？”景解放已看得出，今天不签这个名，花秋仙不会放他走的，要么，免不了一场哭哭闹闹。他想，反正没有去民政局办手续，这字据签了也是一张白纸，没有什么法律效应，先签了再说，不然，他走不脱。他签了名，目的是不叫这两口子纠缠为好。他拿起钢笔，在字据上签了名。

马村长借故还有其他事，他将三份字据拿走了一份，其他两份，一份归叶拴定，一份归景解放。

揣好字据，景解放要走，这两口子留他吃晌午饭，他推谢也推谢不掉。景解放心想，说不定花秋仙又要给他耍花招，他倒想见识见识，于是，就留下了。

果然，刚一吃毕饭，花秋仙就叫景解放去县民政局办手续。景解放说："改天吧，我把字都签了，你们怕啥？"花秋仙说："不是我们害怕，你这么一走，啥时候能见到？"景解放心想，他不能再让这个女人牵着走了，要对付她，不能全来真的，他想了想说："等我回去准备些钱，过两天就去民政局，我白白地得了一个女儿，不能叫你们两手空空呀。"花秋仙一听，景解放准备给他们付钱，果然变了口气："那就难为你了，你可不能再拖了。"景解放说："弟妹，你就放心好了。"

景解放领上叶小娟出了叶家庄。

一路上，景解放心事重重的，他没有想到，叶拴定两口子会做出这样的事来。这两口子之所以不要女儿是怕负担不起，假如叶小娟再也治不好，成为一个痴呆，成为一个生活不可自理的人，怎么办？因为他们只是这样想，他们是怕累赘才做出这样的决定的，这两口子的心事，景解放看得明明白白的。他虽然答应了叶拴定两口子，要承担抚养叶小娟的责任，还是觉得压力很大。他想，乔桂芳肯定不会接受叶小娟的，即使叶小娟没有病，她也不会接受的，他比了解自己更了解乔桂芳。景解放想来想去，想不出万全之计来：既不伤害乔桂芳的感情，又能叫她接受叶小娟。

自从叶小娟走进这个家庭以后，乔桂芳改变了晚上在学校睡觉的习惯，除去晚上值班迫不得已睡在学校外，其他的日子，她就带着儿子回到家里来睡。等儿子睡着以后，景解放才给乔桂芳说，他要带叶小娟去北京治疗。乔桂芳说："哪怕你带到美国去治疗，我也管不着，只要你有钱，你就带上她去。"景解放说："不抓紧治疗，也许孩子会变成傻子的。"乔桂芳说："我没有拦你呀，你想咋办就咋办。不过，你要知道，你是乔桂芳的男人，你是景旭的爸爸，你为叶小娟倾家荡产，我们的日子咋过呀？"景解放说："手心手背都是肉。"乔桂芳说："谁是手心？谁是手背？你这话是啥意思？"景解放说："咱旭旭是手心，小娟是手背。"乔桂芳说：

“一满胡说，景旭是景家的根苗，叶小娟是叶家的女儿。”迫于无奈，景解放不管乔桂芳情感上能不能接受，他将叶拴定两口子不要女儿，他在过继叶小娟的字据上签字的事给乔桂芳挑明了。乔桂芳听罢，并没有像景解放想象的那样大发雷霆，乔桂芳一声也没吭，这使景解放反而更心虚了，过了一会，乔桂芳很平静地说：“好你个景解放，你背着我，啥事都敢做？你愿意给叶小娟做爸爸，你自个儿去做，你哪一天把她过继到你的名下，我哪一天就和你离婚，你养活你的女儿，我养活我的儿子，咱各走各的路。”乔桂芳也不再说了，她翻身去将脊背给了景解放。景解放没有想到，乔桂芳会以离婚来要挟，他们这些年来虽然也有过磕磕碰碰，但从来没有红过脸，没有说过伤害对方感情的话。他敢肯定，乔桂芳从来没有想到过离婚，一旦提到了离婚，景解放心就慌了，景解放扳了扳乔桂芳圆圆的肩膀说：“我不会要了女儿丢了婆娘的。”乔桂芳动也没有动。景解放紧紧偎依着乔桂芳，他想采用惯常的手法，叫身体说话，他的一只手从乔桂芳夹紧的大腿根伸过去，手还没有到达他想要到达的地方，乔桂芳捉住了他的手腕将他的手抽出去了，乔桂芳用身体语言很强硬地表示：她不要。景解放第一次遭到了床上的拒绝。这时候，他不能强装硬汉，他再一次将手从乔桂芳的腰身上搭过去，去脱她的裤头，乔桂芳再一次拨过去他的手。乔桂芳翻身坐起来，抱上枕头去床那头睡了。景解放恍然明白，乔桂芳不吃他这一招。他没有任何情绪再去纠缠乔桂芳了，乔桂芳的强硬超出了他的想象。作为男人，他不是没有丝毫尊严可言，一刹那，他的心凉了。他眼睁睁地看着一屋子黑暗，久久不能入睡。

景解放个人在银行里的存款只有两万多元，这是他背着乔桂芳一千两千存起来的私房钱。也许，这两万多元进京给叶小娟看病就够了，但他担心到北京后钱万一不够使他和叶小娟受难，他打算再借一万元。他到了凤山县城，连跑了两家往日的客户，一千元也没有借到。从县城回来的路上，他极其沮丧。他在花炮厂当厂长的时候，曾经多次给这两家客户欠过货款，他们一欠就是几十万，一两年还不上也不去讨要。如今，他不当厂长了，这两家客户就不认他了。人情真是薄如纸。令他伤心的不仅仅是遭到了这两家客户的拒绝，他看得出，在这两家客户的眼里，他没有任何分量可言，这才是他沮丧的真正原因。

当然，他知道，向人张口借贷是很伤自尊心的事。“文化大革命”那十年间，每年三四月间青黄不接的时候，他就挟着口袋四处去借粮食。他明明知道，姑姑家有粮食吃，他去找表哥，表哥非但不借给他粮食而且当面羞辱他：表哥将装在面口袋里的几斤玉米撂在院子里的烂泥中对他说，拿回去，不要再来了。他看了一眼表哥扭头就走了。表哥家是贫农成分，他不愿意和他这个历史反革命的儿子打交道。表哥害怕他再来借粮，到松陵村大队革委会来给革委会主任说，他已和舅舅家划清界限，不再来往。景解放也领略过，在饥饿面前，人的自尊心是怎么被刈割的。他记得，他去雍山里去给生产队做山吊庄，断了顿，饿得实在没办法就去要饭吃，有人就放出狗来咬他，他被狗追得没办法只好爬上了院畔的一棵树，蹲在树桠上不敢下来，以至尿在裤裆里，主人才将狗叫走了。后来到了一个山坳里，站在窑门口，他将一个比他还小的女人连叫了几声姨，那女人从案板上拧下来一块搅团，给他递过来。他接住了那块搅团，没有任何调料，他几口就将那块搅团吞咽下去了。他觉得，那女人能给他一块搅团吃就等于救了他一命。那女人虽然面部冰冰冷冷的，他还是记住了她的施舍。觉得给她搅团的那个女人和他的母亲一样是属于贤妻良母型的女性。为了挽救往昔失去的自尊，他开始办花炮厂，开始赚钱。他想，他一定要赚很多钱，让妻子儿子体体面面风风光光地做人。然而，生活好像故意为难他，钱没有赚多少，事故发生了，为了给叶小娟治病，他又开始了新的借贷。

就在景解放为没有借到钱而愁眉不展的时候，景文祥来了。景文祥从凤山县城的客户口中得知，景解放为借钱而求人。景文祥一听，觉得这不是景解放的做派和性格，景解放做人是钢巴硬气的，他宁肯叫牛挣死也不叫车打住。景文祥还没有见过景解放求人。他再三打听，知道景解放确实为了给叶小娟治病而去四处借钱。他拿着两万元来见景解放。景解放却不要景文祥的钱。景文祥说：“四爸，我的花炮厂也就是你的花炮厂，你拿去尽管用。”景解放说：“我不能用你的钱。”景文祥说：“你怕啥？我不会向你要的。”景文祥这么一说，景解放坚决不要了。当初，景解放让景文祥给他当副手看中的是他的能干，经过几年的共事，他深深地感觉到，景文祥不是一个实实在在的人，为人太狡诈，因此，他必须对他保持足够的警惕。原来的老会计给儿子结婚，急着用钱，想在花炮厂借几百元，景解放出差在外，没人签字。老会计来找景文祥，景文祥说，你模仿景厂长的笔迹签个名，我给出纳说一说，把钱给你。老会计就按照景文祥所说的做了。景文祥通过出纳把这件事告诉了景解放。景解放一听就躁了：作为企业财务人员竟敢这样？他当即解雇了老会计。景文祥便推荐自己的小姨子当上了会计。老会计哪里知道，景文祥表面是为了他，实际上是害他，是想用他的小姨子替代他而施出的计谋。有一年秋天，仓库保管反映有几箱炮因为漏雨而进了水。景文祥就给保管说，你把淋湿的炮处理掉算了。结果，保管将没淋湿的花炮一同处理了。说是处理，实际上是背着景解放将炮卖了。保管将卖炮得来的钱给景文祥拿来了一大半，自己留了一小半。景文祥收下钱后，当即给景解放拿去了。景解放把保管叫来，问他是咋回事？保管一看事情败露了，就承认了自己卖炮贪污的事，他只字未提景文祥怎么说。结果，保管被开除了（没有报案起诉）。景文祥趁此机会，又将自己的一个亲戚换成了保管员。这些事情的真相后来景解放全知道了。这一次，他把景文祥推荐给村长和村支书之前也犹豫过，但在松陵村再也找不到比景文祥更会办企业的人选，他只好让景文祥接替了他。但这不等于他因此认同景文祥的做人，认同景文祥的德行。景解放的拒绝使景文祥很尴尬。景文祥只好给自己找一个台阶下，他说："四爸，算你借我的还不行吗？我不借你钱就太没良心了，就不是人了。求你了，四爸，给我一次机会吧。"景文祥说着说着竟然伤心了，落泪了。好像景解放的拒绝将他推向了不义的泥淖。景解放想了想，说道："那好吧，我给你打一个借条。"景解放给景文祥写了借条，收下了景文祥拿来的两万元。景文祥已经出了门，回过头来又四爸四爸地叫了两声。显得很激动，他给景解放说，到了北京，有啥困难就答声。景解放说："我领情了，不用了。"

景文祥一走，景解放开始抱怨自己，觉得自己缺少骨气，叫景文祥同情，甚至怜悯自己是莫大的耻辱。主要原因还是由于自己心太软，景文祥一流泪，他就坚持不住了。他又仔细一想，当年，他要饭吃的时候，有什么尊严可言？要使自己活得有尊严，必须有社会地位或经济地位。贫穷的人、地位卑微的人并不是没有尊严，而是他们的尊严极其脆弱。很多时候，他们的尊严只是一种内心生活。他得之于善良，也失之于善良。对此，他还没有清醒的认识，包括他不遗余力地去治疗、照顾甚至养活叶小娟，是不是做对了？他自以为是对的，将来，生活给他的答案也许不是这样的。

初冬里一个雾蒙蒙的日子，景解放和叶小娟一起走出了松陵村，走上了去县城的大路。一场小雪过后，天气变冷了，沉寂的田野上空，在薄云里游走的太阳只是一个轮廓没有一点儿光芒。叶小娟穿一件朱红色的羽绒衣。一出村口，景解放将叶小娟羽绒衣上的帽子伺弄好给她戴在头上，扣上了领口的最后一颗扣子。叶小娟伸出戴着手套的右手拽着景解放的衣角。两个人越走距离村庄越远，雾岚渐渐将他们淹没了。今夜晚，景解放和叶小娟将在凤山县境内的蔡家坡火车站乘火车前往北京。

B章（六）

银花和景满仓是腊月初七走到老关庙的。老关庙是一座武庙，供奉的是关云长。两座大殿已经很破旧了，暮色苍茫中，灰暗的门窗被寒风摇得吱吱作响。

景满仓吩咐银花守住担子，他独自去庙后面对山坡上寻找晚上睡觉能铺在身底下的茅草。一路上，她和景满仓在一个被窝里已经钻了四个晚上。那一夜，她根本没有睡着，她渴望景满仓搂住她睡一觉，像父亲搂着小女儿一样。可是，景满仓转过身去一直睡到了天大亮。她只能默默地承受着景满仓施加于她的父亲般的尊严，内心里却偷偷地蕴藏着父亲以外的情感。不只是景满仓只大她11岁，不只是年龄上有差距，而是她觉得，她对于他的情感是小妹与大哥的情感。这情感是一股暖流，她蹚着这股暖流走过了五六年。不是她心中没有伦理的禁忌，这五六年，她对他女儿不起来。这些年来，她历经了父母亲和弟弟的死，目睹了松陵村的炮人在生死线上讨生活的境况：炮人既然把死都看淡了，就该把人世间的其他事情都看淡些，谁也估摸不到，哪一天，突然一声爆炸，命归阴曹。她总是这样想。她看得出，景满仓内心里很矛盾，也很恍惚。他既渴望从心理上而不是从肉体上接纳她的情感，又像炮药惧怕火苗一样，惧怕它那超越父女之情的情感。景满仓喜欢她，喜欢和银花在一块儿干活，喜欢听她说话，喜欢她那嘻嘻哈哈的样子，喜欢她的一举手一投足，甚至连她的气息也能使他兴奋不已，可是，他又推拒着她，推拒得很坚决。在景满仓的心目中，她不是年龄意义上的大姑娘，她是他的养女。他必须恪守为父之道，非分的想法就是罪恶，假如有无礼的行为就是禽兽不如了。他更不能伤害朱翠兰，朱翠兰是他最有力的情感支柱，是相濡以沫的爱妻。

银花正在胡思乱想着，景满仓抱着一大抱茅草进来了，他和银花弯下腰用茅草打铺，窸窸窣窣的茅草声特别响亮，庙宇内静如银针。景满仓和银花打好地铺站起来的时候又惊又喜，田家庄田家炮人的田根旺站在他们面前。

“我也是刚到这儿，”田根旺指指身后的筐担说，“去赶平凉的腊八会。”

“你咋像做贼一样，一声不吭？”银花不悦地说。

“你把我当土匪了，得是？”田根旺笑了。

“是呀。”银花说。

“不得无礼，银花。”景满仓回头给田根旺说，“咱多一个人就多一份力量，平凉的地头蛇休想欺负咱。”

“这里不是过夜的地方，咱还是赶路吧。”田根旺说，“听说这里有土匪出没，进了平凉城就平安了。”

景满仓说：“既然是这样，咱就走夜路。咱碰上土匪就惨了。”

景满仓和银花收拾好担子，他们出了庙门，三个人一起上了路。

第二天早上，三个人赶到了平凉城里。街道上市声沸沸扬扬十分热闹。银花第一次赶这样的大集市未免有些眼花缭乱。

田根旺的两响炮当天就卖出了半筐子。庄稼人第一次见到了响了又响的两响炮脸上挂着好奇。银花从田根旺的两响炮中很快地洞察出了缺陷：第一响还可以，第二响缺乏力度和亮度，而且炮飞得并不高。银花卷的雷子炮和大礼炮则是商号粮行作坊和县府以及城市大户人家的抢手货。当天，她同样卖出了一大半鞭炮。

银花一上阵就表现出了不同凡响，她的落落大方，她的做买卖干脆利落使赶会的庄稼人投来了羡慕的目光。田根旺特别机敏，他把筐担和银花的摆在一起也号称是景家炮人。景家炮人在平凉县城里做了上百年的买卖，景家炮的名声是很大的。田根旺一边卖炮一边给银花唱颂歌，他将银花称作凤山县的名艺人大加吹捧。银花的炮确实也争气，随便取一串在街道上燃放，响声都是很清脆的。银花和田根旺一唱一和，配合得十分得体，景满仓完全变成了一个伙计的角色。

卖了两天炮也没有人来滋事骚扰，这使景满仓忐忑不安的心终于落地了，第三天集散时，他们的鞭炮没有多少了。三个人在夜市上吃毕饭回到了旅馆。银花和景满仓在账房先生那里烤了一会儿炭火，刚进屋，田根旺来了，他请这父女俩一块儿去看戏。景满仓怕剩下的鞭炮放在旅馆里出事，叫银花和田根旺一块儿去。银花一看，景满仓不去就推谢，而田根旺死缠着叫银花去，银花推不过就掂了一条板凳和田根旺看戏去了。

戏场设在县城东边的广场上，看戏的人黑压压的一片。银花和田根旺站在后面将板凳支在脚底下才能看清楚提袍甩袖的戏子。看着看着，板凳一闪，两个人都颠晃了几下，田根旺拉住了银花的手，银花只专注于舞台上的舞枪弄棒似乎毫无察觉，田根旺也佯装看戏，目光在舞台上游弋不定。田根旺忽然将脚一抬，站在板凳那头的银花差一点要栽下去了。不过，田根旺是有预谋有准备的，没等银花栽倒，他一把抱住了她。银花脸一热，看了田根旺一眼，掰开了田根旺搂住她的腰身的手臂，田根旺不自然地笑了笑，他说，这戏没看头，咱回去吧。银花说，我也不想看了。于是，他们走出了戏场。

田根旺说："今晚上的月亮真亮。"

银花说："就是，腊月十一了，月亮快圆了。"

田根旺说："这里吹不上风，就是太冷了。"

银花说："没风好。"

田根旺说："快过年了。"

银花说："过年就可以吃白面馍馍了。"

田根旺说："一过年，就长一岁。"

银花说："都一样，每个人都长一岁。"

田根旺似乎找不到要说的话题了。银花也不再说什么。戏场上的秦腔远远地飘来，粗犷的腔调火辣辣的，仿佛烧酒一样在肠胃中蠕动。不一刻，乐声又悠扬了，清丽了。冷不防，田根旺一把抱住了银花。银花说："田大哥不要无礼。"她挣扎着，不叫田根旺搂她。田根旺搂住不放，银花气急败坏地抽出手回身给田根旺一个耳光，田根旺没有料到银花会出手，而且出手是那么重，他怔住了，不知所措了。银花一耳光抽怔了田根旺也抽怔了自己。她的那一耳光似乎只是下意识的，是由不了自己的必然动作。田根旺的英俊和机敏确实能使任何一个姑娘心动，包括银花在内，也许银花从表情上流露出了她对他的钦佩和爱慕，才使田根旺敢动手的。田根旺根本不知道她不是一个随便的女孩子，更容不得田根旺对她动手动脚。银花一看，田根旺一只手捂住了脸，她忽然觉得她出手太重了，她懊恼自己的鲁莽。田根旺可怜巴巴地看着鲍银花，他吸着气，用手在脸庞上抚动着。银花对田根旺一瞥，用目光表示着歉疚之意，田根旺咬了咬嘴唇，扑上来，又抱住了银花。田根旺说："银花，你给我做媳妇吧。"银花说："你松开手，听我说。"田根旺说："你不答应，我就不松手。"银花说："你不要胡来，婚姻是大事，要由父母说了算，你不是不知道的。"田根旺说："我不胡来，我要明媒正娶你。"银花不能再抽田根旺一耳光了，如果她不答应，也许田根旺会有更使她难堪的举动，这时候的鲍银花只好顺水推舟了，她说："好吧，我答应你。"田根旺一听，果然松开了手。银花说："我还是得听我爹和我娘的。"田根旺说："只要你愿意，我心里就有底了。"

鲍银花只知道景家炮人和田家炮人都是做花炮的，但她不知道，景家人和田家人所走的路子大相径庭，这正应了农村人常说的那句话：各有各的活法。说到底，景家炮人和田家炮人活法不一样。

田根旺的祖父在凤山县城里有一家轧花房，有一个粮行，有一家药铺，有一家商铺。田家在田家庄有五十多亩上好的土地，有骡子有马，有一辆马车，常年雇有两个长工。田家炮人不只是靠做炮赚钱，他们靠的是县城里的几个门面和家里的田产。田家人很精明，他们明白，做炮只是一个手艺，靠手艺不赚钱，要赚钱就要做生意。因此，他们把开炮坊只是作为一个门面。

田根旺的父亲一心想供田根旺读书，而田根旺在学堂里却不是一个好学生，他在县城里的完小毕业后任凭父亲脚踢拳打说什么也不再读书了。田根旺的父亲大概也看得出，儿子不是读书的料，只好哀叹几声，放弃了原有的想法，让田根旺进了炮坊和手艺人一起混。父亲打算，叫儿子日后也做一个精明的生意人。

在凤山县城里去年举办的赛炮会上，田根旺就认识了代表景家炮人来参赛的鲍银花，当时，他就被鲍银花的漂亮迷住了，他偷偷地跟着鲍银花，跟到了县城西关，眼看着她和景家炮人一同走上了回松陵村的乡村土路。他一眼看中了鲍银花却不敢也不能贸然表示。他受不了单相思之苦，茶饭不思，夜不成寐，时不时地梦遗。他自己把自己折磨得神情倦怠，面黄肌瘦。母亲以为他病了，要给他请大夫，他吞吞吐吐地给母亲吐露了他的心思，他撺掇母亲到松陵村给他提亲。母亲拒绝了他，母亲和父亲的想法是一样的：田家只能要大户人家的女子做媳妇，不能和景家炮人结亲，因为不是门当户对。尽管田根旺和父母亲闹了几个月别扭，苦苦熬煎了几个月，他一看，无望了，就只好放弃了自己的想法。他做梦也没有想到会在平凉的路上邂逅鲍银花，田根旺觉得，这是上苍的安排，这是他接近鲍银花的绝好的机会。他一见到漂亮得使他心颤的鲍银花就忍不住馋涎欲滴，他克制了几天之后就趁看戏之机直接动手了，没料到，银花用一耳光来回答了他。这一耳光打疼了他的脸庞，但没有打凉他的心。他没有对付女孩儿的经验，但直觉告诉他，鲍银花打他并不是恼他恨他。他自信他那端直的身材他那英俊白净的脸不惹女孩儿喜欢才是怪事，他第二次抱住鲍银花全凭的是死皮赖脸和一心想拥有银花而生的胆量。他并没有当即拿下银花的想法，他只是试探。试探的结果他是满意的，他能感觉到他紧抱住的银花的身子并不僵硬而是柔软的，田根旺心里暗自高兴了。他不相信鲍银花嘴里说出的话，可他相信鲍银花对他是心存好感的。下一步，该怎么做，他心中有了数。

腊月十三日，景满仓、鲍银花和田根旺一行三人出了平凉城。上路前，他们将卖炮得来的钱全部兑换成银元用针线牢牢地缝进了棉衣中。本来，四天时间完全可以赶到松陵村的，为了防备土匪半路抢劫，他们挑大路走。大路上人来人往，土匪不会轻易下手的。一路上，他们没有住旅馆，而是去大村大庄中住农民的土窑洞和厦房，因此而节省了住店的钱。

腊月十六日，日落西山之前，他们赶到了陕甘两省交界的两亭镇。在镇上唯一的一家饭馆里他们吃了饭。这家饭馆不带旅店，他们也不打算住旅店，而是准备在农民家里找一间房子花几个钱凑合一夜。景满仓抬脚向外走，店老板无意间问景满仓是做啥生意的。景满仓一看，这个40多岁的中年人并无歹意就实话实说了："我们是凤山县的景家炮人，去平凉城卖完花炮往回赶。"店老板说："是松陵村的景家炮人吗？"景满仓说："就是。"店老板一听，脸露喜色："我也是松陵村的景家人。"景满仓说："你咋到了两亭镇？"店老板说："是我祖父的祖父迁到这里的。我小时候听祖父说，他们年年做炮，年年死人。我们的祖上害怕他们那一房连根断了，就不再做炮，到甘肃来做生意，先做药材生意，后来，也贩过盐，贩过麻，再后来开了饭馆，开了几十年了。"景满仓在异地他乡遇到自家人既诧异又高兴，而店老板也因多年不见故乡人却在自家的饭馆里和自家人相遇显得分外热情，他急忙叫伙计给景满仓、鲍银花和田根旺泡茶倒水。坐下来叙了一阵话，天色向晚，景满仓要出去找地方住，店老板拦住景满仓，店老板说："到了自己人家里，咋能让你们再去花钱住店？"店老板吩咐家里人腾房子叫景满仓他们三人住。店老板的家人腾出了带套间的两间厦房。套间里有一张火炕，套间外本来是客厅，店老板叫家人在套间外铺上了麦草和褥子。临睡前，景满仓叫银花去睡火炕，银花叫景满仓去睡火炕，两个人争执了一大会儿，后来，老板发了话："你是一个姑娘家，睡在里间吧，叫两个大男人睡在套间，这样好一些。"三个人还是听了老板的吩咐，银花睡在了里间的火炕上。

事情是在半夜里发生的。

睡梦里，银花懵懵懂懂地觉得她被谁搂住了，睡意蒙眬的银花以为是景满仓从外间爬上了她的炕，他说瓜客，你装得真像，我就知道你喜欢我。你快睡去， 我瞌睡得很。搂着银花的那个人不吭声，一只手伸进她的衣服乱摸。银花说不行不行，喜欢归喜欢，咱不能胡来。田根旺咬住银花的耳朵说银花银花，我是根旺。银花一听是田根旺，即刻清醒了，她使劲将田根旺朝身下推。银花不敢出大声，她怕睡在外间的景满仓听见，如果惊动了景满仓，她有八张嘴也说不清了。田根旺大概知道她的心事，一只手臂紧箍着她，一只手向下撕扯她的裤子。鲍银花挣扎着，摆动着。当田根旺的手从她的棉裤裤裆里进去之后，银花的抵抗越来越微弱了，她的喘息声却越来越粗重，像女人快活的呻吟一样多汁多味。说到底，那不是鲍银花真正的抵抗，假如她要真正抵抗田根旺，她会抓他的脸，咬他的手腕，抠他的眼睛。凭银花的力气，田根旺要得手不会那么容易的。而实际上，此时的银花心里在抵抗，肉体却在退却，她对田根旺的抵抗只是完成对应该遵循的道德规范的维护，只是贞操观在内心的呼唤带来的下意识的动作。即使再柔弱的女人假如奋力抵抗男人的进攻，不打个平手，也会两败俱伤。在男人顽强的进攻面前，许多女人之所以节节败退，是因为她们由于种种原因而自动放弃了抵抗。鲍银花之所以使摆动的身体幅度慢了下来，以至躺着不动，也是因为她主动缴械投降了，而不是由于田根旺力大无穷造成的后果。和许多怀春的女孩儿一样，银花对男人有一种探秘的渴望，她想知道，男人进入到她的身体里面是怎么回事。况且，对田根旺她是暗暗地喜欢的。于是，田根旺看似得逞了。

等田根旺下了炕偷偷溜进外间的时候，银花蒙住被子哭了，她只是偷偷地哭。哭了一会儿，她下了炕，点着了菜油灯，走到了外间，田根旺已经入睡了。景满仓睡得很死，他的鼾睡声像一伸一缩的灯花一样。鲍银花借着菜油灯微弱的亮光能看见景满仓甜蜜的睡态，她在景满仓的被子筒上狠狠地蹬了一脚，景满仓被蹬醒了，他欠起身一看是银花，一句话也没说，又睡下了。银花又狠狠地蹬了景满仓一脚，也是一句话也没有说，转身进了套间。一躺进被窝，她不由得又潸然泪下了。

A章（七）

火车到北京站时天刚刚亮。景解放托着叶小娟的手下了车。空气干燥而凛冽，两个人鼻子嘴里哈出来的气息如同白雾一般。景解放已是几年没进京了，城市里的陌生好像有一股呛人的味道，他打了一个喷嚏，抬眼看了看火车站广场。叶小娟停下了脚步，她用好奇而紧张的目光看着从出站口涌出来的人流。景解放拉了拉她的手腕，两个人走向了公交车。

上午九点多，景解放和叶小娟来到了首都中心医院，他们在医院门口看了看，没有进去。景解放在距离医院不是太远的一条巷子里找了一家招待所先住了下来，这个招待所是七十年代开挖的防空洞改造的，防空洞内有点沉闷，那陈旧而发霉的气味犹如宣传画贴在防空洞的墙壁上，抬眼就能看到。叶小娟木呆呆地坐在床沿上木呆呆看着防空洞内简单的设施。景解放给她解开了羽绒服帽子上的扣子，他好像给自己说："还可以，住在这里不冷，暖暖和和的。"叶小娟眨了眨眼睛，没有吭声。只有景解放心里明白，住这样的招待所比住宾馆便宜得多。他带叶小娟第二次来医院时，医院的院子里楼道内人头攒动，求医看病的人比乡下赶庙会的人还多。景解放一看，挂号处排了那么长的队，正在犯难，一个中年男人走到了他跟前，和他搭讪，问他挂哪个科的号。他说神经内科。中年人说："我这里刚好有一张，是给别人捎挂的，那个人没有来，你要就给你。"景解放一看，中年人有一张老老实实的面孔，就相信了他的话。他接过诊号看了看，正要付钱，心里有了疑惑，便说出了口："莫不是假的？"中年人笑了："你不信？我领你去看病就是了。"景解放看着票号，依旧犹豫不决，那中年人说："听口音你是陕西人？"景解放说："是。"中年人立即改了北京话，换成了西安腔："乡党，我的老家是长安郭杜人，我还能哄你吗？你信不过乡党把号儿给我算了。"景解放刚到京城就遇上了乡党，刹那间，倍觉亲切，他道了声谢，他拉着叶小娟的手，跟上中年人朝门诊楼的东边走去了。

在东边的楼房旁边有一座平房。景解放托着叶小娟跟在乡党后面走进了平房。只见房间里摆一张桌子，桌子跟前坐着一老一少两个医生。老医生穿一件白大褂，戴一副宽边眼镜，看人时，眼睛从镜片上伸过来，仿佛不是看，而是用目光将对方按住，用眸子在啄。坐在老医生对面的是一个不到30岁的女医生，女医生的眉眼很轻浮，一脸的戏子相。景解放和叶小娟进来时，年轻的女医生正在给一个中年女人量血压。乡党给老医生送了一个暧昧的目光，笑着说："来了一个病人。"乡党示意景解放将号儿给老医生。老医生接过那张黄颜色的纸片，看也没有看，放在了桌子上。他问景解放："给谁看病？"景解放将叶小娟向桌子跟前推了推，叶小娟坐在了老医生跟前。景解放抬眼看时，陕西乡党已不在房间，老医生问叶小娟哪里不舒服。叶小娟抬起头木然地看着老医生，没有回答。景解放向前站了站，把花炮厂怎么爆炸，叶小娟怎么扑倒在地人事不省，以及在西安怎么治疗，简略地给老医生说了一遍。他把在西安拍的各类片子的底片拿出来叫老医生看。老医生将片子接住，从塑料袋子里抽出来一张，一只手捏住片子的一个角，亮在了眼前头。景解放这才注意到，老医生布满斑点的手完全是农民式的手：骨节很大，指头很粗，拿片子的姿势很笨拙。他明明看见老医生把片子颠倒过来看，该朝上的部位朝下了——肺下端变成了肺上端，人好像用脑袋走路——他想喊一声，又没喊。也许，老医生是有意识地颠倒过去看片子的，他这么一想，就不觉得奇怪了。老医生看了看，放下片子，叫叶小娟撩起衣服，用听诊器给她听了听，然后，放下听诊器，把叶小娟叫到了一个塑料帘子后面去，叫她躺在了一张窄窄的木板床上。叶小娟脱下羽绒衣刚躺上去，老医生拉上了帘子。景解放透过帘子依稀看见，叶小娟将上衣撩起来，一直撩到了下巴底下，老医生用一只大手从叶小娟的乳房周围一直向下捏弄，捏弄到了肚脐眼以下；老医生捏了捏，左手搭上叶小娟裸露的胸脯又用手叩了叩，叫叶小娟下了床。叶小娟穿好羽绒衣，重新坐到了老医生跟前。老医生给对面的年轻女人说："开一个疗程的营养合剂，一个疗程的安神震惊胶囊，一个疗程的自制药。"景解放问老医生："需不需要住院？"老医生说："不需要。女孩子只是受了惊吓，脑神经稍微有点损伤，吃吃药就好了。”景解放说：“在西安打了那么些针也没起多大作用。”老医生显得不耐烦了：“西安是西安，这是北京。你干吗要跑到北京来？还不是因为在西安没治好？”老医生的话虽然硬邦邦的，但景解放觉得有道理，就没再吭声。年轻女人开好处方交给了景解放，吩咐他到门诊药房取药。景解放拿上处方后正要走，年轻女人说，交1800元，带上我们的自制药。景解放说：“到哪里交款？”年轻女人说：“就交给我。”景解放又看了年轻女人一眼，年轻女人的目光不再戏子不再柔和，她直直地盯着景解放。景解放不再犹豫，掏出了1800元。年轻女人从桌子旁边的一个柜子里取出来一包药交给了景解放。景解放提上药拿上处方去药房取老医生开的药。和其他医院一样，先是划价、交款、再取药。景解放又花了1500元，将药拿到了手。

从医院出来，已是下午一点多。景解放托着叶小娟，在医院旁边的小巷子里找到了一家饺子馆。景解放要了八两水饺，两个人将水饺吃得一个也不剩。吃毕饭，他们回到了招待所。

景解放把叶小娟送到了她住的那个房间（其实只是窑洞）。为了节省钱，景解放和叶小娟都住的是三人间，叶小娟和两个中年女人同住一间。景解放将叶小娟安顿好，又给同房间的那两个中年女人叮咛了一下，叫她们替小娟操点心。两个女人爽快地答应了。景解放回到了自己的房间。景解放刚躺下，他对面床铺上那个客人回来了。客人是甘肃天水人，大约五六十岁，也是进京来看病的。甘肃客人一看景解放的床头柜上放着一大包药，问他是什么病。景解放说：“不是我有病。我是来给女儿看病的。”甘肃人说：“孩子哪搭不好？”景解放说：“医生说是脑神经轻微受损。”甘肃人打开景解放放在床头柜上的药包看了看，摇摇头，拿出自己的药叫景解放看，他说：“这药看起来咋都是一样的？”景解放问甘肃人是什么病。甘肃人说：“冠心病。”景解放拿起甘肃人的药仔细看了看，也觉得蹊跷：治冠心病的药和治脑神经受损的药咋一样呢？景解放问甘肃人是在哪搭开的药。甘肃人就把他怎样在首都中心医院排队挂号怎样被人领到东边的平房中去看病去买药的经过说了一遍。景解放一听，甘肃人的遭遇和他的遭遇一模一样。景解放同样把自己怎么被中年人领进东边的平房怎样买自制药说了一遍，两个人都吃惊，都觉得蹊跷，都闪上了一个念头：莫非上当了？景解放办花炮厂这几年也上过别人的当受过别人的骗，但那些人都是生意人，生意场上上当受骗不是什么石破天惊的事。经过几年摔打之后，他不再轻易上当受骗了。他上当受骗之后也曾总结过教训：自己太善良，太容易相信人。他没有想到，在这么响亮的大医院里他也会遭遇骗子？难道知识分子、大专家也骗人？他真难以相信，又不得不相信，他受骗了。

景解放一夜没有睡好。第二天起来，他和甘肃人结伴去找中心医院保卫科反映，他们将药向保卫科的桌子上一放，将看病买药的经过说了一遍，保卫科的人告诉他们：平房中的那个科室叫万能科，是中心医院承包给福建老中医的一个科室，不能说人家是骗子。福建老中医给医院交管理费，医院允许福建老中医行医，人家的手续是合法的。景解放问："不同的病咋能吃一样的药？"保卫科的年轻人说，这个问题他回答不了，要问，叫他们去问医生。于是，景解放和甘肃人到平房中来找老中医。他们一看，昨天老中医坐过的地方坐着一个老女人。景解放和甘肃人同时将手中的药向桌子上一撂，问老医生干什么去了？老女人一看，这两个男人都气势汹汹的，不理肯定不行。就说，老医生去上海行医了，不知道什么时候回来。景解放和甘肃人同时打开了药包，景解放说："我的女孩儿和他的病大不一样，咋能吃一样的药？"老女人一听，吁了一口气，笑了："我以为有多大的事？这都是营养药。你们的病大不一样是事实，什么样的病也离不开营养药，明白了吗？"景解放一听，觉得有口难辩，再则，药并不是这老女人开的，就是和她争吵半天也于事无补。甘肃人唉叹一声，只是说，这不是儿子哄大大（父亲）吗？城里人哄乡下人比喝凉水都容易。好人在哪搭都受欺负。好人没办法活了。景解放指住那女医生高声喊叫："骗子！你们是骗子！"女医生说："你不要胡闹，你再胡闹，我就喊保卫科的人了。"景解放说："你不要吓我，我不是吓大的。"这时候进来了三个满脸横肉的彪形大汉，为首的操着一口京腔问女医生是咋回事？甘肃人一看这情形，对景解放说，咱走吧。景解放和甘肃人只能自认倒霉了。他们把那包药向地上狠狠地一摔，走出了那座平房。景解放边走边说："这哪里像医院？他们就是黑社会。"甘肃人说："这医院太缺德了，咋能收留这些假医生？"景解放说："还不是为了钱？如今这人为了钱啥瞎事都做哩。”甘肃人说：“他们把老百姓就不当人看。”两个人骂了两句，出了医院。

和景解放同住的另一个是山东人。山东人也是进京看病的。山东人告诉景解放，他们村的一个小伙子出了车祸，头脑受损，住在首都和平医院。景解放仔细问了问那个小伙子的症状，山东人讲了一遍。景解放一听，小伙子的症状和叶小娟的症状差不多。山东人告诉景解放小伙子已痊愈，这几天就要出院了，家里来人接小伙子，他只好住进了招待所。景解放听罢，放弃了去中心医院给叶小娟治病的打算。

第二天，景解放和叶小娟就去了首都和平医院。

有了第一次的教训，景解放来到和平医院门诊部以后，不再相信医托，而是老老实实地排队挂号。站了两个小时，终于挂了一个专家号。经过专家检查，需要住院治疗，当天，叶小娟就住进了和平医院。

在和平医院住了一个月，叶小娟面部红润了，也胖些了，可是记忆还没有恢复，有时候，还是恍恍惚惚的。和叶小娟同住一室的是一个湖南的女孩儿，女孩儿比叶小娟大4岁，出车祸后留下了后遗症，女孩儿半夜里常常无缘无故地哭哭啼啼，一哭起来就没完没了，直到哭得昏昏沉沉地睡去为止。那天，女孩儿准备出院，景解放问女孩儿的父亲，在这里住了多长时间，女孩儿的父亲说五个月。景解放问他治疗效果咋样？女孩儿的父亲说，等于没有效果。景解放说，那你回去咋办呀？女孩儿的父亲说，这病是靠药物治疗不好的，他带女儿去看心理医生。女孩儿的父亲说，朝阳门的南小街有一个心理医生是他们湖南人，听说治好了不少病人。女孩儿的父亲说，你带上你家孩子也去试一试。景解放半信半疑：心理医生能治好这种病？女孩儿的父亲说，人家是大学问家，能说到人的心里去，人家给别人能治好病就能给咱们的孩子治好。女孩儿的父亲给景解放留下了心理医生的地址、姓名和电话。景解放连声道了谢。他给那女孩儿的父亲说：“我们再住几天，如果还不见好，在到心理医生那儿去试试。病急乱投医。我无论如何也要把孩子的病治好。”

叶小娟在和平医院住到了元旦过后，叶小娟依旧是老样子。景解放觉得很失望，况且，身上带的钱已经不多了，他只好办了出院手续。本来，他当天就想订回陕西的火车票，他想起了湖南人给他介绍的心理医生，想带上叶小娟找心理医生去试一试。也许，叶小娟的病也属于心理治疗的范畴。他觉得，能否治好叶小娟完全是运气好坏之事了。

景解放按照湖南人留的地址找到了心理医生。心理医生六十七八岁的样子，干瘦、苍白，一张长形脸，胡子刮得干干净净，并不显老。他戴一副宽边的近视镜，身上的衣服像挂在木制的衣服架子上，可怜兮兮的样子。不过，他的穿戴很年轻，牛仔裤子的膝盖上开了一个洞，露出了毛裤的驼色，花格子衬衣的领子朝外张着。他租住在两室一厅的单元房中，一个30岁左右的长发披肩的女人给景解放和叶小娟张罗着倒水。景解放不知道年轻女人和心理医生是什么关系，也不知道该怎么称呼，只是点点头，表示谢意。景解放坐下后，抬眼环视房子一周，房间里堆满了书籍报刊，茶几上，桌面上，地板上，这儿几本，那儿一堆，乱七八糟，没有章法，这些书籍散发着年代久远的气味。心理医生的手一展出来，塞进景解放目光中的不是心理医生的那只手，而是手指甲，手指甲不知有多长时间没有修剪了，长短不一，指甲缝里的污垢乌黑乌黑的。埋在沙发中的心理医生仿佛从书堆中探出头来的一本旧杂志，浑身散发的不是印刷品的气味而是发霉的纸张的气味。景解放和叶小娟刚坐定，还没有来得及说他是谁介绍来的，是来干什么的，心理医生就侃侃而谈，大谈《易经》，什么太极生两仪，两仪生四象，四象生八卦。他大段大段地背诵着《易经》。景解放一点儿也听不懂，但还是装作能听懂的样子，偶尔点点头，对心理医生表示尊敬。年轻女人站在心理医生的身后，她的胳膊支在沙发上，一只手托住下巴，脸上荡漾着莫名其妙的笑容，两个人的模样仿佛是对着镜头拍广告。在心理医生端起茶杯喝茶的当口，景解放才说，他是心理医生的一个湖南老乡介绍来的，是给女孩子进行心理治疗的。一提起心理治疗，心理医生又谈起了弗洛伊德和荣格，对于这两个洋人的名字，景解放听也没听过。他只能洗耳恭听，任凭心理医生在自我吹嘘中陶醉。心理医生表演了一番之后，景解放对心理医生不再质疑，他确实没有见过这么有学问的人，这些年来，他接触的大多是些生意人手艺人，是对花炮有研究的人，而像心理医生这样既通天文地理又懂阴阳五行的人，他确实是第一个遇到的，因此，他暗暗地钦佩心理医生，从刚见到心理医生有点厌恶到钦佩是他不自觉地完成的心理变化。转入了心理治疗的正题以后，景解放问到了收费之事，心理医生坦率地说，一天两个小时的心理矫正和辅导，收费50—100元。经济条件好收入高的人多收些，那些农民、工人就按最低标准收费。心理医生这么一说，景解放觉得，这个心理医生蛮有同情心的。景解放口袋里的钱很有限，他暗暗一算，叶小娟在这里只能治疗10天，他给心理医生交了500元。心理医生叫景解放和叶小娟明天早晨九点来。景解放道了谢，下了楼，去背街小巷找最便宜的旅馆住。

第二天，景解放和叶小娟按时来到了心理医生的住处。两个人刚刚坐下，心理医生就单刀直入："昨天晚上的睡梦你能记得吗？"心理医生紧盯着叶小娟。叶小娟说："记不得。"心理医生说："你曾经做过什么睡梦，无论什么样的睡梦，想一想，给我说一个，我听一听。"叶小娟摇摇头，表示没有记忆。心理医生说："这是你的前世在作怪，前世的你不让你有任何记忆。"景解放一听，十分诧异："她咋能有前世呢？"心理医生说："每个人都是从前世到今世的，这里面的道理很深，我不讲了。"景解放不由得唉叹了一声。心理医生说："你们回去只要能找到她的前世的家，前世的父母亲帮助她回忆一下前世的生活，她的记忆功能就恢复了。"景解放颇感吃惊，人真的有前世吗？小娟的前世会在哪个县、哪个公社、哪个村？景解放一看心理医生等着他回答，他还是点头允诺了："我一定想办法找。"

对于这位心理医生，景解放一无所知，他对他的了解只是感性的，假如景解放略略知道一些心理医生的人生履历或生活细节，也许，他就不会如此诧异了。

心理医生叫袁耒，湖南浏阳人。年轻时袁耒在长沙市一家炼钢厂当工人，喜欢文学，闲暇时写点诗歌散文，也曾经在报纸上发表过几首诗、几篇散文，后来托一位亲戚的关系调到了湖南省文联的《洲头》杂志任编辑。袁耒风流成性，常常给一些爱慕虚荣的小女人编发诗歌、散文。他因此也将不少女人引上了床。杂志社的社长和主编也因此批评过他，而他充耳不闻，竟然在编辑部的办公桌上放倒了女作者。主编一气之下，不再叫他做编辑，他又托关系进了省剧协的对外联络部。换了部门，他并不安分守己，依然以搞女孩儿为职业，他每次和女人上床之后，用笔把女人的性器官的外形记录下来，写成一篇小文章。他经过比较，将女人的性器官分为七大类型，并画出了图形，写出了不同类型的区别在什么地方，并且寄给海外的一家杂志用笔名发表了。闹了几年，40岁过后，妻子和他离了婚。这时候的袁耒像脱了缰的野马，他和这个女人同居几天，又上了那个女人的床。后来，他又开始搞所谓的学术研究，先研究酒文化，整天喝得醉醺醺的。过了一段时间，他又研究《易经》；研究所谓的心理学。他将《易经》世俗化，低俗化了，以研究《易经》为名给人算卦、搞占卜。那些在情场上和婚姻上受了挫折的女性来找他算卦，他用他的如簧巧舌像揉面一样把那些女人揉搓得十分顺溜十分光滑，女人们主动地给他宽衣解带。这些女人把和他上床视为荣耀。这件事在省城弄得沸沸扬扬，使他声名狼藉。他无法再在湖南呆下去，便带上小他三十几岁的情妇进了京，以心理治疗为由头来欺哄那些被各种疾病折磨得无可奈何的底层人。当然，说他一点学问都没有，那就亏了他，他确实也读了《易经》，也懂一些占卜，也读过心理学书籍，他的学问用来蒙蔽那些无知的女性是足够了，甚至绰绰有余。景解放作为一个农民，对于袁耒所说的那些东西从来没有听说过。这些东西的新鲜和陌生恰恰是袁耒的障眼法宝，不然，有谁来上当呢？

景解放带着叶小娟到袁耒那里连续去了几天，每次去，袁耒都引导叶小娟讲自己梦到的事。也许，他是用这种手段引导叶小娟恢复记忆。可是，叶小娟总是说，她没有睡梦，没有梦见过什么。袁耒的心理治疗效果并不明显，尽管袁耒口若悬河，说得天花乱坠，或者唾液乱溅，摇头晃脑，仿佛像是布道；或者有腔有调，微闭双眼，似乎进入了一个虚拟的境界，叶小娟坐在他跟前像看风景似的木然地看着，并没有什么反应。景解放对袁耒的心理辅导失去了信心，因此，他打算不再叫袁来进行心理治疗了，他准备再去袁耒那里一次，就回陕西。

这一次去，袁耒还是像往常一样进行引导。沉默不语的叶小娟突然说她梦见过水，有一渠清水从门前流过，她走进水中和同学们玩耍。袁耒一听，站起来了，他说："这就对了嘛。"袁耒继续引导叶小娟，"第二天你碰到了什么事情？能记起来吗？"叶小娟垂下了头，过了半晌说："大热天，花炮厂给我发了400元工资。"袁耒笑了："我没说错吧。孩子的记忆已打开了闸门，回去如果能见到她的前世，一经点拨，她就会完全恢复。”景解放激动地拉住袁末的手说：“谢谢！谢谢袁大师！”袁末给景解放说“前世”等于说月亮上有嫦娥；等于说，除了地球以外还有外星人，你去见见——他是哄景解放的。因为他知道，景解放一辈子也找不到叶小娟的前世的，这样，叶小娟即是治不好，也和他没有关系，谁叫你们没有找到她的前世呢？袁末的说法和松陵村那些信佛的老太婆的说法差不多。对于“前世来生”，景解放本来就将信将疑，可是，经袁末的嘴一说，景解放觉得，人生真的有“前世来生”。

当天晚上，回到住处，景解放像袁末一样引导叶小娟，可是，叶小娟什么也记不起来了，连白天给袁末说的睡梦中梦见水的事情也记不起来了，好像从来没有发生过一样。景解放感到不可思议，十分荒谬，事情怎么会是这样？这太奇怪了。同一个叶小娟，在袁末的房间里她竟然一瞬间有了记忆，事隔一天，所有的事情怎么就灰飞烟灭了？这件事真的像荒诞的故事一样难以理喻吗？景解放一头雾水，茫茫然的，一个晚上没有睡好觉。

景解放想把叶小娟带到袁末那儿再试一试。走到南小街，景解放问叶小娟这是什么地方？叶小娟摇摇头表示不知道。景解放说：“咱们不是从这儿来回走了几次了吗？”叶小娟说：“不知道。”景解放说：“你再想一想。”叶小娟说：“想不起来。”景解放一看叶小娟是这样，打消了再去见袁末的念头。

当天，景解放去火车站买好了回陕西的火车票。

第二天傍晚，景解放和叶小娟在北京站上了回陕西的火车。

车到蔡家坡火车站时已是中午十二点多。下了火车，景解放一摸，身上只剩下了两块四毛钱了。他和叶小娟走进车站口的饭馆要了两碗扯面。从饭馆出来，只有四毛钱了。从火车站到凤山县城还有十八公里的路程，要乘坐客运车，还需要两块四毛钱。怎么办？1968年，景解放陪母亲去西水市看病，母子俩在蔡家坡下了火车，没有钱买回凤山县城的汽车票，景解放翻了翻口袋，临去时兑换的陕西省通用粮票还有三斤，他用粮票换到了一元两毛钱，母子俩才买票回到了县城。景解放事隔二十年后第二次遇到了这样的尴尬事。他在饭馆里的服务台上去给县城里的一个朋友打了电话，叫朋友给他送钱来。朋友叫他在火车站等待。一个小时后，朋友派人给他送来了100元。

车到凤山县城时已是下午了。来县城里赶年集的农民们拎着大包小包正在往回走。刚下过一场雪，麦地里的雪没有消融，抬眼望去，田野上白茫茫的一片。从麦地里偶尔戳出来的小麦的叶子像似给景解放和叶小娟打招呼。路边的积雪被泥土弄脏了，看起来很不入眼。西斜的太阳又大又红，像贴在薄云上的剪纸；虚胖虚胖的太阳放着寒冷的光。叶小娟抓着景解放的衣角。两个人行走在回松陵村的路上。

B章（七）

腊月十三日之夜，正当鲍银花和田根旺在平凉县城墙根下紧紧地抱住的时候，朱翠兰独自在炮坊里卷炮。木梁上吊着两盏昏黄的菜油灯，冷风灌进来，菜油灯心神不定地摇曳着。朱翠兰的动作被灯光放大在山墙上，像皮影一样，显得有点夸张。

景满仓和鲍银花离开家以后院子里变得特别空旷特别寂寥，朱翠兰只能用不停歇地劳作来对付漫漫的长夜。困乏难耐之时，她一头栽倒在炕上死睡而去。稍微的闲暇对她来说都是一种难言的折磨，只有在劳动中她才能够充实一些。日子就是这么一天一天过去的。自从和景满仓圆房以后，充满活力的景满仓就像一把火，再一次点燃了她的人生，使她尝到了灾难过后的甜味。活着毕竟是美好的，特别是和景满仓这样的丈夫在一起，简直就是她的福分，她对男人的想头是成年女人那种谙熟此道而不能得的渴望。几天来，她最怕的是夜晚，夜晚是男人和女人的天堂，她站在天堂口而不能及。特别是夜深人静时，她就很想景满仓，想叫他把她抱在怀里，想叫景满仓举起他的那个好东西在她的身体里面痛痛快快地搅和。

一直到想得身体在热炕上摆动，嘴里在甜甜地呻吟。

对于景满仓和鲍银花之间的那种微妙的情感朱翠兰早有察觉，并非她故意装不知道，她宁肯相信这是一种小孩子玩的过家家的游戏也不相信他们之间会有什么事；她宁肯相信即使他们相互爱慕产生了情感也不相信他们会无视伦理这道藩篱——伦理本身就是严格的禁忌。他们不会于禁忌而不顾的，尤其是景满仓，他是心存敬畏的人；养女的身份把鲍银花固定在伦理的位置上，她是不敢逾越藩篱的。就是她偶尔发觉景满仓和鲍银花有打情骂俏之嫌也是睁一只眼闭一只眼。她不愿意由此而产生醋意伤害了景满仓这个她爱得要死的男人，更不愿意伤害鲍银花。鲍家三口为了景家炮坊把命都贴进去了，她还能和银花去计较这个吗？有时她甚至荒唐地想，假如银花和景满仓之间有了事，她就将银花送到雍山深处去，叫她给景家生一个孩子，最好是男孩子。有时候她又想，无论如何，她不能叫鲍银花夺走景满仓，景满仓只属于她一个。在什么事情上都能让步，唯独在这件事上她不能让步，她不能心慈手软，假如她真的发觉鲍银花和景满仓之间有龌龊之事，她就赶银花走，决不让她在景家多留一天，连一个时辰都不能多留。她们都是女人，夺走女人的爱等于夺走了女人生命的一大半，等于砍断了女人活下去的最有力的那根支柱。有时候，朱翠兰想得走了神就吭地笑了，笑自己太天真，笑自己太小心眼儿。她一笑，就什么也不想了。腊月十三日之夜的朱翠兰站在卷炮的案桌前有点神不守舍了，收不住自己的胡思乱想了，她抬眼看着可怜巴巴的两盏菜油灯，手底下乱了，一个炮壳里竟然插上了两根捻子，她不能全神贯注地干活了。

四面漏风的炮坊简直就是一个冰窖，失去了一条手臂的胳膊把儿抵不住袭人的寒气隐隐作疼。朱翠兰告诫自己：要集中心思做炮。可是不行，她勒不住思想的信马由缰，想着想着，景满仓就站在她的面前了，朱翠兰看一眼胡子拉碴的景满仓，生气地说，你咋和鲍银花睡在一起了？景满仓说，她把我叫爹哩，咋不能睡在一起？朱翠兰说，她快20岁了，不是孩子了。景满仓说，她就是40岁，也是咱的女儿。朱翠兰说，她不是女儿，是女人。女人，你知道吗？朱翠兰一再强调：你和别的女人睡在一个被窝里，这像话吗？景满仓气急败坏地说，好一个朱翠兰，你咋这么糊涂？我们一路上睡破庙，钻麦草垛子，窝在土窑里，我们父女俩不睡在一起能行吗？朱翠兰说，我不糊涂，我灵醒着哩。你们两个都干了啥瞎瞎事，你们自个儿知道。景满仓抡起手臂，一个巴掌搧过来了。朱翠兰一把攥住了景满仓的手臂。两个人对视了一眼。朱翠兰用目光把景满仓挑起来又放下时，景满仓不见了。朱翠兰吭的一声笑了。又是一股冷风，菜油灯的灯光被折弯了一般。此刻的朱翠兰如大梦初醒，她低头一看，手里紧紧攥着一个炮壳，而不是人的手臂。炮壳被她捏成了纸饼。她将炮壳放下，用手在额头上拍了拍，好让自己清醒过来。也许，这个时候，景满仓和鲍银花还在夜市上高声叫卖；也许，他们已酣然入睡了。他们会不会被恶人敲诈？会不会遇上土匪抢劫？不会的。做炮是穷行当，土匪很少向穷人下手，只有当官的才勒索穷人。朱翠兰由思念而担忧，担忧过后又责备自己不该胡思乱想。

鸡叫两遍了，朱翠兰一点儿睡意也没有。炮坊里的寒气砭人肌骨，钻进炮坊里的冷风像伸出来的手指甲狠狠地向人的细皮嫩肉里掐。朱翠兰冻得右手有点麻木了。就在这个时候，她本该睡觉的，可是，她似乎鬼迷心窍了，她第一次想到，坐在热炕上去做炮。她明明白白地犯了炮人的大忌。她端着一盏从炮坊里摘下来的菜油灯进了厦房，竟然将一盘黑药和空炮壳以及填炮捻子的干土也端进了厦房，放在了炕席上。厦房里当然暖和多了。她上了炕，撩起了被子，叉开腿坐在炕席上。药盘子放在两条大腿内侧，菜油灯搁在大腿外侧的炕桌上，她开始在菜油灯下装药填炮捻子。这种做法简直等于把命提在了手里。她既然鬼迷心窍了，对于身处不安全的境地也就全然不觉。菜油灯的灯花舌头似的一伸一缩，在深夜里舔动着。朱翠兰打了一个呵欠，她用棉袄袖子揩了揩眼睛，又开始装药了。

菜油灯的灯捻子上顶着一个灯花。朱翠兰只注意到一滴眼泪似的灯花使菜油灯的亮度减弱了，而没有想到那个灯花就是祸害。上半截发灰下半截发红的灯花一直眼睛似的紧盯着朱翠兰，似乎在发问：看你怎么处置我？朱翠兰看了一眼那个讨厌的灯花不假思索地从头发上拔下来一个发卡毫不犹豫地用发卡在灯花上一拨。按理说，那个依然发红的灯花就该落在炕桌上，可是，那个发红的灯花并不按理行事，它在朱翠兰的拨动下轻快地跳跃起来准确无误地落在朱翠兰大腿内侧的炮药盘子中了。在朱翠兰毫无防备的情况下，她先是听见很沉闷的“噗”的一声响，随着火药的燃烧，她做好的那些炮爆炸了。灾难就是这样降临的。

此刻的朱翠兰被炸清醒了：土炕炸塌了，她跌进了炕洞里。屋子里陷入到一片黑暗之中。她从炕洞里爬出来摸索着点着了搁在柜子底下的另一盏菜油灯。她一看，大腿内侧被炸得血肉模糊，皮肉发黑，可以说是稀巴烂。阴部不再麻木，钻心的痛疼一阵一阵地撞击着她。她一下子倒在脚地了，喘了几口气，她挣扎着向隔壁房间里爬，当她爬上隔壁房间的土炕时，昏过去了。

各家各户的炮坊都在田地里，炮坊距离村庄还有一段路程。景炳绪和他的女人并没有听见爆炸声。第一个听见爆炸声的是朱翠兰远方的伯父和伯母。他们家的炮坊距离景满仓的炮坊不太远。这两个老人晚上睡在炮坊是给儿子看摊子的，他们被爆炸声惊醒后爬起来朝景满仓的炮坊赶来了。当这两个老人走进朱翠兰的厦房里的时候，朱翠兰从昏迷中醒过来了，她躺在炕上呻吟着。呻吟声令人齿寒心冷。伯母拨亮了菜油灯，将灯端到朱翠兰炸伤的地方去看伤情如何，伯母一看朱翠兰的大腿内侧和稀烂的阴部，吩咐朱翠兰的伯父到屋外去。伯母将朱翠兰的两条大腿分开再一次看了伤口，她只说了声："娃呀，你咋弄出这事了？"她走到屋外去和老头子商量了一下又进了厦房。伯母的意思是到村里给景炳绪说一声，再叫几个人把朱翠兰抬到县城里去。朱翠兰断然拒绝了伯父和伯母的好意，她坚决不叫他们给公公和婆婆说，她更担心睡在公公婆婆房间里的景全才被惊醒，儿子一看到她这样会被吓坏的。她叫伯母从柜子里取出来一匹新织的白布，伯母从那匹布上铰下来几绺子死死地缠住了朱翠兰被炸烂了的大腿内侧和阴部。朱翠兰有气无力地给伯母说，伤着的只是皮肉，不要紧；等天明了再叫村里人把她抬到县城去。伯父平时抽大烟，他到自家屋里去烧了些鸦片叫朱翠兰咂了几口。不一刻，朱翠兰的疼痛有所减轻了。她叫伯父伯母去炮坊睡觉。

伯父和伯母刚一走，朱翠兰就哭了。她明白，她伤了的是什么地方。在松陵村，凡是小孩子卷炮时不小心伤了小牛牛的，没有一个能够活下来。朱翠兰越哭越伤心，心如刀割一般。她哭着喊景满仓，喊鲍银花。她早就知道，每个炮人都有被炸伤炸死的可能，她始料未及的是，这一次，她伤了的竟是那个地方。她觉得死神一步一步地向她逼来了，这时候，她迫切地渴望活着，她才31岁，她不要死，一想到死，她不由得害怕，心跳加快了，额头上沁出了虚汗。她渴望看见儿子景金才。她用仅有的一点力气喊景满仓，喊鲍银花，喊景金才。她觉得，她全身的血液都流向了下身，从伤口上向外流淌。只喊了几声，朱翠兰就绝望了，她不再叫喊，她的那个地方被炸烂了被烧焦了，那是女人的生命之门，毁了命门就等于全毁了。她明白，那个地方是无法医治的。即使治好了，她也很难成为给景满仓带来快活的女人了。景满仓就是通过她的那个地方走进她的心里的，那不只是快活之门，那是男人和女人把心贴紧的必经之路。她怎么糊涂到把药盘子和卷好的炮放在大腿内侧？她怎么糊涂到坐在热炕上做炮？她真是等着自己结束自己吗？后悔来不及了，责备也于事无补，她由低声啜泣到嚎啕大哭。十年前，她断臂的那天，昏死过去了几次，她也没有绝望。这一次，她彻底绝望了。她的眼泪哭干了。她不再哭泣。她用右手去解缠在大腿上的白布，颤抖的手臂对白布头儿打的死结毫无办法。她鼓足勇气坐起来，埋下头，用牙去咬那个死结，每咬一口，就出一身虚汗。她耗费了最后一点力气终于咬开了那个死结。白布的颜色已是血红血红的。白布一旦从大腿上解下来，伤了的血脉便开闸似的流血。身体的粉碎首先是精神的粉碎。朱翠兰对自己的生还不抱一点儿希望了。这时候，她反而平静下来了。她用手拢了拢头发，把脸上的泪水和尘土擦干净。她躺在炕上，平静地将被子盖好，平静地闭上了双眼，平静地等待着生命的结束。此时，她没有丝毫的恐惧。十年前，她没有被炸死已是万幸了。这十年来，她活得很愉快，这愉快是景满仓给她带来的。她感激景满仓。她走了，唯一的缺憾是给景满仓留下了痛苦。昏迷中，朱翠兰的意识里还存留着景满仓。

此时的平凉县城早已是戏散人走，一片空寂；只有西北风呜呜咽咽地哀叫着，冷月给大地洒下了一片寒光。

在最后一天的行程中，景满仓一直走在鲍银花和田根旺的后边。他不时地将目光投向苍凉呆滞的大山，冬天的山光秃秃的，一副颓败凄凉的景象。景满仓自己也弄不清楚，心里不知为什么慌慌乱乱的，精力难以集中，心境和眼前的情景没有二致。走在他面前的鲍银花连叫了他三声，他都没有言语。

鲍银花以为是景满仓故意不理她，她和田根旺走得更快了，直至把景满仓撂得更远。

鲍银花的内心里并非平静如水，她在恍恍惚惚中度过了两天。连她自己也没有料到，她会轻而易举地把自己交给田根旺，轻而易举地失去一个女孩儿应该把自己的初夜给予丈夫的贞操。人的被粉碎其实是很简单的事情。人的粉碎只在一念之差，只在一瞬间。虽然，鲍银花缺少这样的意识，失去理智带来的结果就是这样的。理智最容易被本能的冲动所淹没，况且银花是一个在很宽松的环境中长大的女孩儿，她没有饱读经书，她的人生的老师是景炳绪、景满仓一家人，她在他们身上学到的勤劳、善良、坚韧、顽强、勇敢等品质多于人生的各种禁忌。不是说这一家人对她没有道德熏陶，而是她的性格中有时刻想挣脱羁绊的那一面；那一面并没有过多地得到这一家人的约束。从而使她的单纯、天真茁壮成长，而做事想问题太简单，甚至无所顾忌，不计后果。

那一夜的仓促交欢没有给鲍银花留下刻骨铭心的记忆，在一阵痛疼中，她只是觉得新鲜，只是满足了揭秘般的好奇——原来，女人和男人交欢是这么回事。无论什么样的男人和女人一旦有了那种关系就亲近多了，他们一路上说说笑笑沉浸在欢愉之中而忽视了景满仓是很自然的事情。鲍银花被田根旺的胆量震慑住了，在她看来，炮人没有这种胆量是不行的，这种胆量体现在做炮中，也体现在活人过日子之中，包括对女人的征服，都需要惊人，甚至超人的胆量。连田根旺也没有想到，鲍银花喜欢的正是有胆量、无视规矩的进攻和顽强、粗野的举动。说到底，她是甘愿被田根旺俘虏的。她早就渴望品尝男女之事，只是，内心的骚动不安和多次的怀春被规范道德所驯服，她不能胡来。她之所以和田根旺胡来了一次是有极其复杂的心理动因的。在景满仓那里她更多的得到的是景满仓给予她的父辈般的关心、关切、关爱，而她所向往的是大哥般的、男人对女人的情感需求。这种需求在景满仓身上她没有得到。她的内心世界只有她自己清楚：委身于田根旺无疑是对景满仓的回答乃至报复。她不需要景满仓以父辈的姿态来呵护她、爱护她，她需要的是男人坚实的胸脯有力的拥抱乃至给她肉体和精神的愉悦。一路上，她和田根旺之所以打打闹闹显得十分亲热是有意识地做给景满仓来看并以此来刺激他，把他刺疼。

走到一个拐弯处，凸出的山头挡住了景满仓的视线。田根旺撂下空担子，搂住了鲍银花，在她的脸上狂吻。银花说，你看，谁从后面来了？田根旺回头去看，只见景满仓从拐弯处闪出来了，田根旺遗憾地拾起了担子给鲍银花放在了肩上，又挑起了自己的空筐子。

“我咋没听见你喊过他爹？”田根旺问银花。

“我就是不叫他爹，咋啦？”

“为啥不叫？”

“你想知道，得是？”

“想知道。”

“我偏偏给你不说。”

鲍银花回头看了一眼快赶上来的景满仓突然很伤心：景满仓拖着疲惫的步子，腰也有些弯了，几天之内，他似乎老了许多，不像是个30多岁的男人，那走路的姿势仿佛一个老汉。鲍银花知道，她和田根旺的亲密亲热无疑是对景满仓一个深深的刺激。人非草木，尽管她尽量地避着景满仓，既让他只知其一不知其二；又让他能感觉到她对田根旺很喜欢，却不知道究竟在他们之间发生了什么。景满仓不是没有感觉的，他能感觉到银花和田根旺之间的亲热，只是装作不知道，看不见罢了。假如叫景满仓知道她已被田根旺破了身，景满仓会怎么样呢？他会捶胸顿足，破口大骂她呢，还是唉声叹气，失声而哭？鲍银花既伤感又内疚，仿佛她欠了景满仓一笔永远也无法偿还的债务。她站在路当中，双手在嘴上做了一个喇叭状朝景满仓呐喊：“瓜客，快走！我们在前面等你。”连喊几声之后，她的眼泪竟然涌出来了。田根旺当然不知道她为什么淌眼抹泪，只是呆看着她。她一看，景满仓朝她招手，这才转身走了。

走到雍山脚下的峪口镇，鲍银花和田根旺分手时，田根旺郑重其事地说：“银花，正月里，我就找媒人来提亲。”

鲍银花说：“我不嫁给你。”

田根旺说：“你不嫁，也是我的人了。”

田根旺的这一句话刺痛了鲍银花，那一夜的轻率交欢意味着她从现在起活着是田家的人死了是田家的鬼。她没有想过离开景满仓和朱翠兰给田根旺做媳妇的事情。田根旺这么一提说，她才觉得，生米已做成熟饭了。难道这已是注定了的事情吗？她想反悔也没有一点儿余地了。当她搂着田根旺亲热的时候，当她打开栅栏任凭田根旺在她那肥沃的田地里初试犁铧的时候，她怎么没有这么想？她真想放声大哭。她长长地吁了一口气，出口的话是软的：

"你先不要提亲，叫我再想想。"

"还想啥？不是迟早的事吗？"

"你别想得那么美？"

"你不嫁给我，嫁给谁？"

"我谁也不嫁，就嫁给……"鲍银花迟疑了一下说，"就嫁给炮。"

"我不就是炮吗？"田根旺意味深长地笑了。

鲍银花一看田根旺龇牙咧嘴、得意忘形的样子，突然觉得他很丑陋。不光是他那自我陶醉的淫邪的神情是丑陋的，他的整个形象也是丑陋的。鲍银花不想多看他几眼。等景满仓赶上来之后，她默默地跟在景满仓身后，走上了回松陵村的路。

松陵村越来越近了，已经能够看见村里人的屋脊青瓦了。景满仓和鲍银花越走越快了。两个人谁也不说一句话。不是两个人的神情变严峻了，而是松陵村变得严峻了，肃穆了。鲍银花似乎第一次感觉到大地是静悄悄的村庄是静悄悄的空气是静悄悄的。这悄无声息中似乎掩藏着令人心神不安的什么东西。景满仓心里越发沉闷了。两个人只能听见自己的脚步声。

银花还未跨过院门就娘啊娘啊地喊叫着。她一脚跨进门槛看见院子里走动的村里人心就向一块儿缩，直觉告诉她发生了什么事情。她撂下了空担子扑进了厦房。朱翠兰躺在一张木板上，脸上苫一方烧纸。鲍银花扑在娘身上嚎啕大哭，随后进来的景满仓要向朱翠兰身上扑时，被村里人架住了。他腿一软，跪倒在朱翠兰跟前起不来了，他叫了几声翠兰，眼泪扑簌簌地向下流。一路上，景满仓心里感到很虚，双腿使不上劲，觉得脚下的山路如同橡皮泥一样是软的。他的眼皮总是跳个不停，似乎已经预感到要发生什么，但又确切地说不上来，更不可能想到他的这次平凉之行会失去爱妻。这正应了农村人常说的那句话：人不知道心知道。如果他知道朱翠兰要出事，平凉县城有座金山银山他也不会去搬的。他和朱翠兰已是十年的夫妻了。十年来，他们恩恩爱爱，情感笃深；十年来，朱翠兰给他养儿育女，操持家务；十年来，朱翠兰用一只独臂顽强地支撑着景家炮坊，她做的炮无法用数字来计算。她把朱家炮和景家炮的优长相结合，使景家炮在凤山县城名声大振。失去了爱妻，等于这个家坍塌了一大半。跪倒在朱翠兰跟前的景满仓哭得死去活来，以至后来，他和鲍银花抱在一起，父女俩都哭昏了过去。

晚上，远方的伯父伯母来了，伯父伯母劝景满仓一定要节哀，不要太悲伤。伯父伯母把那天晚上的情景给景满仓说了一遍，伯父说，他们回到家里一想，不行，不能叫翠兰捱到天亮去。于是，他们到村子里去叫醒了景炳绪两口子。两个老人一听儿媳受了伤，在村子里喊起来了几个年轻人，用门板绑了一副担架，准备把朱翠兰抬到县城去。担架还没有绑好，朱翠兰就没气了，她身上的血已经流干了。一看断了气的儿媳，景炳绪叫了一声，立时昏倒在脚地了。伯母说，娃伤到了要命处，就是抬到县城里去，大夫未必有啥办法。两个老人把朱翠兰在大腿上裹过的血布拿出来叫景满仓看，景满仓将那血布抱在怀里，又放声大哭了。

朱翠兰是腊月二十日安葬的，那天，正好是朱翠兰的头七。在腊月严寒的天气里，大地冻得如放置了好几年的干柴，硬邦邦的，行人踩在街道上，发出的响声单调而粗砺。天空灰暗阴沉，从烟囱里冒出的白烟升不起来，只能顺着房上的瓦片向前溜。到了吃早饭时节，铅色的天空飘起了雪，不一会儿，雪花就纷纷扬扬了，村庄、田野、树木、麦苗被白皑皑的雪掩埋了。田根旺赶来的时候，棺材刚送到墓地里。田根旺穿白戴孝，两个田家人抬着“食盒”（一种木制的能抬动的家具），九个蒸碗和田家的两响炮以及烧纸放在“食盒”里，算是厚礼了。知底的人知道田根旺是田家炮的一代传人，不知底的以为他们是什么亲戚。按照习俗，只有儿女亲家里的人才抬“食盒”送重礼。田根旺不打招呼前来送葬使鲍银花不知所措，深陷在悲戚中的鲍银花除了惊诧之外不知如何应对。田根旺这种不合常规的行礼并未使景满仓恼怒，他没有为难田根旺，对他以礼相待。平凉之行，景满仓已看得清清楚楚，田根旺看中了鲍银花，鲍银花嘴里没有给他说过，心里是愿意的，鲍银花的想头是瞒不过景满仓的。也许，这一对男女青年已私定终身——景满仓还不知道鲍银花已把肉身子给了田根旺。景满仓只能默认，不会为难鲍银花和田根旺的。景满仓的以礼相待使田根旺十分感激，他在朱翠兰的坟墓前，烧了纸，叩了头，放了炮。

傍晚时分，雪停了，田野上静谧得能听见积雪逼近麦苗根部发出的银针般的声音。景满仓踏着路上厚厚的积雪来到了坟地里，他跪倒在雪地上把朱翠兰铰下的几件空衣袖和烧纸一起在坟前烧掉了。朱翠兰入土为安了，景满仓的内疚没有减去一星半点，他一遍又一遍地责备自己不该把朱翠兰一个人撂下去平凉卖炮，责备自己忽略了朱翠兰一天也离不开他的心事，似乎是，朱翠兰的死是他一手制造的。景满仓悲痛至极，再也控制不住自己，趴在新坟上恸哭。十年的夫妻，使他和朱翠兰成了血肉相连的亲兄妹，比兄妹更亲，她就是他身体的一部分，他被剁去了十根手指头、被摘下心肝大不了也就这么痛疼吧，这痛疼使他不可承受。景满仓捶打着积雪，捶打着黄土，他把头抵在新坟上，双手抱住那坟头由恸哭变成了干嚎。鲍银花是什么时候站在他身后的，他一点儿也不知道。他声音嘶哑了，眼睛红肿了。朱翠兰去世之后，鲍银花才意识到，景满仓和朱翠兰爱得有多深，他们简直不是夫妻而是一个完整的人。失去朱翠兰，就等于从景满仓身上砍去了自己的另一半，他的痛疼是谁也不可替代的。鲍银花去扶景满仓起来，她非但没有扶起他，自己也跌倒在坟头上了，两个人抱在一起，又哭了一阵子，才起来了。

腊月二十八日晌午，景满仓走进自己的炮坊，他抡起镢头，砸坏了案桌，将剩余的硝、炭和硫磺全都封存了，炮坊里的门也用土坯严严实实地堵上了。他将院子里煮药的锅灶也用镢头捣毁了。景满仓打算不再做花炮了。鲍银花没有在跟前，假如她在，非拦住景满仓不可的。

正月十八清早，鲍银花进了炮坊，她拆掉了堵住炮坊们的土坯墙。她重新叫人盘煮药的锅灶。景满仓走进炮坊一看，银花和两个雇工正在忙碌着，他把银花拽到一边去问她：

“你这是干啥？”

“准备做炮。”

“我不叫你做。”

“我不做炮，去做啥？”

“除了做炮，啥手艺都可以学。”

鲍银花比当年的朱翠兰更执拗，景满仓上前去制止两个雇工，鲍银花不叫景满仓制止。父女俩争夺工具扭在了一起，谁也不让谁。

“你得是害怕了？”鲍银花脸涨得通红。

“不，我不是害怕。”

“你就是害怕了。胆小鬼！”

“我是为了你，知道吗？”景满仓说。

“你要是为了我，就不要拦我。”鲍银花夺下了景满仓手中的家具，她给两个雇工说，“你们干活儿，愣着干啥呀？”

两个雇工又开始盘锅灶。鲍银花只顾低下头干活儿，她没有理愣在院子里的景满仓。景满仓叹息了一声，走出了炮坊的院子。

景满仓没有想到，鲍银花会如此地顶撞他，甚至和他动了手。他的话，她一句也听不进去了。他不打算再做炮还不是为了银花？这十年来，景家炮人已经死了七个，假如鲍银花再有个三长两短，他就对不起鲍家死去的那三个人，也对不起朱翠兰了。景家炮人是否能代代相传已和他无关，他只关心活着的人，只关心鲍银花。鲍银花肯定不这么想，如果有这样的想法就不会对他无礼。鲍银花的心变了，她很可能已把心交给那个田根旺了。而此时，景满仓没有可以交心的人，没有可以诉说的人。朱翠兰活着的时候，如果有不顺心的事，两个人躺在炕上，相互诉说起来就是半个晚上，这么一诉说，心中有多大的块垒也能解开。景满仓心寒了，他觉得自己从来没有这么孤独没有这么寂寞。他无处可去，又不想回家。站在炮坊外，他远望着被白雪覆盖着的雍山。在雍山深处，有一座后周公庙，他曾经去过一次，他还不如到雍山里去，在庙里了却此生，或者，让他躲进雍山里放牛种地也行。他的这些心思只能说给自己听了。也许,人的一生能够诉说的人只能有一两个。他还是去说给朱翠兰听吧,今天是她的五七,是她过世的第三十五天。朱翠兰孤零零地一个躺在坟地里,他孤零零地一个留在人世间,阴阳两界,谁也没有依靠。做人真难。景满仓离开了炮坊,走上了去坟地的小路。

鲍银花一头钻进炮坊不出来,炮坊里的两盏菜油灯彻夜不灭。景满仓用爱怜的目光看着眼睛熬红了的银花只能摇头叹气,他整天为银花而担心——出事总是在一瞬间,在不可意料之中。他知道,要想拦住不叫她再做炮是不可能的,他只好默默地帮她去担硝土,给她煮硝。他整天只是闷声不响地干活儿,很少和鲍银花说什么。

连续熬夜的鲍银花被即将成功的希望鼓舞着,她的脸上绽开了红红润润的喜悦,她用她的表情告诉景满仓,她试做的不同于田根旺的两响炮将会很快地在松陵村在凤山县放响。鲍银花不再熬夜了,她按时吃按时睡。

那天晚上,景满仓刚睡下,银花推开门进来了,她点着了柜子上的菜油灯,坐在了炕沿。她叫了一声爹,神情庄重地给景满仓说:“我有话给你说。”景满仓说:“啥话啊?等不到明天了?”银花说:“我不说出来,心里憋得慌。我在心里憋了好多天了。”景满仓说:“这女子,有啥话,你就说嘛,憋啥哩?”景满仓这么一说,鲍银花屁股离开了炕沿,在脚地走动着。景满仓把披在肩上的衣服穿在身上,靠住炕墙坐着。鲍银花坐在了柜子跟前的凳子上,距离景满仓远了一点。她没有看景满仓,好像对着对面的土墙说出了平凉之夜田根旺从外间溜进来和她睡了一回的事情。昏暗的菜油灯下,景满仓看不透银花面部的表情,只能看见她搭在木柜上的那只手臂在说完之后好像不再紧张,五个手指头松弛得像将粮食倒空了的口袋。景满仓听罢,未免有些吃惊,景家不是富户,但是体面人家,景家炮人的女儿咋能做出这样的事情?他原以为,鲍银花和田根旺只是打打闹闹,或许私定了终身,所以,田根旺奔丧那天他就默认了,虽然不成体统,但该遵守的规矩还可以弥补的。他没有想到,鲍银花和田根旺竟然有那种事?如果叫松陵村的人知道,体面的景家炮人还有什么脸面?景满仓身子向前一倾,准备开口大骂,他一看,鲍银花垂下了头。他把披在身上的衣服拉了拉，干咳了一声，一句话也没说。菜油灯的灯光一伸一缩仿佛饶舌的女人。沉默了一会儿，景满仓有气无力地说："择一个合适的日子，我给你们完婚。"银花一听，"哇"的一声哭了："我知道我错了，你打我骂我都行。我娘连七七都没有过，怎能提说给我完婚的事。"鲍银花双手伸进头发里撕抓，她的脑袋在桌子上磕碰着。景满仓没有拦她，他将穿上的棉袄又脱了，披在肩上，过了一会儿，景满仓说："只要你们的日子过得好，你娘在阴曹地府里也是高兴的。"有一句话，景满仓想了想，没有说出口：娃呀，你真是瓜娃，假如你怀上了肚子，咋在松陵村出出进进呢？我不给你们完婚能行吗？鲍银花由嚎啕大哭变成了低声啜泣。她抹了一把鼻涕眼泪，走过去，将头偎在了景满仓的胸脯前。景满仓一动不动地、木然地站着。要是在往日，他肯定会抚摸着鲍银花的头发安慰她几句的，可是，景满仓没有。他没有看鲍银花，目光投向了窗外的黑夜。鲍银花用泪眼看着景满仓，心想，他的心肠真好。过了一刻，景满仓叹息了一声："银花，你真糊涂。"

鲍银花在凤山县举办的赛跑会开场的前三天卷出了两响炮。她的两响炮比田家的两响炮有成色多了，两响都响亮不说，而且飞得很高。飞上天空爆炸之后，空中仿佛开了一朵灿烂的花。两响炮的成功并没有给景满仓带来预期的喜悦。他心里总是疙疙瘩瘩的，他一看见鲍银花，总觉得她变了，变得有点陌生了，和他有了一定的距离。

A章（八）

景解放走进院子里的时候，乔桂芳站在檐墙跟前的凳子上，一只手端着搪瓷盆子，一只手用抹布蘸着盆子里的泥浆正在墙上抹。乔桂芳的身上脸上溅满了泥点，手冻得通红。像许许多多的农家妇女一样，春节前，她要把房子打扫一遍，再用白土和成的泥浆抹一遍墙。白土是她自个儿从老牛沟的窑洞旁挖下来用扁担挑回来的。站在课堂上，乔桂芳是一个讲课很专注很用心的教师；回到家里，她是一个操持家务勤快干练的家庭妇女；到了田地里，她是一个庄稼活儿很内行的好劳力。在烈日炎炎下，她一个人一天能割一亩多麦子；秋收时节，她抡起镢锄一天能挖一亩玉米。她的做人做事在松陵村赢得了好口碑。正在抹墙的乔桂芳回头一看，景解放和叶小娟站在她的身后，她将盆子递给景解放："去，给盆子里添些水。"景解放接过盆子，乔桂芳说，"不要太满了。"景解放将盆子端到灶房里，舀了几勺水倒进盆子里，他将盆子双手端在乔桂芳跟前，叫乔桂芳蘸着泥水抹墙，乔桂芳看了他一眼，"给我吧，我一个人来。"乔桂芳说，"这不是两人干的活儿。去，把院子里的雪拉出去倒在院门前的树根前。"领到了活儿的景解放似乎一下子转变了角色，由客人变成了主人。刚进门时那僵硬的气氛刹那间缓和了，他不再难堪，到后院去推出来架子车。他一看，院子里堆着三堆雪。他将架子车放稳当，用铁锨向架子车里装雪。叶小娟立在他跟前，静静地看着他干活儿。他将雪拉到院门外，叶小娟跟到院门外；他将架子车推进院子里，叶小娟又跟到院子里。叶小娟影子似的随着他，跟出来跟进去不离左右。景解放将院子里的积雪拉完时，暮色四合了。乔桂芳把一面檐墙全部抹毕之后，开始向房间里和灶房搬动桌椅板凳，风箱锅碗。日子过得再穷，农村人春节前都要把房子院落彻底地打扫一遍。农村人把这叫"扫舍"。乔桂芳是吃毕早饭开始"扫舍"的。

干完这些活儿，乔桂芳一分钟也没停歇，她洗了手脸开始做晚饭。

晚饭做好，端上饭桌时天已黑尽了。儿子景旭趴在热炕上睡着了。三个人围着一张饭桌吃饭，谁也不说话。景解放第一次觉得，人吃饭发出的声音原来这么旺，比开春后地里刚起身的麦苗还旺。他尽量想把声音弄小一点，他越小心，咀嚼的声音越明晰、越刺目，就连筷子夹菜时在碟子上一碰而发出的响声也是那么积极，似乎连一粒米掉在地上发出的声音他也能捕捉到。他渴望乔桂芳能说一句话，哪怕从嘴里能吐出一两个字都行。乔桂芳只顾吃饭，不是像他一样很拘谨地吃，而是漫不经心地大大方方地吃。他偷看了乔桂芳一眼，仿佛看见言语正在她的心里生长，像禾苗一样已经破土了，已经到了舌头底下。也许，只要乔桂芳一开口，比石头还僵硬的气氛就破冰了。可是，乔桂芳的语言仿佛被饭菜堵回去了，堵到心里去了，她一个字都不吐，半句话都不说。景解放吃得别扭极了，他真想找一个由头发作一下——比如说，饭菜盐太重了，你是咋弄的？比如说，淘米时咋不淘净？石头磕了牙。可是，他一瞥，只见乔桂芳一脸的劳累，他只好忍了再忍，把吃饭视为某种必须完成的仪式来完成。形成这样一种难堪的气氛的原因是叶小娟跟着他再一次进了家门。景解放当然知道，乔桂芳是怎么想的。乔桂芳大概没有想到，从北京回来后，他又将叶小娟带到了松陵村——她本该回到叶家庄去的。乔桂芳盼望的是，随着春节的即将到来给这件事画上句号，乔桂芳肯定是这个想法。叶小娟再次走进这个院子，乔桂芳虽然没有惊讶，没有责备，没有愤怒，甚至面部没有任何对此事有看法的表情。乔桂芳心里是很不痛快的，这种不痛快她无法表达。景解放明白，是他自己把乔桂芳逼到了无话可说的地步。假如叫乔桂芳说，她同意叶小娟到家里来过年，这不是她的心里话；假如叫乔桂芳反对叶小娟来家里过年，矛盾即刻就公开化了，乔桂芳说不出口。乔桂芳比他还为难啊！他这么一想，心里平静了，甚至有了歉疚感。

吃毕晚饭，景解放要帮乔桂芳收拾碗筷，乔桂芳不叫他插手，他只好吧叶小娟领到房间里去睡觉。

“今晚上你和谁睡？”叶小娟问。

“和你睡，你上床吧。”

景解放打开了电热毯的开关，然后，他去厨房里的炉子上倒了些热水端到房间里，叫叶小娟洗了脚。等叶小娟上床之后，他洗了洗，上了叶小娟的那张床，躺在了她的身边。他知道，叶小娟不睡着，他是走不了的。

等叶小娟睡熟之后，景解放来到了他和乔桂芳睡觉的房间。乔桂芳已经熄了灯，房间里的气氛黑暗而冰凉。景解放摸黑上了床，他脱了衣服，轻轻地擦着乔桂芳的身体钻进了被窝，乔桂芳一动也没动。他能感觉到，乔桂芳并没有睡着，他还是问了声：“你睡着了没有？”乔桂芳没有吭声。他的一只手搭在了乔桂芳的身体上，乔桂芳还是没有动，于是，他的手摸了摸乔桂芳的乳房，顺着她的腹部向下滑动，乔桂芳依旧一动也不动，当他顺理成章地顺着她的肚脐眼滑下去到达了他要去的那个地方的时候，乔桂芳捉住了他的手腕："去去去，和旭旭在床那头睡去，我困乏得很。"乔桂芳不只是拦住了他的欲望，对他来说，今夜晚和乔桂芳的交合是夫妻磨合的唯一途径，也是夫妻通向和谐的一条康庄大道。如果这条路被堵死了，夫妻间将无从交流——交媾是交流的前奏曲，是交流的门槛——能否跨过这道门槛是打破僵局的关键。他明白，再动听再有理的语言都不能使乔桂芳改变对叶小娟的看法了，叶小娟的存在已成为乔桂芳心中的块垒。乔桂芳拒绝得很坚决，景解放很尴尬地把手从乔桂芳的身体上取下来了。他说："这么些天，你不想？"乔桂芳只吐了一个字："不。"景解放早已有了思想准备，他知道，乔桂芳是不会轻易接纳他的，如果乔桂芳让他一上来就进入了她的身体，那就不是乔桂芳了。今夜晚，两个人必然要进行一场拉锯战的。他不能因为乔桂芳的拒绝而罢休，毕竟夫妻十年了，他对乔桂芳是了解的，了解她的心理：乔桂芳并不希望他就此而罢休。景解放转过身子，蜷在一起，做出了不再理她的姿态。果然，乔桂芳的呼吸变了——不再像流水一样平静，不再像麦草一样柔细。僵持是对两个人的耐心、毅力、情感、欲望的考验。如果今夜晚以僵持而结束，那么，这一次的僵持将不是僵持的结束而是僵持的开始——也许一个春节的僵持从此开了头。景解放掌握着火候——他不能真的将乔桂芳逗火了。过了一会儿，他转过身来，搂住了乔桂芳，直接地将手从乔桂芳的小腹上伸下去，伸向了她的那个地方。他刚刚触摸到她那浓密而温顺的阴毛，还没来得及向里伸入，她再次拨开他的手，他表示了很强硬的态度——那只手不挪动一寸，死死地捂在那儿不放。"睡觉去，我确实困乏得很。"这句话的语气表明乔桂芳退让了，退让的标志是，她再次给不愿同房找出了理由。乔桂芳的下身挪了挪，摘下了他的手，这是他没有预料到的——要是在平时，要是在闹过矛盾的其他的晚上，这一个回合，乔桂芳先是退让，然后，就缴械投降了。超乎常规的再次拒绝使景解放乱了方寸，他的自尊心受到了极大的刺伤，他觉得，这已不是夫妻间的游戏了。他断然收回去了手，平躺在乔桂芳身旁，而且离开了她一点点。这一次，轮到他变了呼吸——他的胸脯一起一伏的，呼吸粗重而响亮。他在被窝里攥紧了拳头——乔桂芳不只是挫伤了他的自信、自尊，乔桂芳挑起了他的愤怒乃至仇恨。他真想在她身上捶两拳头——不，粗暴地骑在她身上，给她硬放进去。正当景解放失去耐心无法控制自己的时候，情势变了——乔桂芳侧过身，一只手在他的脸颊上摸了摸说:“又瘦了些，脸上没肉了。”这句话一出口，景解放颤动了一下，泪花在眼眶里直打转，他真想大哭一声大喊一声:你受苦了！这就是妻子！妻子毕竟是妻子。妻子出口的这几个字道出了他在她心中的位置，道出了她触摸可及的情感。他猛地侧过身来把乔桂芳紧紧地搂在了怀里脸颊贴在她的脸颊上，他再也不愿克制自己，叫泪水湿了她的脸。与此同时，他用右手去抹乔桂芳的小裤头，他一触摸，乔桂芳的那个地方很湿滑。这就表示她其实很想做爱的。他释然了。乔桂芳一句话也不说屁股抬了抬，叫他给她脱下了小裤头。景解放像外交大臣完成了棘手的谈判使命似的实现了和乔桂芳的交合，他侧身进入了乔桂芳的身体。景解放能感觉到乔桂芳有一种久别的渴望——她用肉体给他传达她的身体、精神乃至灵魂的需要——她毕竟只有33岁，她毕竟是十分爱他的。两个人不只是达到了肉体的巅峰，而是完成了身体的器官，包括心，脑的统一，使他们的交合跃上了极致的境地。这时候，对于景解放来说，做爱已不是他开初构想的为完成夫妻磨合而采取的手段，他们的交合是男女之间最美的享受。景解放通过乔桂芳的阴道走进了她的内心——这是男女情感交流的必由之路。景解放的脸颊贴在乔桂芳的脸颊上，胸脯贴在乔桂芳的胸脯上，他心中升腾着对乔桂芳强烈的爱意。

事毕，景解放十分感激地在乔桂芳身上抚摸着。

“我明天去花炮厂批发些花炮，在街道上摆个摊子卖卖，离过年还有九天，卖四五天花炮能赚几百元，有几百元就把年过了。”景解放给乔桂芳说出了自己的打算。

“过年时节，县城街道摆摊子的人那么多，你能赚来钱吗?”乔桂芳偎着景解放，一只手揽住了他的腰。

“能行。我当厂长时的客户那么多，一个客户拿两三百元的货，也会赚不少钱 的。”

“那你就去吧，房子和灶房都打扫了，面也磨下了，腊月二十五蒸两锅馍就行了，家里也没有什么活儿了。”

"辛苦老婆了。"

"啥时候把嘴巴学得这么甜？"

景解放之所以拣能使乔桂芳高兴的话说，怕她提起叶小娟。景解放怎能不明白，这是个绕不过去的话题，果然，乔桂芳提起了叶小娟。

"过年哩，她咋办呀？"

乔桂芳说着，抽回了手。景解放已预感到新的僵局也许由此而始了。

"你说呢？"

"叫她回去过年。"

"回哪里？"

"当然是回叶家庄。"

"叶拴定两口子不会要她的。"

"他们的女儿，他们不要，谁要她？"

"那两口子不是写下了字据吗？"

"那字据算什么？从法律意义上讲，他们两口子是监护人。"

"这我明白。那两口子把孩子硬要推给咱，你不是不知道。就叫她在咱家过个年算了；过毕年，我还要带她到外地治疗。"

"你哪怕带她到天尽头我也不管，她不能在咱家过年。"

"算我求你了。"

"不行！"

乔桂芳的口气不容置疑。

"好了好了，你说咋办就咋办。"

如果景解放再坚持下去两个人未免会争吵起来的，景解放心里很明白，争吵的结果会使刚才辛辛苦苦求得的磨合只留下转眼即逝的快活。景解放不再说什么了。乔桂芳伸了伸慵懒的身子，转过身去，睡觉去了。景解放偷偷地换了一口气，打了一个呵欠，一只手搭在了乔桂芳的腰际，他偎依着乔桂芳入睡了。

第二天，景解放要到县城里去卖花炮，叶小娟一听，要跟景解放到县城里去，没有办法，景解放只好用自行车带着叶小娟。农村人吃早饭的时节，两个人就出了松陵村。松陵村花炮厂在县城西大街有一个销售点。景解放怕叶小娟在年集上走失，她吧叶小娟带到了这个销售点，交给了景文祥。整修后的花炮厂腊月就停产了，景文祥带上厂里的销售人员全力以赴地卖花炮。景解放叮咛了再叮咛，要景文祥把叶小娟带在身边，寸步不离。景文祥一看景解放那严肃认真的样子，吭地笑了："四爸，你放心，我会把叶小娟当自家人看待的，她有什么闪失，你拿我是问。"景解放说："不能有闪失，她是个病人。"景文祥说："知道。"景解放给叶小娟说："这几天你就和文祥在一块儿，我卖几天炮，回去时来领你。"叶小娟指指景文祥："我把这个人叫啥哩？"景解放说："叫大哥。"叶小娟一听，拉住了景文祥的手大哥大哥地连叫了几声，惹得景文祥哈哈大笑。景解放一看叶小娟对景文祥很亲人的样子，放心地走了。

景解放到县邮局给眉台县花炮厂的一个朋友打了电话，叫朋友给他送一车花炮来。这个生意上的朋友和景解放已交往了十几年，很讲情义的。他答应给景解放欠一车花炮，价钱比花炮厂的批发价再便宜百分之二十。景解放一听，很感动，连声道谢。并非生意人都是奸商，生意人之间的链条上系着的是利益也有情感。景解放做花炮生意十几年，他得到的友情当然是用友情换来的。

把买卖安顿好以后，景解放骑着自行车去了叶家庄。他再一次见到了叶拴定两口子，他把在北京给叶小娟治病的经过给叶拴定两口子说了一遍，叶拴定两口子像听别人的故事一样耐着心听完了，花秋仙说："小娟是瞎是好是你的事，我们管不了，也管不上，你咋样给她治病，你看着办，给我们说不说都不顶啥用。"景解放说："我今日个来不是说治病的事。快过年了，叫小娟回来过个年吧。小娟总归姓叶，过年时节，叫娃回来和父母团聚在情也在理。"叶拴定一听，面显难色，花秋仙一口咬定："小娟给你了，你把字也签了，我们不能要她。至于说，叫娃姓啥，你看着办，娃跟着你姓景也行。"景解放说："我不是那个意思。"花秋仙说："不论是啥意思，今年的年就叫小娟跟你在松陵村过去。"

景解放一看，这两口子是铁了心不要女儿了，他就是跪下求也很难求动这两口子的。况且，他不能那样做。他一句话没有再说，骑上自行车出了叶家庄。

本来，景解放是骑着自行车回县城的，到了村口，他才发觉，他一路前思后想的，竟然回到了松陵村。进了院门，乔桂芳发觉，景解放回来时没有带叶小娟，还以为景解放将叶小娟送回去了。乔桂芳没有问叶小娟的去向，景解放也没有把话挑明。不过，景解放看得出，他没带叶小娟回来，乔桂芳显得很高兴。她把饭菜端上来，边吃边问景解放花炮卖得怎么样。景解放只是说，好着哩，钱会赚到手的，你放心。吃毕晌午饭，景解放骑上自行车又到县城去了。

腊月二十九日吃毕晌午饭，景解放收了摊子。一车花炮已经卖完了，他到银行去给眉台县花炮厂汇了货款，他算了算，几天时间里他赚了近千元。景解放怀揣着钱，去集市上买了大肉、糖果和过年时走亲戚的糕点。他来到了松陵村花炮厂的销售点，把买好的年货暂且放在那里，来领叶小娟。叶小娟一看见景解放扑上来，抱住他，放声大哭。景解放十分惊诧："小娟，你是咋了？"叶小娟用手在景解放的胸脯上捶打着："天天等你来，你天天不来，你哄我哩。"景解放一听，笑了："我不是来了吗？"景解放抚摸着叶小娟的头发，"你大哥没有欺负你吧？"景文祥也笑了："咋能呢？你叫小娟自己说。"叶小娟说："没有。他天天给我买好吃的。"景解放说："那就好。"叶小娟在这个销售点寄宿了七天七夜还多亏了景文祥的照顾。可以说，景文祥对叶小娟照顾得十分周到。景文祥再忙，一天三顿饭按时给叶小娟买回来，叶小娟要吃什么他就买什么，什么可口他就买什么，下午集散以后，景文祥就带着叶小娟去街道上玩。叶小娟身上的那身新衣服也是景文祥给买的。叶小娟牵着景文祥的手一口一个大哥，叫得景文祥心里甜丝丝的。因为只有一张床，晚上，叶小娟就睡在景文祥的床上。当叶小娟偎依过来的时候，景文祥不由得像触电般地抽动了一下：毕竟，叶小娟已是15岁的大姑娘了。况且，叶小娟本来就显得成熟——比同龄的女孩子丰满得多。当睡梦里的叶小娟的手臂搭上景文祥的腰身，已显得饱满的胸脯紧贴住景文祥的时候，景文祥再也睡不着了；他拉开灯看看叶小娟的脸庞——那张已能称作漂亮的脸庞使他心绪难宁，睡着了的叶小娟，身体上的曲线毕露，景文祥不能面对，又难以面对。他将叶小娟的手臂从身体上取下来，离开了她，拿起了一本书，直至看得很疲倦才重新入睡了。

景解放带上叶小娟来到县城里最大的一家百货商店。他给叶小娟买了一件大红的羽绒衣，买了一条牛仔裤，买了一身棉衬衣，买了一双新鞋。叶小娟把新衣服抱在怀里，抬眼看着景解放说："爸爸真好。"景解放说："回到松陵村可不能叫我爸爸，记下了吗？"叶小娟说："记下啦。"

在县城大什字，景解放叫了一辆"蹦蹦车"，他把买来的大包小包放进车里，和叶小娟一同上了车。半个小时后，回到了松陵村。

乔桂芳一看，叶小娟又回来了，她脸上刚泛上来的笑容即刻消失了。景解放把"蹦蹦车"上的自行车和年货搬进房间以后，他背过叶小娟给乔桂芳说："我到叶家庄去了两回，那两口子说啥也不叫娃回家过年。我求你了，就叫她在咱家过年算了。"乔桂芳说："家是你的家，你想咋办就咋办，求我干啥呀？我不是你想象的那种没心没肺的人。"景解放献媚地说："还是老婆好。"乔桂芳说："你给人家娃买新衣服没有？"景解放说："买了。"乔桂芳说："那就好。"景解放一听，乔桂芳这么善解人意，真想扑上去亲乔桂芳一口。

过年的欢乐气氛被叶小娟撕心裂肺的喊叫撕碎了。大年三十日，从中午十二点到午夜，一家人就没有安宁。

按照习俗，三十日中午十二点以后，农村人就开始贴对联，放炮"请神"——在院门上贴上门神，在土地堂前贴上土地神。村子里第一挂鞭炮放响之后，叶小娟就惊恐不安地尖叫着从院子里奔跑到房间紧紧地抱住了景解放不放，景解放问她是咋回事，她说她害怕。景解放安慰她："这是放炮，没有啥害怕的。"叶小娟对鞭炮声的害怕不是一两句话就能消除的，景解放当然知道她害怕的原因，但他只能给她解释，别无它法。

接下来，不断有人家放炮，不断有放炮声传过来。一旦听见放炮声，叶小娟就尖着嗓门喊叫，就抱住景解放不放。好在鞭炮声持续的时间并不长，等吃毕中午饭，鞭炮声停下来了，叶小娟也随之安静了。叶小娟一惊一乍地喊叫把乔桂芳愉快的心情叫没了，她想抱怨也是无处抱怨，她不抱怨，觉得这个女孩儿搅乱了他们一家，使过年的愉快气氛变得烦躁不安。

到了晚上，事情更糟了。年夜饭刚端上来，一家人端起酒杯，还没有沾嘴唇，有人开始放炮了，叶小娟也如同点燃了的一只炮，她跟着鞭炮声又开始尖叫了，她一头扑进景解放的怀里，差一点将景解放撞翻，那样子，如街道上受了惊的小马驹一样。她将头抵到景解放的胸脯上，两手揽住他的腰不放。景解放不能吃也不能喝，他一个劲儿地说："别害怕，别害怕。"乔桂芳一看是这样，一句话也没说，放下筷子到了院子里，她站在房檐台上，面对着黑漆漆的夜晚，心里灰蒙蒙的。儿子景旭跟着妈妈出来了，他拉着乔桂芳的衣角，叫乔桂芳到房间里去。景解放几乎是抱着叶小娟把她抱出来给乔桂芳说："你进去先吃菜，我把她哄哄就来了。"景解放把叶小娟抱进了隔壁房间之后，乔桂芳才和儿子重新回到了屋子里，母子俩坐在饭桌旁，没滋没味地吃着菜。

鞭炮声一直没有停歇，叶小娟抱住景解放，手臂没有松开。景解放明显地感觉到叶小娟的恐惧是发自内心的，她对鞭炮声的害怕如同石头一样实实在在有棱有角，孩子被这害怕折磨得心神不安，他能理解叶小娟。他腾出手来给叶小娟捂住了耳朵。他不停地给叶小娟说，孩子，你不要害怕，不要害怕，有我在你跟前，没有啥害怕的。可是，在他怀抱里的叶小娟还是抖动着。景解放知道，这鞭炮声将炮坊爆炸时的情景重现在了叶小娟的眼前，使她又经历了一次恐惧。多可怜的孩子呀！景解放心里酸酸的，他对叶小娟的爱意更浓了：他必须呵护她，想办法消除她的恐惧感。本该一家人围坐在一起吃年夜饭的时候却遇到了这样的事情，乔桂芳心事重重的，闷声不响。景解放给叶小娟脱了衣服，偎在她跟前，像哄小孩一样哄着叫她睡觉。景解放本来打算等叶小娟睡着以后起来和乔桂芳一起吃年夜饭，可是，他太困乏了，身子一挨热床，他自己也睡着了。一觉睡醒，已是凌晨四点多。他拉开院门一看，院子里漆黑如炭，除夕的黎明静悄悄的。他去推门，乔桂芳已关上了房门。他不想再打扰她，只好回到叶小娟睡觉的房间。他一看，叶小娟睡得很死，就躺在了她的旁边了。十年来，景解放第一次在大年三十日的晚上没有和乔桂芳同床而睡。景解放好大一会儿不能再入睡，他心里挺难受的，似乎觉得这不是个好兆头。

大年初一早晨分外冷清。吃早饭时，乔桂芳说："我看啊，咱这日子没法过了。"乔桂芳的语气单调、冷静，带着一丝无奈的忧伤。景解放本来想说，过年哩，不要说晦气的话。他一看，乔桂芳眼圈乌青，脸色很阴。也许，她一个晚上没有睡多大一会儿；也许，他叫门时，她正在想心事。景解放想，乔桂芳的不愉快是他带来的，作为丈夫，他不能使妻子幸福，他真内疚啊！景解放没有接她的话茬，他明白，乔桂芳的这一句话给正月里的日子定下了调子。他给儿子说："吃毕饭，爸带你去周公庙玩。"

B章（八）

正月二十六日，天气晴和，没有风，春天的气息从麦地里从土路上从村庄上空缭绕的白烟里逸散；春天的气息已经挂在老汉的胡须上姑娘们的眉宇间和娃娃们踢踏的脚步中。景满仓和鲍银花老早吃了早饭去县城参加赛炮会。景满仓挑着装鞭炮的担子走在前边。前去助兴和看热闹的松陵村人和这父女俩一起出了村子。

会场设在县城商会的露天会馆。田根旺比景满仓父女俩来得更早些。田根旺是田家村的地主派了一辆马拉轿车送到县城的。

在赛炮会上见到了鲍银花，田根旺很高兴，他拉住了银花的手，叫银花和他一块儿去县政府见他远房的舅舅，银花不去。田根旺告诉银花，他的远房舅舅是县府里的文书，在县商会也有职务。田根旺说，舅舅参与评分，见见他是有好处的。田根旺小声告诉银花，前几天，田家已派人见过他的远房舅舅了。银花一听，田根旺要去活动评分的评委，表示坚决不去县府。田根旺只好作罢。

晌午时分，会场里人山人海，凤山县的九家炮人登上了临时搭的高台。鲍银花一登上去，会场上的庄稼人便议论纷纷，他们没有想到，松陵村的艺人中还有这么一位年轻漂亮的女子。鲍银花头顶白纱巾，脚蹬白棉鞋，蓝底散花的紧身棉袄和葱绿色的棉裤很合体，她站在高处不惊不慌，双眼平视远方，一副落落大方自然端庄的神情。

第一个参赛的是田根旺。他的双响炮不时地引起人们的喝彩。田根旺的兴致很高，他竟然将几只两响炮端在手心里燃放，炮响之后，一双手完好无损，连铜钱大的疤痕也没落下。田根旺面带笑容，眉飞色舞，点炮时手臂舞着花样，表演得很有兴致。鞭炮蹿上天空，随着清脆的响声，炮花乱飞，台下掌声四起。这一绝技鲍银花看得清清楚楚的：在炮还未响的那一瞬间，田根旺的手在人们未察觉中巧妙自如地一搓，两响炮就离开了手心。看来，田根旺是很会玩把戏的，这种障人眼目的把戏恰恰能买好。轮到了鲍银花，她向前跨了几步，先放雷子炮和礼炮，再放两响炮。鲍银花十分从容，点炮时看似漫不经心，十分随意，十分自如。她不是放炮而是玩炮。她每放一枚或一串都要招来一片呼喊，看炮的庄稼人高声大呼："好！好！好！"站在高台下的景满仓从开始到结束，一直提着一颗心，当银花走下高台时，景满仓双眼不由得泪花直喷：银花是代表景家炮人来展示的，她没有给景家炮人丢丑。

赛炮结束后，会场上的庄稼人还在念叨着景家炮，然而，出乎意料之外的是，田家炮得了第一，不知名很平庸的李家炮得了第二，由鲍银花代表的景家炮屈居第三。由于炮好炮坏和名次先后不是一回事，主持赛炮的商会会长一宣布结果，忿忿不平的庄稼人朝赛炮台上扔砖头瓦砾，有人呼喊："景家炮！景家炮！"

回去的路上，松陵村人都为景家炮鸣不平。景满仓坦然地说："这世间没有很公平的事情，争个名分也没有啥用处，比赛本来就是耍一耍的事情，咱不能较真。"鲍银花气愤地说："当官的把咱当猴耍，非要把狗屎说成香饽饽，这世事真是没规矩了，明年就是抱金娃娃，我也不来了。"庄稼人一路走，一路议论：这种事情有啥尺寸，只要给评分的把钱塞上，就是第一名。拿了人家的钱，就要给人家打分，事情尽叫那些瞎怂弄瞎了。有人说，这评奖是糊弄人哩，人家早把名次内定好了。鲍银花说："明年咱景家炮不参赛了，他们爱把第一名给谁去，和咱没啥关系。"景满仓说："好了，好了，不要为这事生气。"鲍银花在心里不住地抱怨田根旺，田根旺代表田家炮肯定是活动通了评委得了第一。可是，她又说不出口。她一旦说出来，又怕村里人借此攻击田根旺。她拉着景满仓的手，甩掉了村里人走在了最前头。

回去没几天，鲍银花就躺倒了。她精神倦怠，不思饮食，喝几口麦面糊汤也呕吐不止，景满仓以为她没有争得第一名气病了，一面给她宽心，一面张罗着给她请大夫。银花坚持不去看病，她说她只是困乏，睡两天就好了。两天过后，银花爬起来去镇上的中药铺叫坐堂的老先生诊脉，精瘦的老先生把了一会儿脉搏，摘下眼镜看了看鲍银花，说你有喜了……还没等老先生说完，她就哭了。她给老先生塞了些钱，叫他不要声张。回去的路上，她一想起怀孕的事，又潸然泪下了：慌张、恐惧、憎恶……各种情绪一齐向上翻涌。这事如果叫松陵村人知道了，她就没法活了。她的第一个想法是，把肚子里的那团肉处理掉。朱翠兰活着的时候她听说过，村里有些不检点的寡妇不小心有了身孕，为了除掉肚子里的那团肉就吃桃仁，吃红花，有些把碗打碎吃那些瓷片，有的还暗地里请人用擀面杖在肚子上擀。她们使尽办法，以至身上的血流干，命归阴曹，也没有除掉那团肉。娘说过，那是报应。一想起那血淋淋的场面，鲍银花就害怕。既然是报应，那就无法逃脱。报应就报应吧。鲍银花已想好了，她不吃药也不吃瓷片，如果肚子显了形，遮掩不住，她就逃进雍山里去。父母亲为了活人过日子把命都送在松陵村了，她还怕什么。鲍银花擦净了泪痕，没事儿一般走进了松陵村。她只有一个想法：车到山前必有路，到了那一天再说吧。

田家差人来做媒，景满仓以养父的名义在他的厦房里招待了媒人，他给媒人的回话很明确：等银花的娘过了百天再送聘礼，正式完约。媒人的回答也很干脆：叫田根旺倒插门给景家做女婿，夏收前完婚。景满仓说："这倒不必了，我把银花嫁过去就是了，我又不是没有儿子。"媒人说："就按你说的办。"

媒人走后，景满仓给银花说明了他的想法和给媒人回的话。银花说："田根旺在赛炮会上做了手脚，这件事弄明白后，我再和他订亲。"

景满仓叹息道："这事不能全怪田根旺，田家是大家族，好多事情小辈人做不了主，做手脚肯定是族长的主意，田根旺拿第一是为了照顾家族的面子，不是他个人的事情。你不是说不计较吗，咋又旧话重提了？"

银花说："他们田家人要面子，咱景家人就不要面子了？"

景满仓说："这和你们订亲是两码事。就这么定了吧。"

银花心想，景满仓的话也有道理，田根旺即使做了手脚，也不是他的德行不好，再说，她肚子里已经怀上了田根旺的娃，也只能嫁给田根旺了。也许，这是命里注定的。在她看来，田根旺并不是一身毛病的人。她之所以把身子给了田根旺，打心眼里还是喜欢他的，一旦订了婚，一旦很快结了婚，肚子里的那团肉就有了交割了，她也不必为此犯愁了。她顺水推舟："你都定下了，我还能说啥呢？就按你说的办。"

鲍银花流产了，这是她始料未及的事情。

过了农历二月初二日，鲍银花去老鼠嘴上担硝土。那天晚上，天阴沉着，一线月牙一闪就躲进云层里去了，本来就不宽的土路模糊不清，银花担着一担硝土下老鼠嘴时脚下被一个土疙瘩一绊，连人带担子摔倒在半坡里了，她用手将倒在路上的硝土掬进笼子里，重新担上担子向坡下走，走了几步路就觉得肚子疼，那种痛疼不是拉肚子时的剧烈的阵痛，而是有一种下坠感，仿佛有人抓住她肚子里的肉向身体外边拽。她咬着牙，硬是下了坡。她想，也许是要闹肚子了，等她到沟底解个手就能缓过来，刚到了沟底，肚子疼得像是抓她的心，她下意识地将肩上的担子一撂，"扑腾"坐在了路上，她还没有明白过来是怎么回事，裤裆里就一片湿了。她能嗅见来自自己下身的血腥味儿，她不是看见而是感觉到，她的身上掉下来了一团肉。这时候的银花反而不慌不忙了，她不但没有害怕，反而像撂下了一担硝土一样轻松了。她用铁锨在路旁的地里挖了个坑，把那一团肉埋掉，用倒掉的硝土遮盖住了路上的血迹。她把用布条做的棉裤的裤带扯开，扯成两绺子，然后，将棉裤向上一提，让裤子紧贴在肉身上，紧贴住她的下身的那个地方，再用布条子裤带勒住裤腰，然后，把裤带上破下来的那一半用铁锨截成两段，扎住裤腿，以免血流下来滴在了路上。把自己处理好以后，她挑上空担子回到了松陵村。

进了家门，景满仓一看，鲍银花的下身满是血，不知出了啥事，就问她："咋了？"鲍银花说："你是糊涂了，还是装糊涂？快给我烧些热水去。"景满仓以为鲍银花是身上来了，他无论如何也想不到鲍银花是流产。他到厨房里去给鲍银花烧了一盆热水，给她端进房间就退出来了。鲍银花洗干净了下身，将平时经血来了使用的那些干干净净的布头儿垫在了下身的那个地方，上了炕，躺在了暖呼呼的热炕上。

银花在炕上躺了三天，景满仓给她端吃端喝，伺候了三天。意外的流产对银花既是一个解脱又是一个打击。没有肚子里的那团肉心理负担解除了，但是，她觉得，这并非就是一件好事，不是她惋惜从自己身上掉下的那团肉，她觉得，这件事是一个预示，预示着她和田根旺的婚事没有好兆头。假如这团肉在她的肚子里一天一天地生长，她和田根旺的婚事就一天一天地迫近了，无疑，夏收前一定要成亲。不然，她怀孕的私密就败露在松陵村人的面前了。

这团肉是一条纽带。如今，纽带已断，她就没有必要急着和田根旺成亲了——是情势不再逼她了。说不定，这婚事搁的时间长了，节外生枝的事就出来了。躺在炕上的鲍银花把事情的前前后后细细地想了一遍。可以说，她心里是喜忧参半。

景满仓和银花闹了一次别扭，闹别扭的原因看似很简单：四月初三，田家村起庙会，田根旺来到松陵村请景满仓和银花去看戏。景满仓给田根旺说，我们四月初五一定来。到了四月初五这一天，鲍银花说什么也不去田家村了。景满仓问她为啥不去，她说不去就不去，啥也不为。景满仓说，我们答应了田家，不去是说不过去的。银花不去不是没有缘由，这缘由她自己清楚：她答应田家的婚期在逼近，可是，她经过多次拷问自己，突然发觉她心里至今没有田根旺的位置，也就是说，田根旺在她心中没有牢牢地扎下根。她并不讨厌田根旺。她试图绕过平凉城里那一瞬间的冲动，让爱意变成一股暖流在她心中流动，可是，随着时间的推移，这种情感越来越淡漠了。她的心里怎么也装不进去田根旺了。她觉得，田根旺像一渠流水，很浅，很轻薄，缺少庄稼人应有的诚实。尤其是那次赛炮会之后，她一想起田根旺在赛炮会上得意忘形的样子，对他就更加淡然了。既然她已流产，没有后顾之忧了，何必急着成亲呢?她不想去田家村不是不愿意去看戏，她想推迟婚期，但又对景满仓说不出口。

“你不去，我就自个儿去。”景满仓说。

“你去，你就是住到田家村去，也与我无关。”

“你咋这样说话？”

“我就是这样说话。”鲍银花向景满仓跟前逼近了一步，说，“我这样活着，还不如死去，有啥心思看戏？”鲍银花一句话未了，忽然呜呜地哭了。

景满仓不知道鲍银花为什么会变得这么无礼，这么伤感。他一反常态，没有理她，独自去了田家村。

后晌的戏还没有唱完，景满仓就从田家村向松陵村赶。他去田家村不是为了看戏，而是礼节的需要，说透了，是为了鲍银花和田根旺能如期完婚。鲍银花嫁户好人家也就了却了他的一桩心事。他虽然也喜欢秦腔，但没有心情看戏。

进了院门，还没有到房间，他就银花银花地叫着。鲍银花没有应声，他还以为银花为他去田家村的事生气。银花大了，性格也变了，他只是这样看待银花。粗心的景满仓并没有看透银花的心事。当他走进银花房间里的时候才发觉，银花躺在炕上呻吟着。她的面部用头巾包着，看不清面目，只露出了一双眼睛。

“你咋啦？”

“火药着了。”

“得是二号盘子里的火药着了？”景满仓早有预料似的。

“就是。”

景满仓一愣，心里咯噔了一下，他去揭银花面部的头巾，银花捂住不叫他看，他伸出手在银花眼前晃动。

“能看见不？”

“能看见。”

“得是烧的很厉害？”

“疼得很。”

“咱去县城吧。”

“我能忍得住，天黑以后，再出村子。”

景满仓明白了，银花肯定将面部烧坏了。

他用双手在自己的胸脯上捶打："都怪我，都怪我。"

鲍银花说："不怪你，怪我不小心。"

景满仓说："不，不是你不小心。你不知道，你不知道。"景满仓没有说鲍银花究竟不知道什么，他拉住银花的手，欲言又止了。他妄图用他那只强有力的固执己见的手向鲍银花传达他的心思，他急于向鲍银花说出他想说的话，但话一出口却是这样的："我不该多看一会儿戏，我回来早一点，就不会出事了。"这不是他想要说的话，他只是检讨自己。他比鲍银花痛苦得多。鲍银花的疼在面部，他的疼在心里。可是，鲍银花视力模糊，看不清他的表情。虽然，鲍银花能感觉到，景满仓比她还难受，还伤心，尤其是景满仓那强烈的内疚使躺在炕上的鲍银花十分感动，她错误地把景满仓的这种情感理解为体贴之情，关爱之情，父女的伦理之情。她不知道，景满仓的追悔不已中所包含的不安、自责、内疚有多深。这种不安、自责、内疚中埋着景满仓内心深处极其复杂的诸多情感因素——也许，他没有想到，她的面目会烧得如此之惨。他最担心的是她的毁容，一旦毁容了，她的一生就完蛋了，而他的一生也因此不得安宁。

鲍银花住进了凤山县医院。

这座位于凤山县城东街的医院是凤山绅士刘方伯刚刚建起来还不到一年的医院，也是凤山县唯一的以西医为主的医院。医院里的几个外科大夫都是从日本留学归来的大学生。虽然已到了二十世纪三十年代中期，西医传到关中西府时间并不长。喝惯了中药的凤山县的庄稼人大多数还没有接受西医，很少有庄稼人来医院看病。来这医院就诊的大都是县城里的公务人员或生意人。鲍银花是松陵村为数不多的来这个名为凤鸣医院的外科就诊治伤的。

田根旺风尘仆仆地来到凤鸣医院里的时候，已是鲍银花烧伤的第十天了。

鲍银花刚住进医院就给景满仓交代过，假如田根旺来看望她，她坚决不见。鲍银花住进凤鸣医院的消息通过医生、护士和门卫封锁着；为封锁这个消息，景满仓给有关人员塞了钱。只有钱才能堵住人的嘴。

田根旺在凤鸣医院打听了半天察看了半天没见到鲍银花的踪影。这就奇怪了？田根旺并不甘心，他走出凤鸣医院，在县城里两家能收治病人的诊所去查询，诊所里的大夫告诉田根旺，他们没有接诊过一个被烧伤的病人。田根旺不知道鲍银花被烧伤的事情。鲍银花被烧伤的真实性是他从多方面打探而证实了的，至于说鲍银花烧伤的程度他无从知道，他正是为此而奔走而心焦。鲍银花究竟烧成了什么样子，告诉他的消息有两个版本，一个版本是：面目彻底毁掉，已经惨不忍睹；一个版本是，并无大碍，只是烧了眉毛和头发。他急于想知道真相，鲍银花烧得怎么样，对他来说，太重要了。他越是见不到鲍银花，越想见到鲍银花。田根旺在县城里跑了几圈之后，心中冒出了不祥之兆：莫非鲍银花已经…… 炮人的命时刻在手里提着。不可能。田根旺想，如果是那样，景满仓一定会告诉他真相的，鲍银花已是田家的人了，这事景满仓能瞒得住吗？

田根旺第三次来到了凤鸣医院。刚走进医院一看，迎面走来了景满仓，两个人对视了一眼，都怔住了，彼此有些吃惊。

"银花的伤咋样了？"田根旺劈头就问。

"她的伤……"景满仓已难改口，就说，"不要紧。"

"她住在哪搭？"

"回去了。"景满仓没有正面去看田根旺。

"没有呀，"田根旺说，"我上午在松陵村去找过。"

景满仓不打算再用欺骗来应付田根旺，他很坦率地给田根旺说，银花吩咐过，伤好以前不见任何人。田根旺流着眼泪说，他一定要见银花，不见银花他就不回田家村。田根旺心情很焦急的样子感动了景满仓，景满仓在为难之际答应田根旺，叫他在门外老远看几眼银花就行了。田根旺说："只要能看一眼也行。"

田根旺跟着景满仓来到了后院里的一幢平房前，鲍银花住在最东边的一间。病房的门从里面关着，门上有一小块透明玻璃。田根旺将眼睛贴在玻璃上，他只能看见银花侧身而睡，无法看清她的面目。他不是来看银花睡觉的，他要看清楚银花究竟烧成了什么模样，这才是他来探望的真正目的，是他焦灼的原因所在。他用手敲了敲门，鲍银花动也没有动，于是，他就银花银花地大声喊叫。他没有把银花叫起来而把在值班室里的护士和景满仓叫来了。值班护士毫不留情地把田根旺赶走了。

田根旺在街道上转了一圈，已经踏上了回田家庄的路，走了约摸半里路，他又返回来了，他没有回田家庄去。当夜色朦胧之时他又一次进了凤鸣医院。他走到平房后面去轻身一跃，跃上了银花住的那间病房的窗台，他原想从窗台上撩起窗帘看看银花，上了窗台他才发觉，窗子在里面闩着，他怎么弄也弄不开。田根旺跳下窗台又开始银花银花地乱叫。鲍银花还是不理他，田根旺只好无望地走了。

走到县府门口，田根旺想起了远房舅舅差人来田家村给他交代的事：舅舅要他给县枪械局煮几百斤火药。他按照舅舅的吩咐早已煮好了药，但枪械局还未派人来取。他想去给舅舅说一声，顺便叫舅舅派人去凤鸣医院打探一下鲍银花究竟伤得怎么样。他一看，县政府的大门已关上了，不好去叫，只好走出了县城。

明月悬空，天空蓝得没有一点瑕疵，田野上特别静谧，等待收割的麦子披上了一层饱满的月色，坦然而沉着。南风拂面而来，黄鹂清脆而轻柔的叫声将田根旺的心带到了一个遥远如梦的境界。半年来，他不止一次地回味他和鲍银花的一夜之欢，鲍银花给他带来的美妙他无法言说——他的言语不够用，他只能说，好，好到肉里面了。鲍银花给他留下的是抹不掉的记忆，他的满脑子里是鲍银花，鲍银花鲍银花……我谁也能丢下，就是不能没有鲍银花——她太好了。可是，这个漂亮而又可人的姑娘时而清晰如画时而朦胧如雾，既触摸可及，又缥缈无望。他被鲍银花折磨得梦寐难耐，寝食不安。他日日想，夜夜盼，哪一天才能搂着鲍银花翻云覆雨。眼看，婚期快到了，大喜的日子就在眼前，可是，鲍银花偏偏在这个时候出事了。她究竟烧成了什么模样，他为此而担心，而揪心。他弄不清，为什么鲍银花不愿意见他？他想，她八成是被毁了容。不然，她为什么不见他呢？田根旺忧心忡忡地回到了田家村。

搭镰收割麦子的前几天鲍银花和景满仓走出了凤鸣医院。她的头上多了一条头巾。深绿色的布头巾包住了她的面庞，只露着一双好看的大眼睛，眼皮上残留着不太明显的疤痕。

鲍银花回到松陵村的第二天，田根旺就来了。鲍银花依旧是闭门不见田根旺。松陵村不比县医院，田根旺仿佛就在自己家里，他叫着哭着捶动着厦房的门，鲍银花端坐在屋内任凭田根旺怎么求她，她还是不开门。田根旺直直地跪在门外不起来，从中午一直跪到了下午。鲍银花在屋内问他："我无论烧成啥样子，你都能像从前那样爱我吗？"田根旺说："我非你今生不娶。"鲍银花说："假如我毁了面目，你娶我不后悔？"田根旺说："不后悔。"鲍银花说："你说话算数？"田根旺说："上有天，下有地，男子汉大丈夫说一不二。"鲍银花一听，田根旺并未负心，还算个男人，于是，就拉开了门闩。

田根旺一进房间就向鲍银花扑去了，他搂住鲍银花要撕她的头巾，他急于知道，头巾里面包住的是什么样的面庞。鲍银花捉住了他的手腕不叫他撕头巾，她平静地说："等咱俩成亲那天，你一揭盖头，自然会看到我的面目的。"田根旺说："你就是烧成丑八怪，我也要娶你。你已成为我的女人了，为啥不叫我看一看你的伤势？"鲍银花冷笑一声，推开了田根旺。

"变成丑八怪，你也娶我？"

"娶你。"

"我揭开你来看，"鲍银花说，"你离我远一点。"

"好。远一点就远一点。"

田根旺向房子门口退了两步。鲍银花拧过身，她的手臂颤抖着，猛地将头巾一扯，一声大叫："你来看！"田根旺张眼一看，狗一样怪叫两声，疯了似的跑出了房间，跑出了院门。

收罢麦子，田家差媒人来到松陵村，媒人搜肠刮肚转弯抹角，后来还是说明白了她要说的话：田家要解聘。景满仓和鲍银花似乎早有了准备，他们很平静地答应了田家的退婚。媒人刚走，鲍银花就哭了。

景满仓安慰鲍银花："你为田根旺那样的男人流眼泪划不来，他就不是个地地道道的炮人，咱和他退了婚，不是瞎事。"

鲍银花抹掉眼泪说："你以为我是为他而哭？你装啥糊涂？"

鲍银花流产之后，景满仓最终知道了田根旺已经沾了鲍银花便宜的事情。这件事虽然使他难以下咽，他还是宽容了鲍银花，没有当面责备她。当田根旺和鲍银花订婚之后，景满仓说服自己，使他能够接受这个事实。如今，田家退了婚，不知鲍银花怎么想这件事，他觉得很屈辱。他为鲍银花为失去的贞操而伤心，在农村人看来，女孩儿的贞操像性命一样珍贵。景满仓不知道怎么安慰鲍银花，只好说："这件事就算过去了，不要再提他了。"

突然，鲍银花止住了哭，说道："我对不起你，太对不起你了。"

鲍银花这句莫名其妙的话使景满仓丈二和尚摸不着头脑，他盯住银花同样说出了一句使银花解不开的话："不，是我对不起你。"

"你胡说哩。"

"我没有胡说，你不知道。"景满仓停了停，长长地吸了一口气，似乎做出了豁出一切的准备，"我说出来，你能原谅我吗？"

"有啥不能原谅的？"鲍银花说，"你就是杀了人放了火，我也会原谅的。"

"我向二号盘子中多掺了些硫磺，你一搅动，烧了你的面目。"

鲍银花一听，"啊"地惊叫了一声，一把推开了景满仓。在沉寂中，景满仓等待着鲍银花惩罚他。鲍银花用双眼瞪着景满仓，她半眼也不眨，仿佛能听见目光发出的剪刀似的声响。鲍银花扬手给了景满仓一个耳光。景满仓没有还手，垂下头颅说："你打，再打呀。"鲍银花愣怔地看了看景满仓，扑过来，在他的肩头上用牙咬，在他的腿上用脚踢，她像点着了的一只炮，满身硝烟味。她在景满仓的脸上扇身上打，怒不可遏。她大喊大叫："你好毒呀！你太狠了！"她哭了。哭着哭着，紧紧地搂住了景满仓，将脸颊贴在了他的脸颊上。

"我知道你为啥这么做？"

"为啥？"

"非要我说出来吗？"

"要。"

"你是太过分了。"鲍银花摇摇头，"不！你是太……"

鲍银花还没有把那个"爱"字说出口，景满仓用一只手捂住了她的嘴，随之，景满仓抱住了鲍银花。两个人抱在了一起。鲍银花又哭了，景满仓在她的头发上抚摸着，鲍银花的头颅抵在景满仓的胸脯上啜泣，景满仓也潸然泪下了。

鲍银花抽泣着说："你咋不早说出来，憋在心里这么长时间？"

景满仓摇摇头："我是你的养父，孩子。"

"你是瓜客，你是男人。"

景满仓话题一转："世上的好男人多得是，爹过几天就叫媒人给你另提亲。"

"不！这一辈子，我谁也不嫁了。"

虽然，鲍银花原谅了他，可是，景满仓自己不能原谅自己。从鲍银花被烧伤的那天起，景满仓就陷入到深深的自责中：他那样做，太小人，太卑鄙了。尽管他不是有意地害银花，可是，造成的后果是很惨的。即使他喜欢银花，也不能采取那种方式的。爱一个人太不可思议了，尤其是他那种爱，更像放在库房里的雷子炮，一旦爆炸，非伤人不可。他觉得，从此以后，鲍银花肯定不会再尊敬他，不会像亲生女儿一样爱他了。

好多天来，景满仓一看见鲍银花就很不自在，手和脚似乎都无处可放了。这一切，鲍银花全都看在了眼里，她很明白，景满仓为什么那样做，因此并不记恨于他，可是，景满仓的做法还是叫她难以下咽。她没有想到，一些男人所具有的恶行，景满仓也具有——用毁掉来表示爱。这对女人来说，是多么可怕而可悲呀！由此，鲍银花突然明白，爱一个人不是轻而易举的事情，不论是男人还是女人，是不能随便示爱的，不然，就会毁了自己，也会毁了别人的。

A章（九）

景解放的预感没有错：一个正月里，他将不得安宁。

正月初二早晨起来，景解放就和乔桂芳就闹了别扭。

结婚十年来，每年正月初二，景解放都是陪乔桂芳回娘家，看望乔桂芳的父母亲。当然，今年也不例外。吃毕早饭，临行前，景解放给乔桂芳说："把小娟带上吧，她一个人在家里不行。"乔桂芳双眼一睁："带上她？算啥呢？"景旭也跟着嚷嚷："不要，我不要她去。"景解放说："就权当小娟是咱们的女儿。"乔桂芳说："女儿？我可担当不起。我没有她这个女儿，你少胡粘。"不是乔桂芳不近人情，不是乔桂芳缺少善心，不是的。乔桂芳本来是一个很善良的女人。景解放知道她对她的每一个学生都像儿女一样关爱，她曾经给失去了父母的孩子买过衣服买过鞋，她曾经用微薄的工资给贫穷的学生交过学费，她曾经将脏兮兮的男孩子抱到她的床上去睡觉。景解放也体验过爱恋中的乔桂芳所显示出的妩媚的情态，她是一个很会爱人、也能爱人的好女人。不知为什么，自从叶小娟走进这个家门的第一天起，乔桂芳就对这个女孩儿心存戒备，她的一举一动一言一行显示出来的不是大人对小孩子的讨厌，而是女人对女人的嫉妒。景解放不明白，乔桂芳为什么要把一个孩子安置在她的敌对位置，她从叶小娟身上觉察到了还是嗅到了什么不地道之处或者异样的气味，景解放无从知道。使他不可理解的是，她为什么不把叶小娟作为一个病人看待而要将她推进她的情敌的泥淖？是不是他和叶小娟之间显得过于亲昵了——即使亲昵，也是父辈对晚辈的亲昵，绝不掺杂任何其他感情。他觉得，他的内心是干干净净的，他没有任何淫亵的念头，他的全部努力是治愈叶小娟使她成为一个健健康康的女孩子，不然，他的良心会一辈子不安的。也许是叶小娟的一举一动以至看他的目光里流露出了使乔桂芳看不惯容不下、或者说使乔桂芳产生了误解。虽然，对此，他全然不觉，这并不等于乔桂芳没有感觉没有想法。女人的危机感往往来自内心。景解放多次给叶小娟说过，我是你的伯伯，和你的爸爸一样亲的伯伯，乔阿姨是和你的妈妈一样亲的阿姨。叶小娟双眼瞪得圆圆的，半张着嘴巴，不是看着他的面庞，而是看着他说出的话。仿佛他说出的话是个大问号，没有真实性。尽管叶小娟有病，乔桂芳对她的讨厌乃至敌视叶小娟不是没有感觉的。她的感觉并不迟钝，并不麻木。对于乔桂芳的不友善叶小娟看在了眼里，默默地怀着敌意承受着。

往年的除夕之夜，无论上床多晚，景解放都要求和乔桂芳亲热一回才入睡，似乎这是对夫妻间的一年的恩恩爱爱的总结，似乎由此而开端来年的和睦。可是，今年除夕之夜景解放在隔壁房间里睡着了，况且是和叶小娟一起睡的，这使乔桂芳难以接受。景解放哪里知道，当他进入了梦乡的时候，乔桂芳在辗转反侧，心乱如麻。她一直盼望景解放快点到她跟前来，盼望着景解放对她的温存，她特别看重除夕之夜夫妻的恩爱，她不只是为了获取肉体上的愉悦，她觉得夫妻间的云雨是精神上来年得到慰藉的开端，可是，她从午夜十二点盼到凌晨四点，不见景解放过来。她下了床，站在院子里谛听着黎明前的静籁。她的心疼痛难忍，眼泪直向心里流。她恍然看见景解放偎依着叶小娟，脸庞上漾溢着满足和甜蜜。她向窗子跟前走了走，耳际间什么动静都没有，似乎只能听见自己的心在颤动，她回到了房间，关上了门，钻进了被窝，眼泪扑簌簌地流下来了。她知道，造成不愉快的根源在叶小娟，因为多了一个叶小娟而给她带来了不愉快，带来了晦气。

大年初一因为是过年，她忍住没有发作。

到了初二，她再也不愿意忍了。

"你说你去不去？不去，我和旭旭就走了。"乔桂芳催促了一声，推上了自行车，朝院门外走。乔桂芳不愿意叶小娟跟他们一起走亲戚，景解放不能把叶小娟一个人丢下，此刻，他拿不出两全其美的办法来。

"你先走吧，我随后就来。"

乔桂芳把儿子抱起来放在自行车后座上，推着自行车出了院门。

景解放呆坐了一会儿，他领着叶小娟来到村子东头的堂弟家。这个堂弟平日里和他们相处得不错。他知道，堂弟今天不去走亲戚，就把叶小娟托付给堂弟和弟媳。他还没有抬脚走，叶小娟就抱住了他，不叫他走，他给叶小娟说，我一吃毕饭就回来领你，你晌午就在叔叔家吃饭。他用好话煨叶小娟，叶小娟一句也听不进去，仿佛他的话是下进干旱极了的土地里的春雨，对干涡的庄稼毫无益处。景解放被逗躁了，他一把将叶小娟推倒在炕上，转身就走。他半年多来第一次对叶小娟发脾气，第一次难以控制自己的情绪——他不只是气愤叶小娟的任性、不听话；他觉得，生活好像故意处处为难他，使他事事不顺心，连过年也不得安宁。叶小娟哭了，她哭着跑出来抱住景解放的腰，她才不管景解放的情绪如何。景解放的堂弟和弟媳也面有难色，不知是留叶小娟还是推叶小娟为好。

眼看到了吃晌午饭时节了，景解放还是走不脱，他的堂弟和弟媳张罗着去做晌午饭了，景解放一看，岳父岳母家大概是去不成了，他叫叶小娟和侄女儿去玩，他坐在堂弟对面，闷声不响地抽烟。

“大哥，你把这女娃究竟咋办呀？”堂弟问道。

“过罢年，带到上海去看看，能不能治好。”

“假如治不好，退路在哪搭？”

“治不好就养活她一辈子。”

“我嫂子和景旭能行吗？”

景解放无话可说了。到现在为止，他真不知道这个问题咋解决，也想不出万全之策来，只好硬着头皮说：“你嫂子其实很通情达理的。”

十年来，景解放第一次正月里没有去给岳父岳母拜年，他心中不安，但无法在乔桂芳面前表达，更不愿意解释，他越解释，乔桂芳会越觉得他虚伪，他总归没有陪乔桂芳走娘家，这个事实是用语言改变不了的。他不得不承认，他已经深深地伤害了乔桂芳的情感。乔桂芳的话没有错，都是因为叶小娟。为了叶小娟，景解放只能一忍再忍，哪怕乔桂芳给他脸色看，哪怕乔桂芳嘟嘟囔囔，他都不吭声。他知道，稍微一碰撞，两个人就会吵起来的。

景解放和乔桂芳别扭了一个正月。景解放越想抚慰乔桂芳越觉得无法接近她的身体，他越被动乔桂芳越生气，越不愿意让他接近。夫妻间的冷战往往比口舌相争或者动了拳脚造成的后果更严重。冷战在持续。正月初十以后，乔桂芳干脆不叫景解放到她的房间里来了。乔桂芳的拒绝使景解放觉得心冷，碍于面子，他没有赖在乔桂芳的房间里，而是睡在了隔壁，和叶小娟睡一张床。

终于捱到了正月十五。

晚上，一家人在乔桂芳睡觉的房间里围坐在一起，吃了元宵。景解放将叶小娟送到房间里去睡觉。他第二次进来，给儿子景旭点着了灯笼。儿子挑着灯笼去街道上玩耍。他坐在脚地，一边抽烟一边看电视。乔桂芳没有赶他走，一声没吭上了床。儿子点完了一根蜡烛回来上床睡觉了。景解放把电视的声音拧到了最小。看了一会儿，他关上了门。听见关门声，乔桂芳侧过身来说：“你还不过那边睡觉，关门干啥呀？”景解放说：“我今晚不过去了。”景解放似乎是等待乔桂芳呵斥他走人。可是，乔桂芳却没有再说什么，这使景解放心中暗自高兴。

等儿子睡着之后，乔桂芳脱了衣服钻进了被窝。景解放一看，也关了电视上了床，他挨住乔桂芳躺下了。乔桂芳明明知道景解放想干什么，却故意冷峻了一张脸，景解放装着全然不觉，按照自己的思路往下做——他抓住了乔桂芳白皙光滑的胳膊摇动着，那无声的动作显然在表示恳求，恳求她的理解和原谅。然而，乔桂芳是僵硬的，用身体的僵硬传达她情绪的僵硬。景解放没有退却，他继续向下做，他无视乔桂芳的僵硬，他毫不犹豫地将她侧过去的身体扳平了，乔桂芳似乎是顺从地平躺在了床上。景解放能感觉到乔桂芳还僵硬着，但她没有拒绝他，没有使他难堪、沮丧。他由此从内心里感激乔桂芳，他真想说几句使乔桂芳心里痒痒的话，但没有说出口。他按照自己的意愿继续做他的。他的手在乔桂芳的阴蒂处轻轻地抚摸、抚摸，乔桂芳不由得扭动着下身，出气声也粗了。乔桂芳的僵硬像挂在房檐口的冰柱一样开始消融——其实，一个正月里，乔桂芳也十分渴望景解放的抚慰，她太喜欢做爱了。每次和景解放做完了，她总是说，她还想，越做越想，好像永远无法满足。几天不和景解放做爱，她就烦躁，就骚动不安，只是她不愿意轻而易举地屈服景解放——她以为，她的配合就是屈服。身体屈服了，乔桂芳就等于默认了叶小娟的存在，这一点，她很清醒。最终，乔桂芳还是配合了景解放。这并非只是她的身体的需要，无论怎么说，她是爱这个丈夫的，她不能成为感情破裂的肇事者。她的配合再次证明景解放对她的了解是透彻的——她是很善良的一个女人。

一个正月里积累的矛盾于一瞬间暂时冰释了。

事毕，景解放十分满足地躺在了乔桂芳的身旁，一只手搭在她圆圆的肩头，他不由得侧过来紧偎着她丰满的臀部和线条流畅的背部——两个人的裸体摆出的姿势足够完成一幅完美的人体摄影了。景解放静静地躺着，他一句话也不说，生怕用语言打破了这来之不易的由两个人共同努力而创造的静默，这静默是人间仙境般的状态，是能够使疲累的身心得到充分的休息的状态。过了片刻，景解放终于忍不住说：“年过完了，我带小娟去上海再给她看看，也许她能碰上好运气的。”

乔桂芳的身子动了动，她离开了景解放一点。她并未显出惊讶的样子来，用平淡的口气问道：

“你们要去上海？”

“噢。”

“好吧，你们去，这次出去，你就不要回来了。”

“要赶我走？”

“不赶，你也要走了，还用我赶？我说的是心里话。你再和她回来，我就离开这个家。”

乔桂芳已经把话说绝了，他还有什么可说的。景解放的手不自觉地从乔桂芳的肩头滑落了，连那只手臂似乎也成为多余的了，他不知道应该放在哪里。景解放暗自抱怨自己:做毕爰，他应当给乔桂芳道个歉，说些感激之类的话，不应当提起叶小娟。女人需要像哄孩子一样哄。

“去，到隔壁睡觉去，省得她醒来喊叫你。”

景解放没有吭声。他平躺下来，望着黑暗中的屋顶。乔桂芳的话无疑是最后通牒，从她的语气中他听得出，这女人也是忍无可忍了。这一次，她不是只说说而已，她是能说得出做得出的强性子女人。

十五的月亮透进来，冰凉冰凉地敷在房间的角角落落里。景解放不愿再多想了，给叶小娟治病的主意他是不能再改变的。景解放一看，乔桂芳又离开了他一点。他抱上枕头，和儿子旭旭睡在了一起，睡在了床的那一头了。

从正月十六日开始，景解放就忙于筹钱。要去上海给叶小娟治病，没有三万元是不行的。向人张口借钱是很伤自尊的事，他不借钱又没有什么办法，为了给叶小娟治病，他也就不顾及脸面了。

在松陵村花炮厂当厂长时，他在眉台县结识了一个做花炮生意的朋友。这个朋友为人豪爽，出手大方，乐于助人，和他无话不说。那天，景解放刚一到眉台县，朋友就将他请进了县城最豪华的眉坞大酒店，酒足饭饱之后，他向朋友张开了口，朋友即刻叫手下人拿来了两万元。他装上两万元要走，朋友满口酒气地问他要两万元干什么用？他说："这你就不用管了。到时候我还你。"朋友说："还个球。你如果拿去买处（处女）兄弟再给你两万。人生在世，及时行乐。一个处女不过就五六千元。"他说："放你妈的臭狗屁，你看景大哥是那样的人吗？"朋友说："一个大男人，一辈子睡几个处女有啥错？睡了就睡了。"景解放说："说正经，有钱没有？"朋友说："你要两万元干啥呀？又不做生意。"景解放一看，朋友非打破砂锅问到底不可，就把叶小娟怎么样在花炮厂炸伤，他怎么带她去北京治疗，现在的病情如何，给朋友说了一遍，朋友一听，哈哈大笑："这种事，给多少钱，一次断清就行了，何必枝枝蔓蔓的？我看这事里面有勾当。"景解放说："没有啥勾当。一次给几万元，把娃打发了，娃成残疾咋办呀？做人要有良心。"朋友说："啥良心不良心的？我看你准保没做好事，把人家女娃给睡了，取不离手了，得是？不然……"还没等朋友说完，景解放抓起桌子上的两万元，向朋友脸上狠劲一摔："狗日的，你把我当成啥人了？"他拧身就向外走。景解放这么一摔，朋友似乎清醒了，他知道他的话说得过头了，赶紧向楼下撵。当他下了楼的时候，景解放坐上车走了。

第二天，朋友将两万元给景解放送到了松陵村。朋友一见面连声给景解放赔情道歉，说他喝多了，口无遮拦，叫景解放不要计较。景解放知道他这个朋友就是这么个人，嘴上很凶，有时候胡说八道，其实待人还是挺厚道的。朋友问他两万元够不够。景解放说他已经借到了一万元。朋友说，到了上海，如果花完了钱，就给我打电话。朋友说："开玩笑归开玩笑，给娃把病还是要治好的。钱这个东西，生不带来，死不带去。人要紧。"景解放说："这才像兄弟说的话。"景解放叫叶小娟来见了他的这位朋友。叶小娟很听话，将景解放的朋友叫叔叔，向他道了谢。叶小娟一出去，朋友说："娃有十八九了吧。"景解放说："十五了。"朋友说："我看娃蛮爱你的，向你跟前一偎，说话时，眼睛都看着你。"景解放说："人世上，哪有女儿不爱父亲的？"朋友听罢，一脸坏笑："是呀，是呀。"景解放说："你这狗东西，活到老也正经不起来。"朋友拍拍自己的脑壳："这臭毛病一定改。"

过了阴历二月初二日，景解放带上叶小娟到了蔡家坡火车站，上了南下上海的火车。

有了在北京的教训，到了上海，景解放和叶小娟找了一个比较便宜些的招待所先住了下来，第二天，他带着叶小娟来到了上海医科大学第一附属医院。尽管，也有医托来给他上当，他再也不会轻信谎言了。他先到挂号处挂了门诊号，经过门诊医生的诊断，医生开了住院证，叶小娟住进了一附院的神经内科。

叶小娟的主治医生是一个年近60岁的老医生。老医生性情温和，待人和善，说一口标准的普通话，他详细询问了叶小娟得病的经过和治疗情况。景解放从叶小娟第一天受伤，说到了在北京的治疗。刚住下的头几天，医院照例给叶小娟做了各项常规检查。

经过一段时间治疗，叶小娟除了记忆还没有恢复以外，生活已经能自理了，还可以去商店买一些日用品。景解放看着脸庞日渐红润身材又长高了些的叶小娟，心情自然轻松了些。

当叶小娟挂上液体以后，不再需要景解放守在跟前了。在漫长的午后，景解放常常一个人下了楼，坐在医院的公园里，面对满园春色，思绪飞扬。他再三思索，给乔桂芳写了一封信。临寄出去的那天，他又读了一遍：

桂芳：

我的爱妻，你好！也许，这是我最后一次这么称呼你。这几天，我把咱们结婚十年来的日子细细地捋了一遍。我觉得，你为我，为这个家庭付出的太多太多，我欠下你的也是太多太多。这绝不是虚伪的话，我从内心里钦佩你尊重你，深深地爱着你。但我欠你的暂且无法归还，也可能永远归还不起了。我为给叶小娟治病已欠下10万元的债务。我不能再拖累你，也不能再拖累儿子了。我没有能力再带着你们向前走一步了，作为丈夫，作为父亲，我太无能了。昨天，我和叶小娟的主治医生进行了交谈，老头子人很好，他说，叶小娟的病理机制比较复杂，一天两天是恢复不了常态的，他叫我不要再花钱了，他建议我通过其他方式进行治疗或恢复。老医生是怀着一片善心给我说这些话的。看来，叶小娟日后还要花钱，她的预后怎么样，谁也说不清，也就说还要花多少钱是一个无法确定的数字。我想来想去，我不能因为叶小娟再拖累你和儿子，你还是离开我吧。你离开我，会生活得比较轻松一些的，现在离开还不迟。如果等到我倾家荡产，力尽汗干，你离开我，为时就晚了。我也不忍心你和儿子跟着我受罪。

桂芳，说实话，我带的钱已经快花完了。再过几天我就回凤山县了。至于说，旭旭的抚养问题，家里的财产处理问题，等我回来，咱们坐下来平心静气地解决吧。桂芳，请你原谅我，原谅我对你和儿子的薄情，我翻来覆去地想，我不应该那么做，不应该把你丢在半路上。我实在是没有办法呀！你还年轻，你的路还很长，离开我，你会得到你应该得到的幸福的。

回来见。

景解放

1989.5.3

乔桂芳接到景解放从上海寄回来的信，她连续读了两遍，读第二遍时，她不由得潸然泪下。一个正月里，她和景解放没有过一天安然愉快的日子。不是她薄情，不是她心中容不下叶小娟，不是她嫌叶小娟花去了那么多钱，当然，不能排除经济上的压力，她觉得，她和景解放之间的症结在于：景解放把全部心思用在了叶小娟身上，他心中已经没有家，没有她和景旭了，情感的转移是令她最担忧最不能容忍的事情，维系她和景解放的不是夫妻的名分不是金钱而是情感。只要有爱就会有一切。她相信，幸福生活是两个人共同创造的。刚刚结婚那几年，他们的日子那么紧巴，也过来了。何况这几年好多了，就是欠十万八万的外债，只要有人，并不怕。令她困惑不安的是景解放一刻也离不开叶小娟了，这一点，她看得清清楚楚的。不论他们之间的是父女之情，还是男女之情，这种情感已经很深很深了。景解放虽然在她身旁睡着，虽然也和她做爱，但景解放心里只有叶小娟一个，这是她能感觉到的。每天晚上，景解放都要出去两次，景解放以为她睡着了，做贼似的，轻手轻脚地走到叶小娟睡的房子，她曾偷窥过，景解放无非是看叶小娟将被子蹬掉了没有，无非是给她盖盖被子，捡拾掉在床下的衣服。这种无微不至的关爱使乔桂芳颤动。而当景解放在熟睡的叶小娟的脸蛋上意味深长地亲一口的时候，她的心就缩紧了。她知道，他太爱叶小娟了。叶小娟已经成为他的心头肉。他对叶小娟的爱是庞大的，如同一棵大树，遮住了其他人的天空。乔桂芳不理解，景解放怎么会变成这样？儿子景旭就在床那头，被子蹬到了一边，他怎么不知道给拉一拉，盖一盖呢？她为景解放的情感转移而伤心而愤怒。她说要离婚，只不过是想用这句话给景解放一个警告，或者说只是逼他，将该给予她的感情还给她。她没有料到，景解放真的要离婚，而且要迫使她做出回答。十年的夫妻之情就这么一笔勾销了？她不忍心。她伤心，她悲痛，她愤恨——到了这个时候，景解放依然要给她背上一个罪名，意思是她容忍不了一个伤残病人，是她不愿意拿钱给叶小娟治病，她觉得，景解放做出的打算是蓄谋已久的。既然是这样，她还有什么可说的。

乔桂芳读着信，低声抽泣。她将信纸捂在脸上，竟然哭出了声。儿子景旭进来了，只见妈妈在哭泣，问乔桂芳是怎么回事。乔桂芳把儿子向怀里一搂，说："娃呀，你爸爸不要咱娘两个了。"景旭说："爸爸是个坏爸爸。妈妈不要哭。他不要咱，咱也不要他了。"

没几天，景解放回到了凤山县的松陵村。景解放没有再带叶小娟回去，而是在县城租了一套单元房，安顿好叶小娟住下来。

星期日，景解放回到了家。乔桂芳和儿子景旭都在家里。景解放闷声不响地坐下抽了一支烟。他问乔桂芳，收到他从上海寄回来的信没有？乔桂芳说，收到了。景解放从衣服口袋里掏出来拟好的离婚协议书，放在了茶几上，他说："你看看，没有啥意见，就签个字。"乔桂芳半眼也没看，她垂下头说："真的要离了？"景解放说："你说，不离能行吗？"站在大立柜跟前的景旭高声嚷嚷："你是个坏爸爸！坏爸爸！"儿子哭着扑在乔桂芳的怀里说，"妈妈，我不叫你们离婚。"儿子越哭越凶，乔桂芳搂着儿子，一句话也不说，眼泪扑簌簌地下来了。景解放一看是这样，站起来，走出了房间。

住在县城里的景解放一个月没有回家了。

乔桂芳没有在离婚协议书上签字。在这一个月里，她天天盼望着景解放能回来，能和她坐在一起心平气和地沟通一下。她的本意不是离婚，她觉得，他们的感情并没有破裂，她依旧爱着景解放，而景解放未必就不爱她。夫妻间的矛盾只是在怎么处理和叶小娟的关系问题上。乔桂芳心想，非让叶小娟做养女不可吗？除此之外就没有其他的解决办法了？乔桂芳不是不通情达理的女人，她也为景解放着想过，她知道景解放有难处，拿叶小娟没有办法。尤其是夜阑人静之时，她难以入睡，她一想起这十年来，景解放对她的体贴、恩爱，她就恨不能立刻站起来到县城里去找景解放，她觉得，她不应该怀疑景解放对她的感情，即使景解放有越轨行为，她也应当原谅她。这一年来，景解放为了给叶小娟治病东奔西跑，吃了不少苦，她应当体谅他。人的情感有多种支柱，景解放对叶小娟情感再深也不会动摇他对妻子的爱的。乔桂芳越是检讨自己，越觉得这个婚不能离。至于说叶小娟的问题怎么解决？既然叶家不要女儿了，景解放总不能将她送进孤儿院吧？乔桂芳想了又想，她觉得，景解放确实是处于无奈之中，不接受叶小娟，没有第三条路可走。只有她退让一步，叶小娟的问题才能解决，这个家才能保住。乔桂芳思来想去，还是要她让步。她做出了让步的打算。

又是一个星期天。

吃毕早饭，乔桂芳吩咐儿子在家做作业，她从外面锁上了院门，骑着自行车，到县城去了。

乔桂芳找到了景解放和叶小娟租住的地方。景解放一见乔桂芳略略有些吃惊，他认为，乔桂芳签好了离婚协议书，是找他去办手续的。两个人相互对视了一眼，景解放先开了口：

"今天是星期天。"

"就是。"

"星期天法院不上班，你忘了？"

"法院上班不上班，和咱们有啥关系？"

"你不是……"

乔桂芳笑了："不是啥？我就是来找你的。叫你和叶小娟回去住。"

景解放愣住了："你不同意离？"

乔桂芳说："谁说我同意离婚？"

景解放说："叫叶小娟回去给咱做女儿？"

乔桂芳说："是你的女儿，也就是我的女儿。"

乔桂芳的突然转变，使景解放既惊诧又惊喜，他的手又伸进了衣服口袋去摸，他摸出了一只鞭炮，咬在嘴上，掏出了打火机。乔桂芳说，那是炮，不是烟。景解放从嘴上拿下鞭炮，看看乔桂芳，眼睛扑闪了几下，竟然流泪了。他心里只有一个念头：乔桂芳比他好。乔桂芳真是一个好妻子，好女人。当天下午，景解放和乔桂芳领着叶小娟一同回到了松陵村。

可是，只过了一个礼拜的安然日子，新的矛盾出现了。

又是一个星期日。

景旭做了大半个晌午作业，作业做完以后，要看电视。景旭只想看动画片，而叶小娟不叫景旭看动画片。他两个便拿着遥控器争着去换台。叶小娟没有景旭反应快，争不过景旭，她便拿起茶几下搁的一把铁钳子朝景旭的头上打去了。刹那间，景旭血流满面，大哭不止。乔桂芳闻声进来一看，取来纱布给景旭包住了头，赶紧背上景旭朝村医疗站跑。到了村医疗站，赤脚医生牛正年给景旭包扎了头，止住了血，并打了一支预防破伤风的针。他叫乔桂芳带上儿子去县医院做进一步的检查。乔桂芳把儿子放在自行车后面，赶紧去了县医院。经过拍片、化验，景旭的伤情并无大碍，乔桂芳才松了一口气。

晚上，景解放从眉台县回来才知道，叶小娟打破了儿子的头。他责备了叶小娟几句，叶小娟没有吭声。景解放以为叶小娟去隔壁房间了，睡觉时，景解放才发觉，叶小娟不见了。这下子可吓坏了景解放和乔桂芳，他们打着手电出了街道去找人，一直到了十一点多，都没有找见叶小娟。两个人回到了家，景解放和乔桂芳正打算，一个去叶家庄找，一个去县城找。他们刚走到院子里，景文祥领着叶小娟走进了院门。原来，叶小娟跑到松陵村花炮厂去找景文祥了。景文祥说，他劝了又劝，叶小娟才回来了。景解放气得一句话也没说。

第二天，景旭的眼皮也肿了，景旭打了五天消炎针才消了肿。景解放气得两天没理叶小娟。他既不能亏了儿子，也不能亏了叶小娟，他真是左右为难。

没出一个礼拜，这两个孩子又闹矛盾了。吃晌午饭时，叶小娟在茶几这边坐着，景旭在茶几那边坐着。吃着吃着，叶小娟放下饭碗，捂住眼睛直叫唤，她说，景旭把饭汤溅到她眼睛里去了。景旭说，明明是你吸面时溅进去的。咋能怪我？叶小娟说，就是你溅进去的。景旭吸取上次挨打的教训，先下手为强。他将没吃毕的半碗面朝叶小娟的脸上泼去了。叶小娟大叫一声，双手捂住了脸。景解放一句话不说，就给景旭一个耳光。景旭哭着跑出了房子。乔桂芳就责备景解放：

“你咋连是非也不分，光知道打景旭？”

“他就该打。”

“我看要打的是你的宝贝女儿。”

“你动她一指头试试？”

景解放这句话将乔桂芳激怒了。她故意走到叶小娟跟前，在她的屁股上踢了一脚。使乔桂芳始料未及的是，景解放竟然踢了她一脚。结婚十年了，景解放从来没有对乔桂芳动过手脚，这一脚将乔桂芳的心踢凉了，她于什么也不顾，扑上去在景解放的脸上去挖抓。景解放猛一推，将乔桂芳推倒了。他没有再管乔桂芳，抓起叶小娟的手腕走出了房间。

下午，景解放和叶小娟住进了在县城租的房间。

乔桂芳被景解放推倒后，腰部磕在了茶几上。她的腰肌受到了损伤，腰疼得一个礼拜不能上课。乔桂芳的心比腰更疼：景解放变了，爱了十年的丈夫竟然变得如此冷酷了她还有什么留恋的？住在县城里的景解放只有一个想法：这日子确实没法过了。他心中对乔桂芳连怜惜之情也没有了，还谈什么爱不爱？当他在推倒乔桂芳那一瞬间，他心头只有怨恨和憎恶。在去县城的路上，他只有一个念头：离婚，离婚。

景解放和乔桂芳平心静气地签了离婚协议书，儿子归乔桂芳抚养，家中的所有财产归乔桂芳和景旭。景解放一个月付景旭180元的抚养费，直至景旭18岁。

两个人拿着离婚协议书去凤山县法院办了离婚证书。

忙了一整天，晚上，景解放回到了松陵村。他想回家去拿自己的几件衣服。

走到院门前一推，院门关上了。他用手拍了拍院门，乔桂芳在院子里答上了声。给他来开门的是乔桂芳和儿子景旭。景旭一看是他，双腿一跨，伸出双手挡住他，不叫他进院门。乔桂芳说："旭旭，不要胡来，叫他进来。"景旭说："我不要他，他是个坏爸爸。"景旭不让步。借着一点亮光，景解放一看，儿子稚嫩的脸上涨着怒气，他先是很尴尬，继而，心里就很难受了。这两年来，他确实冷落了儿子，实话实说，儿子在他心中淡漠了，他心里只有叶小娟。当然，他不需要给儿子辅导作业，他总该和儿子一起说说话，或者一起玩一玩，给儿子在心目中树立一个关爱他的形象吧，可是，他没有这样做。就是外出回来时，给儿子买一件玩具或者买几包小吃，这点小事，他都没有做到，至关重要的是他心中没有儿子的位置了。他忽略了儿子已经9岁，已经读小学四年级，已经到了记事的年龄，已经有了自己的思维方式，自己的情感方式了。他觉得，他没有尽到父亲的责任，只有在这个时刻他才是清醒的。父子俩僵持了一刻。还是乔桂芳将儿子拽到了一边，让他进了院门。儿子放声哭了。他的心被儿子的哭泣搅乱了。走进房间，在灯光下，他才看见，乔桂芳满脸泪痕，说不定，她从县城回来，泪水就没有干过。他只能在心里说，桂芳，我对不起你。乔桂芳强打精神说："衣服我给你收拾好了。"他一看，乔桂芳把他的衣服给他整理好包在一个包袱里，放在床头。他不敢再看乔桂芳半眼。他抓起包袱，小跑着出了院门，将包袱绑在院门外边的自行车后座上。他跨上自行车，还没有走出街道，眼泪刷地流下来了。

走过村口那棵白皮松，他回头去看，松树的枝桠浓重地倚在天幕上。松陵村平静如水。他只顾回头看，车子一歪，栽倒在水沟里。他没有扶车子，也顾不上看摔痛了的一条腿，他坐在水沟边，看着不远处的村庄，低声啜泣，他越哭越伤心，以至不由得自己而大声哭。夜色沉重地压在了他的身上。景解放那牵肠挂肚的哭声在静夜里听起来分外寒心。

在松陵村，乔桂芳也在淌眼泪。已经流了半下午眼泪的乔桂芳，本来已经克制了自己。景解放一走，她又伤心落泪了。十年来，她对景解放不只是爱得专一、专注、专心，而且，爱得很毒，很霸道；在她看来，真正的爱情就是对彼此的占有，不得有半点松懈。爱，本来就是自私的。如果说，彼此都不在乎，都很"大度"，都能容忍彼此的情感出轨，那就不叫爱了，那就很卑鄙了。她觉得这是明摆的事，假如景解放的爱在叶小娟身上，就不会将爱再给她和景旭了。神圣的爱情只有一次。同时爱几个人，那是欺骗，是滥情。想当初，他们爱得那么深厚那么彻底，怎么说破裂就破裂了。什么“一日夫妻百日恩”，这话一点儿也靠不住。人的情感是变化的。夫妻反目是一夜间的事情。她对景解放不可理解的是：说割断怎么突然就割断了？难道人和人之间的情感就这么脆弱？看来，情感是很难靠得住的。人都是自私的，为了自己，抛弃感情在一刹那间。什么夫妻之情父子之情时刻都面临着考验。可以说，她的伤感是多方面的，不只是因为婚姻的破裂。对活人过日子一直充满信心的乔桂芳失望了。对男人，她尤其失望。女人靠情感活着，男人靠功名立地。为了自己的功名，男人什么事也做得出来的。

B章（九）

久卧不起的母亲临去前拉住景满仓的手只交代了一件事：找个好主儿，把银花嫁出去。母亲没有说景满仓再娶之事，大概她觉得，等银花一出嫁，儿子再娶之事也就顺理成章了。景满仓叫母亲放心，他会把银花的婚事安排好的。朱翠兰还没有过三周年，母亲又走了，景满仓十分悲痛。母亲过世后的半年多时间里，他没有在银花跟前提说她的嫁人之事。

和田家解除了婚约之后，银花明显的话少了，面部很少出现过笑容。她悔恨不已。尽管松陵村原谅了她，这个家庭原谅了她，景满仓原谅了她，可是，她自己不能原谅自己，她明白：对于一个女人来说，失去贞操是最丢人最忌讳最惋惜的事情。尽管，松陵村还没有人知道她和田根旺之间的事情，可是，她不能自己哄自己，她的不安、悔恨、痛心来自内心来自那根一触即发的最敏感的神经。当媒人登门给她提亲的时候，她那根最敏感的神经就活跃了，她就悔恨自己怎么能轻而易举地把自己交给了田根旺那个无赖。不是她看轻了自己，不是她觉得她的分量不够，而是她觉得她嫁给谁都无法面对，来自内心的折磨比流言蜚语更残酷。媒人走后，她就坐在后院里大哭不止，哭了整整一个晌午，撕心裂肺地哭，哭得像残秋一样凄凉。景满仓怎么劝也不济事。她好像越哭越伤感，那哭声仿佛一个引路者把她引向了没有人迹的深山老林，她在山峦重叠的地方迷了路而走不出来了。景满仓把她抱在怀里像哄孩子似的哄她。景满仓的语言再温暖也熨不平她心里的褶皱。景满仓束手无策了，他不知道她内心有多苦，也不知道语言在这个时候是多么软弱无力。他只能陪着鲍银花流眼泪。他的眼泪越流越多，由无声到啜泣。只有景满仓自己明白他是在哭自己，为自己而哭，只有放开喉咙大哭一场，他的郁闷才能得到释放——其实，鲍银花的失贞使他当初十分惊诧十分气愤，他只不过是无处发泄罢了。失去贞操的鲍银花如同花儿遭到了雪虐霜杀一样——他的道德观和松陵村两千口庄稼人其实没有二致。他像呵护鲍银花的名声一样守护着她的贞操，不让她的贞操受到玷污，可是，他失败了。他转念一想，银花将要嫁给田根旺，虽然婚前不该那样，但田根旺要做她的丈夫，因此，他虽然在心里不满，但未在鲍银花跟前流露过。当银花的婚期在逼近之时，他突然觉得，银花将要离开他了，他突然发觉，他离不开银花。这个和他生活了十年的女孩儿竟然心中没有他——不然，她怎么会轻易地把贞操给田根旺呢？他对鲍银花的留恋已不是养父对女儿出嫁前的留恋，他对鲍银花的不满已不是父辈对晚辈的不满。他恨她，是男人对女人的恨。他心里的毒菌疯狂地生长，他的下手太毒了——给已配好的黑药中多掺了硫磺——每个炮人都明白，黑药中硫磺占的比例大，稍微一搅动，黑药就会燃烧。他用他的手完成了他的想头——他不得不承认，这是由至爱到至恨产生的行为。这爱和恨是伦理容纳不下的，这爱和恨与任何普通男女之间的爱和恨没有两样。景满仓没有想到后果会是如此严重。他扼腕叹息，他悔恨不已，他骂自己，他抽自己的耳光，他甚至想到过自杀。他的悔恨比银花的悔恨还要强好多倍，他只不过在鲍银花面前没有表露罢了，他的内心的阴暗用很阳光的面庞遮掩着。那天，他最终拿出勇气向鲍银花承认了。鲍银花当然明白他为什么要这样做，鲍银花虽然抽了他一耳光，也撕扯了他，可是，鲍银花没有过多的责备之词，这反而使他难以释然。假如鲍银花能责备他一番甚至骂他几句或者哭闹一场，他反而能更踏实些，他觉得，鲍银花的做法无疑是用老刀子在他身上割。他一看见鲍银花受伤的脸就心疼得不得了。不是鲍银花不恨景满仓，她恨不起来，她觉得，景满仓准备毁她是拿出了一个男子汉的勇气的，在她的心中，景满仓是缺乏勇气的男人，她自从进了景家门，就没有把景满仓当作养父看，她曾多次表露过她的这种情感，为此，景满仓被吓得手脚也没处放了，因此，她只有戏谑他为“瓜客”。她对景满仓的报复是极端的，自虐式的——和田根旺睡觉无不包含这样的心理——她有做给景满仓看的想法。她姓鲍，景满仓姓景，他们之间就没有血缘关系。她并不畏惧养父女的伦理，她只是觉得，她不能对不起朱翠兰，她没有向前多跨出一步是出自这种情感，不然，她想怎么做就做了。但她不甘心，她爱景满仓胜过爱自己的亲生父亲，她常想，景满仓这个瓜熊怎么一点儿也觉察不到呢。不要说景满仓给黑药里掺了硫磺致使她烧伤了面部——其实很轻微，就是景满仓掐死她，叫她死在他怀里，她做了鬼，也不抱怨景满仓。当景满仓在痛哭流涕之时，鲍银花反而笑了。

“你只会陪我哭几声，还会做啥？”

“我哭我的，不是陪你。”

“那好，我走了，你自个儿哭去，哭个够。”

鲍银花一把推开景满仓，站起来，景满仓拽住她说：

“听我说，乖女子，以后不要哭了。女孩子迟早是要嫁人的。大夫说了，伤好了，也留不下显眼的疤痕，你会嫁个俊小伙子的。”

“我这样子，嫁给谁去？嫁给你，你要不要？”

“再不要胡说了，我是你爹。”

景满仓伸手去捂鲍银花的嘴。她拨掉了他的手说：

“从今往后，不准你再提我嫁人的事，不然，我就出走了。”

“你老在景家呀？”

“就是。一辈子陪着你，给你做饭、缝衣服。”

“那好吧。”

鲍银花亲昵地偎过来，偎在景满仓的胸脯，她说：“你不要赶我走。”景满仓抚摸着她的头发说:“真拿你没办法了。那你就乖乖地做我的女儿吧。”景满仓知道,那些不该做的事情不但不能做,想也不能想,一旦有了坏念头,就有了坏作为。如果他的心里是平静的,无论银花有什么想法,他也会克制自己的,他就不会做出傻事的。经过这一场变故,景满仓更爱鲍银花了,比爱亲生女儿更爱她。

鲍银花和景满仓最后一次去凤山县城参加赛炮会是在鲍银花烧伤后的第三个年头。那次赛炮会是在忙毕(收罢麦子)举办的。白天赛鞭炮,晚上赛烟花。

赛炮那天,田根旺坐在了舅舅当年坐的位置上。田家的十三代炮人田根旺已在县府里谋了一个位置。田家炮人煮的黑药不再用来做炮,而是用来当做火药用,用来对付人的肉体。

鲍银花第一次带上她的新卷的三响炮来到凤山县城献艺。

鲍银花走上高台以后田根旺如梦初醒了。他摘下了太阳镜圆瞪着双眼抬头看站在高台上的鲍银花。鲍银花亭亭玉立,脸上光洁而活泛,嘴角圆圆的疤痕给她增添了另外一种风韵,她的胸脯高高耸起,一个美丽的带着野性气息的姑娘活脱脱地出现在田根旺跟前。田根旺半张着嘴不错眼地看着鲍银花:她的面庞并未留下曾经烧得惨不忍睹的疤痕。坐在田根旺身旁的一位绅士一看田根旺双目紧扣着鲍银花的神情,用胳膊肘捅了一下田根旺:

“这姑娘你认识,得是?”

“不,不,不认识。”

“看中她了?”

“哪里,哪里,只是觉得有点面熟。”

那绅士用鼻子哼出了笑。

站在高台上的鲍银花一抬眼不经意间看见了田根旺,田根旺恰好摘下了墨色眼镜,鲍银花一瞅见那张苍白的脸,手底下就乱了方寸,连炮捻子也点不着了。她的三响炮似乎也跟着生气,只响了一次就哑巴了。鲍银花脸红心跳,她没有任何兴致参赛了,她走下高台,走到了景满仓跟前,拽了拽他的衣角说:“咱回去吧。”景满仓有点吃惊:“咋回事?”鲍银花说:“咱不赛了。”鲍银花说着就向人群外走,景满仓不知道是什么缘故，撵了出来。景满仓一看，鲍银花眼泪都快涌出来了，就没有问什么，跟着她回到了松陵村。

过了两天，景满仓才小心翼翼地说起了赛炮会的事，鲍银花说：“我一看见他，黑血就向上涌。咱还能叫他当猴耍吗？”景满仓已经明白银花在说谁，他叹息道：“那狗日的成咱的冤家对头了。”

看见鲍银花，田根旺的第一个反应是：他被欺骗了，他被戏弄了。显然，田根旺见鲍银花那天，鲍银花的脸上涂抹了什么骇人的东西，鲍银花是故意将脸弄成那样子来试探他的。田根旺以为鲍银花被火药毁了容才退了婚。如果田根旺知道鲍银花并未烧伤，他是不会退婚的。

就在田家退婚不久，田家聘到了侯家庄一个地主的女儿成亲了。成亲后的田根旺沉浸在鱼水之欢中，他把鲍银花早已忘得一干二净了。在赛炮会上，田根旺再次见到风姿绰约的鲍银花，先是十分吃惊，继而，恼羞成怒，忿恨不已。当鲍银花走下高台以后，他才发觉，他将摘下来的墨镜的双脚在手中捏断了。田根旺咽不下这口恶气。没几天，他派手下一个叫穆山的人去打听鲍银花的境况如何。

穆山打听之后，到县府来给田根旺回话：鲍银花至今未嫁，和养父景满仓一起过日子。

“你说的是实话？”

“一句也不假。”

“二十四五岁了，咋还不成亲呢？这就怪了。”

“景满仓也没有再娶，是不是这一男一女……”

还没等穆山再说下去，田根旺打断了他的话：“这狗男狗女，咱走着瞧吧。”

穆山还没有说出口的恶毒的话和田根旺那恶毒的想法一拍即合。一个狠毒的计划开始在田根旺心中酝酿、产生。

初冬的一天，鲍银花正在和景满仓的儿子景金才在炮坊里做炮，一个陌生人走进了他们的炮坊。陌生人贼眉鼠眼地看了看鲍银花，问道：“景满仓在不在？”

鲍银花打量了几眼陌生人："你有啥事就说。"

"你能做了主？"

"能行！你说。"

陌生人从怀里掏出来一张请帖说："田家村田老太爷后天七十大寿，邀请你们景家炮人去祝寿。"

"谁是田家老太爷，我们不知道。"鲍银花说。

"真不知道，还是装不知道？田根旺的爹就是田家老太爷。"

"他做寿，和我们有啥关系？我们不去。"

"一点面子也不给？"

"我们是手艺人，有啥面子？田家老太爷是凤山县的绅士，我们去祝寿，不扫了他的兴？"

"那就后会有期。"

陌生人刚走，去田地里背柴火的景满仓回来了。鲍银花将田家派人来邀请景家炮人去给田老太爷祝寿的事给景满仓说了一遍。景满仓说："田根旺年年给父亲做寿，从来没有邀请过咱们呀，今年请咱们，必定有原因的。"鲍银花说："还不是为了叫咱们去纳礼？"景满仓说："田家不少那几个钱，不会那么简单的。"鲍银花说："管他啥原因，反正咱不去。"景满仓说："既然你已经回绝了，咱就不去了。"鲍银花说："你想去，自个儿去，我不去。"景满仓说："不是我想去，我就害怕他们给咱小鞋穿，使瞎心。田根旺已经不是当年的炮人了。"鲍银花说："怕，怕，你对啥事都害怕？杀了头还留个疤，怕啥呢？"鲍银花提起笸篮斗动弹，景满仓听得出她话中有话，就说："女子呀，不是我老是害怕，如今这世道，做啥事都得多个心眼，提防点。田老爷是绅士，他请咱庄户人，肯定是黄鼠狼给鸡拜年，没安好心。"鲍银花说："咱老老实实地做炮，凭手艺赚钱，看他田根旺能把咱们怎么样？"景满仓一看，鲍银花已是满脸涨得通红了，就说："不去，咱不去。"

给景满仓送请帖是田根旺的主意。田根旺估计到鲍银花不会叫景满仓来的。他送请帖的目的，一是试探景满仓是什么打算。二是由此怪罪景满仓不给田家人面子。田根旺并非诚心诚意邀请景满仓给老太爷祝寿，他有自己的打算。

果然，没几天，田根旺又派穆山来了。穆山给景满仓说，田根旺准备娶二房，他不计前嫌，再聘鲍银花。还没等景满仓开口，鲍银花便破口大骂，口出粗言，她骂得穆山坐也不是站也不是，灰溜溜地向院门外走。景满仓撵出来给穆山说："你回去给田家少爷说，我家银花不配做田家少爷的二房，不是我们不愿意。"穆山向地上吐了一口："不配，就是不配。"

回到县府，穆山给田根旺诉苦，说鲍银花怎么骂他怎么羞辱他。田根旺不但没有恼怒反而哈哈大笑。穆山说："景家野女子那样无礼，你还能笑得出？"田根旺说："你把这事咋还当了真？我现在还会娶她？笑话。实话给你说，她的头茬面早叫我收了，我只不过是为了气气她。"田根旺把他睡鲍银花的事如此这般地给穆山说了一遍，穆山一听，原来如此。穆山说："下一步咋办，少爷安排就是了。"田根旺说："叫我再想想。"

等穆山一走，田根旺举起了房间里的一盆花狠狠地摔到院子里去了。

冬天里的农闲时节，地里没有活儿了，松陵村的炮人开始忙碌了，家家赶着做年集上卖的花炮。景满仓和鲍银花雇了两个外村人做帮手。这毕竟是手艺活儿，两个外村人抵不住他们一个人，外村人手笨不说，景满仓和鲍银花每时每刻都要替他们操心，因为他们稍微不小心就会出事的。

踏进腊月的门槛，景满仓和鲍银花商量了一下，给两个雇工开了工钱，叫他们回去了。景满仓和鲍银花守在炮坊里赶着做炮，两个人轮流着回去吃午饭，炮坊里整天不离人。

那天晌午饭时节，景满仓叫鲍银花先回去吃饭，鲍银花叫景满仓先回去吃，两个人推推让让的，谁也不先回去。景满仓一看专心致志的鲍银花就说："那我就先回去了。"鲍银花说："你吃毕饭，来的时候给我捎一碗面就行了，我不来回跑了。"景满仓说："也行。"

景满仓走出了炮坊没多远又返回来了，鲍银花一看，故意问他："你咋吃得那么快？"景满仓说："还没有回去哩。"银花说："那你回来干啥呀？"景满仓说："我是来问你，你要干面还是汤面？"银花说："都一样。"景满仓再次走出了炮坊，再次返回来了，银花说：“你不饿，得是？”景满仓说：“饿了。”银花说：“你丢心不下啥，出来进去的？来来回回地跑啥哩？快回去吃饭。”景满仓说：“你小心点，我一会儿就来了。”银花说：“看你？怕狼把我叼去了，得是？快去快回。”景满仓的反常使鲍银花觉得有点蹊跷。他把景满仓送到炮坊外，眼看着景满仓向村子里走去，她才进了炮坊。

刚刚走出几步，景满仓听见有人喊他。他站住了细听，并没有喊叫声，扭头看时，只见距离炮坊不远处的皂角树上有几只麻雀在聒噪，他看了几眼，心想，雀儿怎么能说人话呢？他心里虚虚的。当他再次回头看时，皂角树撂在了他的身后。他恍然看见有人用弹弓在打皂角树上的皂角。他没有看清那人的面目。这棵皂角树有百年历史了，树冠如伞一样张开在天空，每年皂角成熟的时候，村里人便爬到树上去用竹竿敲打皂角，皂角拿回家，把皂角砸烂，用皂角在涝池里洗衣服。到了冬天，皂角树上已经没有几个皂角了，即使有，也悬在枝桠的尖端，是用竹竿敲打不下来的。这么冷的天，谁在打皂角呢？景满仓没有多想，回村子里去了。

回到家中时，雇来做饭的刘妈早已把面擀好把锅烧开了。景满仓给刘妈说：“给我先下两碗，我吃毕了，给银花带一碗干面，她不回来吃饭了。”刘妈说：“等一会儿，我现在就给你下面。”刘妈第二次烧开了锅，将面下到锅里，他在后锅里调好了汤，把前锅里煮熟的面条捞进后锅的汤里，给景满仓舀了一碗。刘妈将饭碗递给景满仓，刘妈已松开了手，景满仓抠住饭碗的左手一颤动，饭碗掉在了脚地，瓷碗摔碎了，面条撒了一地。虽然不怪刘妈，刘妈还是赶紧赔不是。景满仓说：“怪我，怪我没抠紧碗底。”刘妈重新取碗，重新给景满仓舀了一碗面条。景满仓端着碗，顺着厨房门蹲下来，挑起一筷子面，还没有送进嘴里去，在一声沉闷而震动力很大的响声中，他将饭碗摔出去老远。景满仓一跃，出了厨房门，他站在院子里一看，村子的东南方向升起了一股浓烟。他在心里叫了一声：完了！景满仓赶紧向院门外跑。他两腿发软，怎么也跑不动，一出松陵村他就看见浓烟升起的方位，估摸就是自己的炮坊爆炸了。可是，他拒绝接受这个残酷的事实，他一边跑一边在心里说：不是，不是我的炮坊。他一边奔跑一边银花银花地呐喊。

当时，鲍银花正在给炮壳里灌药。突然，从窗口里飞进来一只点燃了的炮，即将爆炸的鞭炮飞进了一堆黑药中，鲍银花一时间懵懂了，她还以为她自己的炮莫名其妙地点着了，愣怔了几秒，当她听见"嘭"的一声响，那一堆黑药燃烧时她清醒了，她赶紧向门外跑。她还没有跑出炮坊敞开的门，炮坊爆炸了。原来，那只燃烧的炮就是那个佯装打皂角的人从皂角树上用弹弓打进来的。

一村人手忙脚乱地在倒塌了的炮坊中寻找鲍银花。皂角树上那个人早没了踪影。景满仓软成了一摊泥，他趴在冻得干硬干硬的土地上一声一声哭喊银花。

村里人从废墟中把鲍银花刨出来了。她不是被炸飞的。她已经跑出了炮坊，可是，倒塌的檐墙全压在了她的身上，一片飞来的瓦片打烂了她的头，她满脸血污，没有一丝气息了。景满仓一看见银花，扑在了她的身上，大叫一声，昏了过去。年过70的景炳绪拄着一根木棍由刘妈搀扶着来到了炮坊跟前，他看着躺在木板上的银花，老泪纵横了。

景满仓做梦也不会想到，是皂角树上蹲着的那个人用弹弓把点着了的一只炮射进了炮坊里的。那个人在皂角树上蹲候了好几天，他几次想下手没有找到机会，从炮坊里出来进去的人几次惊扰了他，他不敢贸然下手，只能佯装打皂角。他的目的是炸死景满仓和鲍银花两个，这是田根旺给他交代过的。景满仓和鲍银花在一起的时候，他不敢动手，害怕被人发现了难以脱身。景满仓去吃饭的那一刻，几家炮坊里的人都回去吃午饭了，炮坊外空无一人，他才敢下黑手。

安葬了鲍银花，景满仓病倒了。一个年等于没有过。好在刘妈没有回家去过年，一家人才不至于没人做饭而饿肚子。景满仓在炕上躺到农历二月二日以后，才能下炕走动了。

景满仓知道，这次炮坊爆炸肯定不是银花失误造成的。如果是她失误了，她炸死的地方应该在她做炮的地方，应该被炸得面目全非了。是谁下了黑手？他也想到过田根旺，可是，他没有任何证据，村里人没有一个看见下黑手的人。

一个天气晴朗的日子，景满仓痴呆呆地靠住那棵高大的皂角树站着。他不由自主地爬上已经发了芽的皂角树的时候，他发觉，炮坊的一个窗口和他蹲的地方在视角上正好是一条直线，假如从这里撂过去一块小石头，黑药就会打燃的——

他忽然想起了他看见打皂角的男人，一刹那间，他明白了。他差一点儿从树上掉下来。

当天，景满仓进了凤山县城，他要去找田根旺。到了县政府门口，他一看见那两个背着长枪站岗的哨兵，一看见县府门上高悬的十二角星，他退回去了。见了田根旺，他说什么呢？说是你派人用弹弓打着了黑药炸死了银花？也许，他一开口，就被田根旺拿住了。也许，田根旺早就盼望他来找他。他确实没有任何证据证明是田根旺下的黑手。就是他有证据，他敢和田根旺较劲吗？他敢和官府较劲吗？官府就是欺负老百姓的地方。他就是吃了豹子胆也不敢。父亲在好多年前就说过，没有好政府，川样的政府都不是为了老百姓的。政府就是由田根旺那样的瞎怂组成的，他还去辩什么理？

景满仓在县府门前徘徊了几个来回，最终没有进去。他怀着一肚子的冤屈没精打采地回到了松陵村。

A章（十）

等叶小娟睡着以后，景解放下了三楼，这座楼房在眉台县县城的最南边，墙外边就是南关村农民的麦地。景解放走出了大门，坐在麦地边，他点上了一支烟，长长地吸了一口。他从衣服口袋里摸出一只鞭炮用烟点着，扔进了麦地里，鞭炮发出的响声单调、深沉、嘹亮。“一个娃娃一拃高，突儿一跳就飞了。”儿时的喊叫声又在耳畔回响。鞭炮跳动的时候，红光一闪，发疼似的颤抖着，挑在麦叶上的月光仿佛也被炸得七零八落了。景解放吸了一口烟，弹掉烟灰，又点了一只鞭炮，放了几只炮，一支烟也吸完了。他站起来，在麦地里走动着。麦子已经泛青，正准备起身。麦子那青青的、饱满的气息仿佛是从景解放的脚下升上来的，香甜而诱人，景解放深深地呼吸着。月光给麦地里罩上了一层薄纱般的亮光，挑在麦叶上的月亮仿佛露汁一般，更像孩子们那天真无邪的眼睛在看着景解放。远处的村庄朦朦胧胧的，幻景似的将景解放带进了一个安闲的境界。景解放站住了，他看着月夜里的麦地、村庄、树木，不知为什么，鼻子一酸，差一点儿流出来眼泪。也许，人世间正由于如此美好才有诸多烦恼缠身。

景解放和叶小娟住进租来的这套单元房中两年多了。眼看着17岁的叶小娟已经成为一个大姑娘了。这两年间，景解放带着叶小娟又跑了广州、成都几家医院，叶小娟的记忆力还是没有恢复。他按照医生的吩咐对她进行生活的基本训练。使他能够感到安慰的是，叶小娟的智力已经基本恢复到了正常。为此，他付出了不少代价，他借朋友的钱已超过了20万元，眼下，他只能靠推销鞭炮维持他和叶小娟的生活。眉台县的朋友一看他生活拮据，邀请他到眉台县眉坞花炮有限责任公司当副总经理，年薪8万。他没有答应，也没有推辞。如果他答应了，谁来陪叶小娟？他整天忙于公司里的事，他哪里有时间给叶小娟继续治疗？如果他不答应，将会失去赚钱的机会，经济压力会越来越大。他处在两难之中。

病急乱投医，这话没错。几年来，景解放为给叶小娟治病跑过不少冤枉路，花了不少冤枉钱。对他来说，这实在是没办法的事。为了治好叶小娟，他心甘情愿。他听说，西水市镇台区方家村有一个老中医对疑难杂症很有办法，治愈的病人不少，他想带上叶小娟走一趟西水市镇台区。是否能治好，仍旧没有把握，可是，对能逮住的机会，他一次也不想放过。眼看着叶小娟一天天长大了，身体没有完全恢复健康，他常常为此而焦虑。景解放在麦地 边坐到了夜阑人静之时才上楼去睡觉。

景解放和叶小娟来到西水市镇台区方家村时农村人还没有吃午饭。按照村里人的指点，景解放和叶小娟来到老中医家。老中医姓方，叫方志贤。他身坯高大，长髯短发，面容慈祥。景解放一开口要给老中医诉说叶小娟得病的经过，老中医摇了摇手，不叫景解放说，他开始给叶小娟把脉。老中医把脉时，屏气凝神，忽儿低首蹙眉，仿佛在谛听叶小娟的心声，忽儿双目紧盯着叶小娟的脸庞，似乎从面目上能看出叶小娟的病根所在。把毕脉，察看了舌苔之后，老中医说："姑娘是阴阳失调，气塞血滞，病在经络。"老中医如此这般一说，景解放不由得佩服老中医脉力的厉害。景解放把炮坊爆炸之事和四处求医的经过给老中医说了一遍。老中医说:“这种病急不得,全靠调理,调理得当,就可痊愈,调理不当,中年以后便会神情恍惚,半痴半傻。”景解放对老中医的断言半信半疑,他走了那么多医院,花了那么多钱,也没有治好叶小娟的病,靠中药调理能使叶小娟痊愈?老中医给叶小娟开了中药处方,景解放拿起处方一看,仅十余味中药。老中医给景解放说:“回去吃十副,没有好转,再来找我。”景解放说:“十天以后,我一定带娃再来。”老中医只收了10元钱的诊疗费。景解放道了谢,和叶小娟一同走出了老中医的家。

这时候,已是农村人做晌午饭的时节,不时有炒菜的香味从院门里飘出来。家家烟囱里白烟袅袅。景解放的脚步不由得加快了,他急于赶到西水市去抓药。跟在他后边的叶小娟脚步呆滞,和他落下了一段距离。景解放回头看时,叶小娟东瞧瞧西瞅瞅,好像丢了魂儿似的。景解放站在街道中央朝叶小娟招着手说:“小娟,快走。“叶小娟赶到前边来说:“你不要逼我,我想看看我小时候玩耍过的地方。” “啥?你小时候在这儿玩耍过?”景解放一听很吃惊,以为叶小娟又犯了病,产生了错觉,他说:“你得是以为这是叶家庄?”叶小娟说:“不,这是方家村,我知道的。”叶小娟牵着景解放的手,要进一家门楼虽然旧但很高的院门。景解放说:“你跑进人家院子里去干啥呀?”叶小娟说:“这不是别人家的院子,这是我家的院子。”叶小娟的话使景解放越发觉得蹊跷了。一进院子,只见一对老年夫妇坐在院子里的饭桌前吃饭。叶小娟松开景解放的手,扑上前去,把老头子叫爸,把老年女人叫妈。这一对老年人立时怔住了。叶小娟说:“你们不认识我了?我是娟子呀!”这对老年夫妇急忙放下碗,仔细端详。景解放赶紧给这对老年农民解释,他们是从凤山县来的,是到方医生家去看病的。景解放一再强调:“娃有病,真的有病哩。”他的目的是求得这一对农民夫妇的谅解。叶小娟却说:“谁有病?我没有病。这是我的家,我的前世就在这里。”她给景解放指指老年农民夫妇:“这是我前世的父母亲。”什么前世今世?景解放一听,惊得目瞪口呆。叶小娟刚有些好转,怎么又开始胡言乱语了?景解放还没有明白过来是怎么回事,叶小娟已和这对农民夫妇抱头痛哭。老年女人不住地叫喊:“小娟呀小娟,我娃的命多苦呀!”三个人哭了一阵子,女人擦干了眼泪,到厨房里去给景解放和叶小娟盛饭。

景解放跟着叶小娟糊里糊涂地吃了饭。放下饭碗，叶小娟跑到前院去，指着安装水龙头的地方说："咱的水井不是在这儿吗？咋不见了呢？"女人说："大队里给咱装上了自来水，水井填了。"为了证实叶小娟的话，景解放问那个女人："你家的水井就在那里吗？"女人说："在那里，没错。"景解放听罢，一脸的茫然，他不认识叶小娟似的，紧盯着她。走到葡萄架下，叶小娟说："杏树呢？我的杏树哪搭去了？"女人说："杏树叫雷劈了。"叶小娟说："你还记得吗？我爬到杏树上摘青杏，摔下来，摔进杏树底下的笸篮里了。"女人说："咋能不记得呢？幸亏笸篮里有麦糠，才没有把你摔坏。"景解放一听，小娟说的这事真的好像亲历过，景解放问那女人是咋回事，女人说："小娟7岁那年上到杏树上摘杏，踩断了一根树枝，从树上跌下来，跌进杏树底下的一个笸篮里了。"叶小娟真的像走进自己家里一样，对院子里的一物一件都很熟悉，对童年时在院子里发生过的一些事情记忆犹新，一件一件都和这对农民夫妇储存在记忆里的能对上口。叶小娟和女人坐在院子里说话，景解放把老头子叫到房间里去问，他们家究竟发生过什么事？老头子告诉景解放：二十年前，他们的女儿去西水市，客运车在方家村的村外和一辆拖拉机相撞，刚上了车的女儿方小娟从车窗里摔出去，当场就没命了。景解放问老头子，女儿出事那年多大了？老头子说："14岁。"景解放惊叫一声："啊！咋也是14岁？"老头子说："就是14岁，我没记错。"景解放说："我说的不是那个意思。"景解放告诉老头子，叶小娟受伤那年也是14岁。老头子也觉得奇怪。老头子给景解放说，你家姑娘和我家姑娘的举动一模一样，说话的声音、口气也都差不多。老头子甚至认定，叶小娟就是他家的方小娟。景解放苦笑一声，无法回答，他如坠云里雾里，更加迷茫了。他没法接受人有前世的说法，可他无法解释叶小娟现在的行为。他深深地感觉到，叶小娟和这两口子如同亲人一般，但又不能承认他们有什么血缘关系。

景解放要带叶小娟去西水市抓药。叶小娟说："我不去西水市了，我哪里也不去了，我要住在我的家里。"景解放说："这不是你的家。"叶小娟说："就是。我的前世的家就是我的家。"景解放怎么能轻易相信这就是叶小娟前世的家？把一个17岁的大姑娘放在陌生人家，他不放心。可是，叶小娟执意不走，景解放只好给这两口子说，他天黑前回来领叶小娟走，叫叶小娟暂且呆半天。那对老年农民夫妇叫他放心，叶小娟不会有什么差错的。

出了院门，景解放去了方家村村委会，村委会主任告诉景解放：老年农民叫方新民。方家确实在二十年前有一个叫方小娟的女孩子出车祸没了。景解放已经证实这对老年夫妇的话是实在的，他才放心地去了西水市。

从西水市回来，天已黑尽了，景解放回不到眉台县去了，他只好和叶小娟住到了方新民家。

一觉睡醒，景解放发觉，睡在他身旁的叶小娟不见了。他吃惊不小，急忙下了炕。他不敢喊叫，怕惊动了方新民两口子。他拉开房子门一看，叶小娟一个人在院子里玩沙包。景解放只好站在门内静静地看着。景解放眨眼工夫，叶小娟纵身一跃，跃上了杏树。他惊呆了。眼前的一幕，简直像电视画面一样。叶小娟蹲在树杈上，一只手轻轻地摇动着树桠，杏树的叶片儿发出了天真的青春的响声。假如景解放喊一声，也许，叶小娟就会从树上跌下来。景解放只好退回到房间里了，他上了炕，等待着叶小娟。当他听见叶小娟的脚步声以后，他装作睡着了的样子。等叶小娟重新睡下，他才放心了。

第二天，景解放要带叶小娟回眉台县去，叶小娟不回去。方家的两位老人也希望叶小娟留下来玩几天。景解放一看，小娟很固执，觉得这两个老农民是可以信赖的，就依了叶小娟，答应她在这里住几天。临走时，景解放给这老两口叮咛了又叮咛，吩咐叶小娟按时吃药，不要乱跑，不要离开大人。叶小娟说："你放心吧，我这是到了家里，还怕啥呢？"景解放说："你什么时候不想待了，就给我打电话，我来接你。"叶小娟说："我玩几天就回来。"景解放走出了院门，走在街道上，他觉得，似乎历经了一个梦境，但又不相信，这一两天发生的事情是真实的，并非梦境。景解放离开了西水市郊区的这个村庄。

回到眉台县，景解放出任了眉坞花炮有限公司的副总经理，负责生产。这是一个有两百多职工的规模比较大的花炮生产公司。景解放上任以后，在卷炮车间、制药车间都添置了一些现代化的设施，加快了生产进度。为了安全起见，对车间的防静电设备进行了更新，给每个工人购买了特制的鞋子，穿上这种鞋，在车间里走动，可以减少摩擦，更加安全。由于景解放精心经营，又是内行，三个月过后，生产数量有了大幅度提高，质量也在上升。整天忙于生产，景解放被各种具体的事情缠身，他对叶小娟自然少了些牵挂。

转眼到了冬天，花炮厂生产迎来了旺季，景解放更加忙碌了。一场小雪过后，天放晴了，景解放去西水市安检局办理原材料的购买审批手续，生产花炮，不再使用硝土、木炭之类的东西，而是要使用高氧酸钾、次氯酸钾、银粉、硫磺、氧化镁这些化学药品。这些化学药品的购买必须要申报审批。一个晌午，景解放跑了安检局又跑环保局，跑了环保局又跑质检局，等把应该加盖的公章盖齐了，已快十二点了。他事先吩咐司机在西水市最豪华的万利饭店订了一桌饭，把这几个局的头头脑脑都请到了饭桌上。再好的饭，对这些头头脑脑来说也胃口不大。景解放请他们来也并不只是为了吃一顿饭，饭后临走时，给每人一个红包，这才是最后一道爽口的菜。

等把这些客人送走，已是下午一点四十分。景解放本来要直接回眉台县，车已出了市区，他吩咐司机掉转车头，走上了去镇台区的方家村的群众路。他已是半年多没有见到叶小娟了，他要去看看，叶小娟在那里生活得怎么样。

车到村口，街道上的积雪开始消融，小车开不进村中去。景解放吩咐司机将车停在村口，他徒步走进了方新民的家。

一进门，景解放就小娟小娟地喊了两声。正在厨房里洗锅洗碗的叶小娟听见了喊叫声连湿手也没顾上擦，就跑出来了，她扑过来搂住景解放，一声一声地叫他爸爸，叶小娟说："爸爸，我想你了。"景解放说："我也想你了。"景解放一看，叶小娟脸色红润，也胖了些，自然很高兴。他问了问方新民老两口，叶小娟在这里生活得怎么样。这对老年夫妇告诉景解放，小娟很听话，他们已经教会了小娟做面条、烧稀饭、炒青菜，小娟在地里也能干些轻微的活儿了。景解放一听，十分感激这老两口。人生果真有前世吗？那年在北京，那个心理医生第一次在他面前说起叶小娟前世的话，他一句也不相信。现在，他还不能断定，这就是叶小娟前世的家，他只相信，这个人世间，好人多得是；他只相信，叶小娟遇上好人了。有了好人，人们才能多一些幸福多一些快乐，少一份灾难少一份不幸。他只相信，只要做了好事就有好报。人生在世，尽量要多做好事。至于说，前世来生之事，他还是将信将疑的。

叶小娟一听，景解放要回眉台县去，嚷嚷着要跟着景解放回去。景解放看得出，这两个老人对小娟依依不舍，但他们还是叫景解放把叶小娟带回去。方新民老人说："等娃啥时候想来这里，再来也行。"景解放要给两位老人钱，两个老人坚决不收。景解放只好作罢了。

由于街道泥泞，景解放挽着叶小娟向村口走。上了一面坡，就是柏油路，就是停小车的地方。尽管景解放手抓着叶小娟的手，上坡的时候，叶小娟不知咋的，脚下一滑，倒在坡里了。叶小娟跌得很重，浑身上下全是泥，连头发上也沾了泥。景解放急忙去扶叶小娟。他问叶小娟："把哪里跌痛了？我看看。"叶小娟摇了摇头，她一看，自己满身泥污，自己把自己惹笑了。这一跌，非但没有摔坏叶小娟，反而使她失去了多年的记忆于一瞬间恢复了。景解放说："走，咱回到你的前世的家去洗一洗，另换一身衣服。"叶小娟笑了："什么前世的家？谁还有前世？"景解放说："你不就是刚从前世的爹娘家出来吗？"叶小娟说："爸爸，你说错了，那是方伯伯的家。"景解放挽着叶小娟再次进了村，再次到了方新民的家。叶小娟不再叫方新民夫妇爸和妈了，而是把方新民叫方伯伯，把女人叫方姨。这对农民夫妇看着叶小娟有点吃惊，他们吃惊的是，只一会儿工夫，叶小娟换了一个人似的。女人给叶小娟打来了水，叶小娟洗了洗，换了一身衣服，给这对老年农民道了谢，走出了方家村。

一上车，叶小娟话就多了，她给景解放说她这半年多来在方新民家的生活，过去的事，一个细节也没有忘。景解放明显地感觉她变了，她恢复了记忆。景解放不打算回眉台县去，他叫司机将车开进了西水市万利酒店。

叶小娟痊愈后，景解放和叶小娟去方家村寻找叶小娟前世的那个家，可是，他们找遍了方家村，没有找见方新民的家。去村里一打听，村里并没有方新民这户人家。景解放觉得很蹊跷，就去了村委会，村委会主任也说，这是没有的事，这个村子里没有叫方新民的人。上一次来，村委会主任不是说有这户人家吗？叶小娟不是在方家住了好多天吗？这是怎么回事？村委会主任哈哈大笑："老景，你大概记错了。这种事，我哄你干啥？"真的是他记错了吗？景解放一头雾水，极其迷茫。景解放觉得，他好像经历了一场幻境。现实生活怎么会这样轻易地被粉碎？人世间的事太无常了，景解放一想起来就有点后怕。他满腹疑虑地回到了眉台县。

B章（十）

八个穿着灰色服装的士兵走进了松陵村，他们戴着大檐帽子，背着长枪；长枪显得很老。这是阴历二月初二，天空阴沉沉的，烟囱里吐出来的白烟还没有来得及伸长脖子就被雍山里扑下来的西北风无情地折倒了，光秃秃的树枝发出的响声如同干柴一般。这八个士兵径直走进了景满仓的家。雇来的刘妈正在案板上擀面，景满仓坐在灶膛前拉动着风箱烧水。砖头一样的脚步声把景满仓吓住了，他把风箱杆没来得及推进去就站起来，走出了厨房，他一看，院子里这几个背枪的年轻人的目光像点着的香头一样，他不知道出了什么事，赔着笑脸叫他们老总。一个年纪稍微大一点的高个子指着景满仓问道："你就是景满仓？"景满仓说："是。老总，我就是景满仓。"高个子旁边一个麻子脸打量了几眼景满仓说："没弄错吧，看他那球样子就不是弄那事的样子。"高个子说："谁去叫保长，叫保长来。"麻子脸说："我去。"麻子脸还没有走出院门，保长慌里慌张地来了。保长景德胜按辈分将景满仓叫六爸。高个子问景德胜："他就是景满仓？"景德胜说："没错，没错，不知老总找他有啥事？"高个子说："你甭多嘴，把人带走。"景德胜说："老总，你们先不带人行不行？"高个子说："这事能由你说了算？"这时候，景炳绪从上房里出来了，他问高个子："我儿子犯了啥法，你们要带他走？"高个子斜了景炳绪一眼：

“到了县警察局他就知道了。”高个子手一甩，麻子脸和另一个士兵推着景满仓。景炳绪上前去拦，他说：“我儿子犯了啥法，你总该给我们说亮清。”高个子将景炳绪一推。老汉差一点被推倒在地，他瞪着景炳绪：“说个球！我们是奉命抓人。”他给麻子脸说，“走！”在县城里读书的景金才走进院门一看，父亲要被一伙士兵带走，也上前去拦，被一个士兵一枪托打倒在地上了，景金才从地上爬起来。哭喊道：“你凭啥打人？背个破枪耍啥威风？我长大也弄枪呀，到时候，看谁歪。”景炳绪拽住孙子，将孙子向房子里拉。这几个人将景满仓带走了。

吃毕晌午饭，景炳绪打发景金才把景德胜叫来了。景炳绪拿出来几十块银元，叫景德胜带上，去县城打问景满仓究竟犯了什么事。景德胜揣上银元说：“二爷，你不要害怕，只要我六爸没犯啥大罪，我想办法把他保出来。”景炳绪说：“如今这世道，办啥事都要拿钱说话哩，你先打探亮清，看得多少钱才能把事放下。”景德胜说：“我现在就去跑。”

景德胜毕竟当过几年保长，办事还是有板有眼的。景德胜先到南堡乡，把景满仓被带走之事给乡长说了一遍，他给乡长塞上了银元，乡长收下了银元，给县警察局的局长写了一封信。景德胜带上乡长的信去找警察局局长。到了县警察局门口，两个站岗的不叫景德胜进去，景德胜叫站岗的看了看南堡乡乡长的信，站岗的还是不叫景德胜进去，景德胜本来不想在这两个穿黄皮的身上花钱，他一看这两个瘦得跟猴一样的东西不打点不行，就一人给了一块银元。一个站岗的给景德胜说：“你去鸳鸯楼看看，说不定他吃毕晌午饭去那里了。”景德胜知道，鸳鸯楼是凤山县最有名气的一家妓院，在县城北大街。景德胜就去了北大街。他在鸳鸯楼门口徘徊了一阵子，还是没进去。他再次来到警察局门口，见到两个站岗的，给站岗的说，他见到了局长，局长叫他在警察局等。站岗的已经收了景德胜的银元，不管他的话是真是假，还是叫他进去了。

站岗的话没有错。警察局的局长在岐阳饭店吃毕晌午饭就被人请到了鸳鸯楼，他在那里点上了烟灯过足瘾，和一个叫娇娇的妓女在床上滚了一回才回到了局里。

景德胜瞅见局长进了他的办公室，紧跟着便进去了。景德胜给局长说，他是南堡乡松陵村的保长，他将南堡乡乡长的信给局长呈上，局长看了一遍，说："这个张大头，真是爱管闲事。"景德胜把银元给局长献上。还没等景德胜开口问景满仓被带进警察局是咋回事，局长说："你回去给景家人说，景满仓和雍山里的游击队有牵连，弄不好，要杀头的，这个案子不是你来通融一下就能搁下的。雍山游击队是干啥的？土匪！共党！这你是知道的。这可是个大案，上面不会轻而易举放过的，你回去吧。"景德胜说："景满仓是老实的庄稼人，是景家炮人，靠做炮过日子，是不是弄错了？"局长说："照你说，我们冤枉了他？"景德胜说："我不是那个意思，我是说，能不能再查一查，或者缓一缓，我们……"局长伸了个懒腰说："你不用多嘴，案子还没有审，等审过再说，你走。"警察局局长挥了挥手。银子花了，景德胜总算得到了信息：案子还没有审，还有活动的余地，还有花钱的机会。这钱也算没有白花。

景满仓在凤山县警察局里被关了三天。第四天晌午，他被从号子里提出来审问。审问景满仓的是治安科的科长。科长30多岁，鼻子特大，好像制作这个鼻子的人当时漫不经心给鼻子上摊的料子太多了，使鼻子一出炉就与众不同。大鼻子问景满仓：

"你知道你犯的是什么罪吗？"

"不知道。"

"还用我给你说明白吗？你老实交代，就少受点苦。"

"我不知道交代啥？"

"有人举报，你给雍山游击队制造火药。你和共匪串通一气，你就是共匪。"

"谁举报的？"

"这是你问的吗？"

"我连雍山游击队的影子都没有见过，咋能和他们串通一气？"

"背着牛头不认赃？我们可是人证物证俱在。"

大鼻子站起来，朝一个背枪的年轻人挥了挥手，那个背枪的年轻人从外面拿进来一副筐担，放在了景满仓眼前。景满仓一看，立时傻眼了，他忽地站起来了，他用目光将筐担挑起来，又放下了。

“看一看，认得它吗？”

景满仓没有回答。这是他的筐担。筐担是正月里在他的炮坊里丢失的。当时，他很蹊跷，不知道有人偷他一副筐担干什么，现在他才明白了，有人要用这副筐担给他栽赃。

大鼻子说：“你就是用这副筐担给雍山游击队送货的，这是我们从你手里截获的，你忘记了？”

“筐担是有人从我的炮坊里偷走的。”景满仓实话实说。

“赃物在面前，还想抵赖？”大鼻子的鼻子似乎在一瞬间又长大了些。他的鼻眼凹里填塞着很饱满的恶气。他拍了一把桌子，站起来，走到景满仓跟前去，伸手就是一个耳光。

“说实话！”

“我说的就是实话。”

“你知道你犯的是啥罪吗？你不认罪也行，明天就把你钉到西城门上，叫全县人看看私通共匪的下场。”

“我是做花炮的，我做下的黑药不是用来打人的枪药。”

“狗日的嘴还硬？不打你，你不知道老子的厉害。”

大鼻子挥了挥手，走出去了。

景满仓被捆起来吊在屋梁上，两个士兵开始用皮鞭抽打。景满仓被打得直喊爹娘。皮鞭一抽，景满仓身子一缩，景满仓被打得招不住了，只好说：“我说，我说。”大鼻子的鼻子一狰狞，他说：“这些刁民，不打不招，打了才招。”

景德胜再次来到县警察局，局长不闪面，他只好去找大鼻子科长。大鼻子告诉景德胜，景满仓已经招供了他用筐担给雍山游击队送黑药的事情。景德胜一听很吃惊：景满仓咋干出这样的糊涂事了？可是，他明白，多大的案子，只要花上银子就可以大事化小，小事化了。有了钱没有办不到的事情。如今的党国只相信钱。只要有钱，政府的官员无论哪一级都能摆平。景德胜想在大鼻子跟前打听一下，究竟花多少钱就可以把景满仓赎出来，大鼻子就是不开口，他一口咬定，景满仓私通游击队是死罪，放了景满仓，上面不答应。景德胜说："毙了景满仓，你们可以向上面有个交代了，你们办了一个啥也没有得到的案子，辛辛苦苦的，划得来吗？"大鼻子说："我们是秉公执法。"景德胜说："秉公，当然要秉公。法律是死的，人是活的嘛。"大鼻子松了口："这就要通融上面。"景德胜说："你开个口，我叫主家想办法。"大鼻子说："恐怕他拿不出来。"景德胜说："为了救人，哪怕拆房溜瓦也要拿。"大鼻子在脚地走了几圈，给景德胜伸了伸手。景德胜一看，要八百块大洋。这确实是很大的数目。景德胜心中有了底，他给大鼻子说："科长手下留人，这个钱数儿一定想办法弄齐。"并不是景德胜说动了大鼻子科长，当时他们抓景满仓本来就是为了钱。有了钱，他们这些人就可以买官，可以吃、喝、嫖、赌、抽。

回到了松陵村，景德胜给景炳绪说，要把景满仓赎出来，至少要一千块银元。景德胜一张口就增加了两百块大洋。景炳绪一听，手中的旱烟锅掉在了地下，他跌坐在炕沿，半晌说不出话来。景德胜说："二爷，人要紧，钱是人身上的垢痂，只要有人，就有钱，想办法救人吧。"景炳绪说："这不是要钱，这是要命。"景德胜说："话只能说到这个分儿上了，二爷你看着办吧，要儿子还是要钱，主意要你拿。"景德胜拧身要走，景炳绪拦住了他："叫二爷再想想。"景炳绪虽然年过70了，他心里是清楚的，要把儿子赎回来，非倾家荡产不可。他辛辛苦苦了一辈子，可以说从先人手里开始，一个铜板一个铜板地积攒，一厘一厘地置买土地，才有了如今这份家业。他仔细地算了一笔账，就是把庄南的那三十亩地卖一大半，把木轱轮大车和骡子马全部卖掉，把两个长工辞退了，才能把儿子赎回来。不是他心疼钱心疼土地，这些钱和土地都是他从汗水里捞出来的。如果说他失去了家业，他不是在人世上白忙活了一辈子吗？他思量再三，咽不下去这口冤气。景炳绪吃了两锅烟，问景德胜："胜娃，你说二爷这钱一定要花？"景德胜说："不是我说要花，不花钱不行。时间拖得长了，我六爸在号子里受不了，那些二杆子打得可凶了，随便提起一个家伙就朝人犯头上打，万一……"还没等景德胜再说下去，景炳绪说："花，花钱赎人。"

景炳绪虽然给景德胜应承了要花钱赎人，就是下不了决心。在那几天里，老汉每天拄着一根木棍到庄南的地里去走动。他蹲在地头，双手伸进已开始泛绿的麦地里，掐几枝麦叶放进嘴里咀嚼着，他像羊吃草一样嚼着汁液饱满的麦叶，嘴角里绿水流淌。他的双手攥住麦苗，不由得眼泪扑簌簌地向下流。要买这些地，需要做多少炮，卖多少炮，这是没法用数字计算的。他的每一寸土地都来得不容易，况且，这三十亩土地中，有一半儿是他继承的祖父和父亲的家业。那些耍钱抽大烟逛妓院的人才踢荡家业，他不抽不嫖不赌，却要眼睁睁地把一份家业抖散日烂，他不是败家子是什么？儿孙们没有土地就等于没有根，他们日后怎么活人过日子？不能，地不能卖；卖了地，他死后怎么见地下的祖父和父亲？不要说对不起自己和儿孙，他下地狱也是不光彩的。景炳绪从麦地边站起来，拄着木棍急急地朝村里走，他走进景德胜的家，见了景德胜，他只撂下了一句话："胜娃，二爷的地不卖了。"景德胜还没明白过来是怎么回事，景炳绪扭头就走。景德胜朝景炳绪的背身喊："二爷，你把话说亮清再走。"景炳绪没有回头，身子一晃一晃地出了院门。

让景炳绪痛下决心卖地的是景德胜带来的坏消息：一月之内把景满仓不赎回来，景满仓将被钉在县城东门上。景德胜说："我见到了警察局局长，他亲口给我说的。"景炳绪一听，脸上立时变得五花六怪的，拿烟锅的手抖动得不行，景德胜赶紧把景炳绪扶住，叫他上炕坐下。景炳绪小时候见过人犯被钉在县城城墙上的情景，几拃长的土钉子从人犯的手背脚背和肩胛上钉过去，人犯像被糊在了窗户上的一张纸。人犯将被活活饿死、晒死或冻死，那情景惨不忍睹。景炳绪的脑袋靠住炕墙，看也不看景德胜，说道："胜娃，咱卖，卖地，你去找下家。"

景炳绪的地是景德胜给卖掉的。景炳绪张口一亩地要六十块大洋。景德胜说："就按二爷说的价格，我去找下家。"过了三天，景德胜给景炳绪回话："松陵村人没人要得起，都嫌太贵了。"景炳绪说："人家给多少？"景德胜说："三十五块银元，有人要。"景炳绪一听，连连摇头，他说："民国十八年，那么大的年馑，地不值钱，一亩也要卖三十块大洋哩，不卖，四十块我也不卖。"于是，在景炳绪和景德胜之间展开了买卖土地的拉锯战，似乎景德胜就是下家。景炳绪让一块，景德胜添一块。景德胜口口声声说："二爷，我胜娃牛肋子骨能向外戳吗？我咋弄也是向你说话的，盼望多卖一块是一块。”景炳绪说：“我知道胜娃你向着我，我不会亏待你的，我的事就是你的事，你看着办吧。”十天过去了，还是一分地也卖不了。景德胜说：“二爷，日子不能再拖了，隔手的金子不如到手的铜，钱到手才能算自己的，你就再退让一步吧，如今行情就这么瞎，不是地不好，是卖不上价。”经过几番讨价还价，每亩地最终以四十六块大洋卖掉了。景炳绪和买地的人签了契约，麦收后就搭地。景炳绪将庄南的地卖掉了二十一亩，他在庄南只剩下了九亩地。

地卖了以后，钱还不够，景炳绪忍痛卖了木轱轮大车，卖了两匹骡子一匹马。

在卖马那天，买主已经将马从牲口圈里牵了出来，景炳绪叫买主等一等，他想再看几眼他喂养了几年的牲口。他走到枣红色马跟前，一只手抱住马头，一只手在马脸上抚摸。他将老脸贴在马脸上，突然眼泪长淌。买主急着要走，他只好松开了手。他的手刚一离开马脸，还没有走出半步，跌倒在地，不省人事了。

景炳绪被几个侄儿抬回去，在炕上躺了三天就离开了人世间。

景炳绪到死也没有明白，在他花去的一千块大洋中，景德胜就得到了两百块。景德胜给警察局局长送了八百块大洋将景满仓赎回来了，他用到手的两百块大洋买了景炳绪四亩四分地。景德胜怕引起景炳绪疑心，自己没有出面买地，地是在自己的岳父名下买的，岳父种了一年就以“卖”的名义给了景德胜。景德胜之所以再三压低地价，是因为自己要买地。这其中的勾当景炳绪一点儿也不知晓。

1950年，松陵村搞土地改革，景德胜被定为富农成分。当时，他怀着悔恨的心情给儿子说清了他怎么白白地把二爷景炳绪的四亩四分地弄到手的事情。如果他的名下少了那四亩四分地，少一个长工，他家的成分就不可能是富农，他也不可能成为富农分子。他的儿子一听，劝他不要再提这件事了。爷爷人生历程中的这污渍，景文祥当然无从知晓。在景文祥的心目中，爷爷是一个身子骨硬朗，做事硬朗的汉子，是景姓家族中有声望的长辈，他不知道爷爷年轻时像他现在一样有心计。要想发家致富、把日子过在人前头，非使出爷爷这样的手段不可。如果景文祥知道详情，他并不觉得爷爷可恶。

陷害景满仓是田根旺出的瞎主意。

当初，田根旺并非想除掉鲍银花，他只是想叫鲍银花毁了容今生再也嫁不出去。他没有想到，办事的人误解了他的意思，把鲍银花毁掉了。鲍银花死后，田根旺痛心了好几天。他派穆山到鲍银花的坟前烧了些纸钱。他毕竟喜欢过鲍银花，和她有过一夜之欢。后来，他想来想去，他之所以没有得到鲍银花，根子在景满仓身上。假如不是景满仓有娶养女的歹心，事情不会弄成那样的。因此，他把账算到了景满仓头上。他必须在景满仓身上出这口恶气。他先是买通了松陵村的一个二流子，偷来了景满仓的筐担，然后，给县警察局的局长送去了白花花的银元，上演了栽赃诬陷这一出戏。

夏收前，景满仓被凤山县警察局释放了。景满仓打开上了锁的院门一看，院子里茅草有半尺高，迎面而来的是荒芜凄凉的气息，他扑在了院子里，抱头大哭。几只在荒草中的老鼠若无其事地瞅着景满仓。景德胜进来劝了他几句，告诉他，他的儿子在他姐姐家。景满仓在院子里坐了一阵子，起身到姐姐家去把14岁的儿子景金才接回来了。

景满仓强打着精神将地里的麦子收回来，碾打完毕。

一天夜晚，景满仓和景金才坐在院门外乘凉，景满仓摇着扇子给儿子说："金才，爹想来想去，咱父子俩在松陵村不能待了，再待一两年，说不定又有啥祸事会临头的。爹打算进雍山，你不想走，就去你大姑家，你愿意进山，咱明天晚上就走人。"景金才说："爹走到哪里，我跟到哪里。"景满仓说："那好吧，今晚上，咱就开始收拾。"

第二天，景满仓买了一大卷子烧纸，他到了景家的坟地，给朱翠兰、鲍银花和父母亲分别烧了纸，叩了头。当天下午，景满仓找来了证人，把庄南没有卖掉的九亩地和三亩坡地租给了村子里一户姓马的人家。傍晚，他在打麦场上去背了两捆麦草，背进了炮坊里。天黑后，景满仓走进了炮坊，他点着了堆放在炮坊中的麦草，烧掉了炮坊。回到家，他担上筐子，和景金才走上了村子后面通向雍山的土路。

当村里人看见景满仓的炮坊起火前来救火时，景满仓已经和景金才上了去雍山的坡。

那天晚上，没有月亮，没有星星。上到半坡，站在坡上向下看，就在景满仓的炮坊着火的地方，依旧有一道黑烟向上升腾依旧有火光闪动。景满仓心里想，他这辈子不再和炮坊打交道了，连他的儿子也不会再跨进这个行当了。现在，他已是家破人亡了，他还留恋什么呢？哪里的黄土不埋人？他将逃进雍山，逃得远远的，再也不回松陵村了。

A章（十一）

治愈后的叶小娟，第一个愿望就是读书。在冬天的最后一个多月里，叶小娟埋头在眉台县租住的房子里复习功课。景解放请来了一位数学老师和一位语文老师，每天晚上给她进行辅导。

开了春，景解放给她联系了眉台县第一中学，学校答应叫叶小娟插班学习。景解放怕叶小娟跟不上，叫她去初二插班。叶小娟说："我都19岁了，咋还能读初二呢？我要读初三。"景解放问她能不能跟上？叶小娟说她能行。景解放给叶小娟在初三报了名。无疑，她是班级里个头最高、年龄最大的一个。

叶小娟恢复了健康，景解放卸下了精神负担，他把全部精力和时间都投放在搞企业上了。他的朋友由于冠心病加重了，把总经理的担子甩给了他。对花炮生产和销售，他都是内行，他出任总经理后，提出对企业进行扩建，董事会同意了他的扩建报告，要求他在一年内完成扩建任务。于是，他整天在公司里忙碌。

学校里几次开家长会，景解放由于身在外地没有参加。叶小娟临毕业的前两个礼拜，学校里又通知景解放去开家长会，恰巧，那天景解放在眉台县，他如期到了会场。会后，班主任老师把他叫到了办公室。班主任老师告诉他，叶小娟学习还不错。景解放问班主任，能不能考上高中？班主任老师满有把握地说，能行，考上重点高中没有什么问题。班主任老师告诉景解放，叶小娟不是很开朗，略显忧郁，希望他一定要和叶小娟多沟通，多鼓励，给叶小娟一份家庭的温暖。景解放想，确实是这样，这半年来，他自以为小娟病好了，不需要照料了，就和她在一起的日子少了，交谈得也少了。他想，他找个机会一定要和小娟谈谈的。

中考考毕的一天，景解放晚上回到租住的房子，小娟正在看电视。景解放漫不经心地问她考得怎么样？小娟说："没问题。"景解放说："没啥问题？"小娟说："考上眉台县的重点高中没问题。"景解放一听很高兴："我明天请你吃饭。"小娟说："不用你请吃。考不上，我不再读书了，考上了，我也不再读书了。"景解放一惊："为啥？"小娟说："不为啥，我要工作，和你一起工作。"景解放说："你读完大学再工作。"小娟说："读啥大学呢？明年20了，等大学毕业就老了。"景解放笑了："有孩子在她爸爸跟前说老的吗？"小娟说："不要在我面前再装爸爸了。"景解放说："我就是你爸爸呀！"小娟说："等我到了20岁，这种关系就变了。"景解放一听，哈哈大笑："你长到40岁，我也是你爸爸。"叶小娟也笑了："事物都在变化，这种关系未免一成不变。"景解放说："该变的一定要变，不该变的永远不会变。如果伦理关系都变了，这个世道就乱了。"小娟说："不会像你说的那么可怕的。我不和你争辩了。"当时，景解放真不知道叶小娟为什么会有这样的想法。在他的眼里，叶小娟还是个孩子。孩子的想法未免简单幼稚。

到了临开学的前几天，景解放苦口婆心地劝叶小娟去读高中，叶小娟说什么也不去读书了，她说她已经成为大人了，她不能和那些小娃们坐在一间教室里上课。我的老师老比我大三两岁。景解放说："你读你的书，他们读他们的书，这和年龄有什么相干？"叶小娟说："你就是强迫我坐在教室里我的心也安静不下来。我坚决不再读书了，你不要再逼我，你再逼，我就真的出走了。"景解放一听，叶小娟要出走，就不好再说什么了。孩子们由于和父母亲闹矛盾而出走的先例他知道的已不少，假如叶小娟也出走了，他五年的心血就白费了。叶小娟坚持不读高中，他觉得十分惋惜又毫无办法，他只能依了叶小娟。

当然，促使叶小娟下决心不再读书也是有其他原因的。有一次，学校组织全校学生在大操场上集体听西水市一位作家讲写作。她个子高，坐在前边，确实将后面的一个男同学挡住了。当时，同学们已坐定，不好再调换了，那个男同学便在后面骂她：你长得能日驴的个子了，和我们混在一起，不要脸！她当时就被气哭了。她拿上笔记本，离开了大操场，回到了教室，哭了一节课的时间。还有一次，班级里的一个女同学和男同学谈恋爱被老师发觉了，老师当着全班同学批评了他们不说，还说要开除这两个同学。她站起来，替这两个同学打抱不平。老师便挖苦她：你认为他们两个是你？你多大了？他们多大了？要是在旧社会，你都抱上娃娃了，他们能和你比？老师的话对她刺激太大了，她真想走上讲台，掮老师的耳光。作为老师，你咋能那样批评学生？她退出了教室。她强烈的想法就是：不读书了。她的年龄确实比班级里的每一个同学都大，她觉得，她是大人，她的同学只是少年。站在穿衣镜跟前，她一看，镜子里的叶小娟确实成为一个很丰满的大姑娘了。

晚上，叶小娟洗毕澡，裹着浴巾上了床。当她蹬掉浴巾时并没有害羞之感：她的个头超过了一米六，两条白皙的腿修长而匀称，一对坚挺的乳房过早地成熟了，即使平躺着，乳沟也很分明，小小的乳头显得新鲜而活泼，乳头四周泛着紫红色的、淡淡的晕圈。不知不觉间，两胯间的阴毛由黄而绒变成了黑而柔，而且极其茂密。她的手从胸脯一直摸下去，摸到她的那个地方，手过之处，她给自己带来了一缕痒痒的、心动的感触，并且有一种难以廓清的渴望，她不由得心跳脸红了。她的自我欣赏带来的是心中的骚动。她觉得，她这样的年龄还和中学生混在一起是对她自己的糟蹋。她的思维已经不是一个中学生应该具有的思维了。生活成熟了她，使她对读书不再渴望。她选择放弃学业是很明智很正确的选择。叶小娟在家里待了两个礼拜，就到公司来上班了，景解放将她安排到财务室当出纳。对这项工作，叶小娟很快就熟悉了，就胜任了。

父女俩虽然在同一个公司，但一整天不见面。晚上，景解放也是回来得很晚。要么，是和人谈工作，要么，不是请人吃饭，就是被人请去吃饭。景解放不回来，叶小娟就不睡觉。

一个人待在这新买的150平米的房子里，叶小娟觉得十分寂寥，她将电视节目换了一个频道又一个频道，还是无心看下去，她枯坐在沙发上等待景解放回来。等景解放进了门，等景解放去洗手间洗了手脸，她才回到自己的房间里睡觉。景解放几次给叶小娟说："你要早睡，不要跟着我白熬眼了。"叶小娟实话实说:“你不回来,我睡不着。”景解放说:“咋能睡不着?你睡觉前啥也不想就睡着了。”叶小娟说:“你不回来,我老想你。”景解放说:“我天天都在你身边,我能飞了吗?”叶小娟说:“我就怕你飞了。”景解放说:“看这女子,过几年你就要嫁人了,你嫁了人,天天晚上还回来睡觉呀?”叶小娟说:“我不嫁人,我要守在你的身边。”景解放笑了:“你咋越来越长不大了?”叶小娟说:“我已经长大了,成为大人了。”

正月初五,景解放要回凤山县看儿子景旭,他叫叶小娟和他一块儿去,叶小娟说她不去。景解放问她为啥不去?叶小娟说:“当然有原因,我不给你说。”临出门时,景解放再次叫叶小娟,叶小娟还是不去。景解放说:“你不是说一天也离不开我吗?咋不跟我去?”景解放以为叶小娟见了乔桂芳尴尬,就说:“你阿姨不会给你难堪的,你不要怕。”叶小娟说:“我不是怕她。”景解放说:“那你怕啥?”叶小娟说:“我怕景旭叫我姐姐。”景解放说:“你就是他的姐姐嘛。”叶小娟说:“我不是他的姐姐。”景解放说:“不是,是啥?难道让景旭叫你阿姨?”叶小娟一听,扑哧一笑:“就是,就是。”她笑着扭头进了房间。

那天晚上,景解放从凤山县回来了。叶小娟给景解放说:“我明天要回凤山县去看看我爸和我妈。”景解放一听,有点愕然:在叶小娟治疗期间叶拴定两口子已经把女儿过继给了他抚养,他和这两口子已在民政局办了手续,小娟病愈后,她也知道了这件事的前因后果。按照景解放的想法,叶小娟对父母的绝情会一辈子耿耿于怀的,没想到,她身体恢复没多久就怜念起父母来了。景解放心想,小娟毕竟是和叶拴定两口子有不可分割的血缘关系,毕竟是血浓于水,小娟能念起父母,不计前嫌,只能说明她是一个很懂事理、很重感情的女孩儿。于是,他说:“好呀,回去时给父母带些钱,不知他们的日子过得怎样,这几年我也忙得没有去叶家庄,我陪你去吧。”叶小娟说:“我不叫你陪,我要一个人回去。”景解放本来想问为啥不要他陪,话到嘴边又咽回去了,他说:“那你就代我向你父母问好。”叶小娟说:“你给我派一辆车,送我一下,行不?”景解放说:“就叫我的车去送你。”

女儿的不期而归使叶拴定两口子又惊又喜,似乎难以相信这是真的,又不得不相信。花秋仙上下打量了叶小娟几眼，抱住叶小娟失声痛哭。坐在一旁的叶拴定眼圈也发红了，他连连叹息了几声，叶小娟显得异常平静，她推开母亲说："你们得是以为我治不好了，我是死定了？"花秋仙说："看这娃，咋能说这话呢？"叶小娟说："叫我咋说话呀？你们当初不是不要我了吗？"叶拴定说："不是我们不要，咱家穷，给你治不起病，咱只能靠你景伯伯了。多亏了景解放给你治病，你才有了今天。"小娟说："不只是他给我治好了病，是他给了我生命，没有他就没有我。"花秋仙说："是呀，是呀，我娃命大，遇上贵人了。"小娟说："什么命大不命大的，是人家心底好，善良。人家把自己的命搭上救了我的命，我的命是人家二次给的。"叶小娟的每句话都直刺叶拴定两口子。叶拴定两口子也知道他们做事太过分，亏欠了女儿一份情债，就是叶小娟挖苦他们，他们也毫不在乎。花秋仙借故去下面，进了厨房，叶拴定也到厨房里烧火去了。他们和女儿待在一起总觉得做了亏心事，很不自在。叶小娟走出了房子，在院子里转了一圈，院子里的树木长高了，房子变老了，家，还是老样子，没有什么变化。看看这个破旧的家园，叶小娟对父母有了怜惜之情。

等母亲把臊子面端上来，叶小娟从母亲手里接过饭碗，她捞了一筷子面塞进了嘴里，抬眼又看了一眼母亲，眼泪突然涌出了眼眶，她急忙放下饭碗，掏出纸巾去擦眼泪，花秋仙已看清女儿流泪了，急忙问她怎么了？叶小娟说："没啥，面有点辣。"这几年来，母亲老了许多，才40多岁，就有了白头发，脸上的皱纹也多了，叶小娟不由得心酸，她知道父母亲的日子过得不容易，她后悔刚才不该责备父母亲。

吃罢饭，叶小娟临走时才给叶拴定两口子说，她打算过了生日就订婚。花秋仙说："谁给你介绍的对象？"叶小娟说："我自己。"花秋仙问："在哪搭工作？家里的条件怎样？"叶小娟说："和我在一个公司，你们认识。"花秋仙说："我们连眉台县去也没有去过，咋能认识呢？"叶小娟说："景解放。你们不认识？"花秋仙一听，"啊"了一声，屁股下面的小凳子一歪，差点儿跌倒在地，她说："我娃不要胡说了，他是你伯伯，是你的长辈。"叶小娟说："我离不开他。啥长辈不长辈的，我就是要嫁给他，伺候他一辈子。"花秋仙说："他比你爸还大一岁，今年都45岁了。"

叶小娟说:“他就是85,我也跟定了。没有他就没有我今天,我还在乎他多大年龄了。”叶拴定站起来,他摇摇头说:“娃呀,你这不是胡闹吗?你这样做,叫叶家庄人拿尻子都笑了,你说,爸和你妈的老脸往哪搭搁呀?”叶小娟说:“你们还有脸?你们想一想,你们将我赶出家门的时候心肠那么硬,你们就不怕叶家庄人拿尻子笑吗?我早不是你们的女儿了,我不是要你们同意不同意的,我来给你们说一声,叫你们知道这回事就行了。”花秋仙一听,开始指责景解放不地道,说景解放从一开始就没安好心 ,就打她女儿的主意。叶小娟说:“你不要数骂人家景解放了,这事儿我还没有告诉他,这全是我的主意。人家为了我离了婚,欠了债,费尽了心血,你们知道不知道?”花秋仙说:“娃呀,你上当了,他离婚,他花钱,是为了把你弄到手,他的鬼点子太多了。”叶小娟说:“我愿意上他的当,不用你们管。我的事,我做主。”叶拴定两口子已经气得无话可说了。叶小娟连晌午饭也没有吃,她手一甩,离开了家,离开了亲生父母。

那天晚上,景解放照旧回来得很晚,叶小娟还没有睡,她坐在客厅里看电视,十二点以后,景解放才回来了。景解放带着满身酒气进了门,叶小娟说:“咋又喝酒了?”景解放说:“过年哩,叫我喝几杯吧。你爸你妈身体可好?”叶小娟说:“好着哩。”景解放说:“你没有叫你爸你妈来眉台县看看?”叶小娟说:“不用我叫,说不定,他们会来的。”景解放说:“那好呀。”叶小娟说:“好啥好?”叶小娟一看,景解放又喝多了,急忙去给他泡茶。景解放接过茶杯,放在茶几上,掏出一支烟,打火机打了好几下,打不出火来。叶小娟一把从他手中夺下:“少抽几支吧。今晚上和谁喝酒来着?”景解放说:“县医院的两个院长,还有一个护士。”叶小娟说:“你又没住院,咋请院长和护士喝酒?”景解放说:“不是我请他们,是院长请我。”叶小娟说:“我听科室的人说,院长没好东西,老是打护士的歪主意,是不是院长和这个护士之间……”景解放摆摆手,夹在指缝间的烟掉了下来:“不是,你不要听人胡说,人家不是一般护士,是总护士长。”叶小娟说:“这和你有啥关系?”景解放笑了:“两个院长要把总护士长介绍给我,她离了婚。”叶小娟一听,忽地站起来了:“不行!”景解放说:“你又没有见人家的面,咋知道不行?”叶小娟说:“不行就是不行。”景解放说：“为啥？”叶小娟说：“我早替你物色了一个。”景解放说：“自古以来，都是父愁子妻，哪里有儿女替父母张罗婚事的？”叶小娟说：“如今是1994年，不是古时候，这事我就是要管，管定了。”叶小娟很激动，她走到了景解放的对面，说，“你尽早打消了那念头。不行！”景解放说：“我们只见了一面，人家也没有表态，我也没有拿定主意。那女人有一个12岁的男娃，我还怕这个小弟弟和你将来合不到一块儿去闹矛盾哩。”叶小娟说：“啥小弟弟？我不要他给我做小弟弟，那女人也甭想进这个门。”叶小娟把景解放那支没有吸完的烟一把夺过来折成了两段扔进了烟灰缸。景解放说：“看这女子，为这事生啥气呢！我只不过是和人家吃了一顿饭。事情成不成，咱总得给人家两个院长面子嘛。”叶小娟说：“那就到此为止吧。”景解放说：“叫我再想想。”叶小娟说：“没有啥可想的。不行就是不行！”叶小娟没有给景解放打洗脚水，自己洗了脚，进房间睡觉去了。

正月初八，眉台县医院收了假。那天上午，叶小娟没有去公司上班，她来到县医院，找到了总护士长。总护士长姓夏，叫夏玉莲，三十七八岁的样子，体态丰满，面容姣好。叶小娟一见到总护士长语言就横冲直撞：“姓夏的，景解放已经有爱人了，希望你有自知之明，好自为之，不要再打他的主意了，不然，引起的后果你自负。”叶小娟撂下一句话就走。这位总护士长被弄得莫名其妙。她到医院工作了近二十年，还没有人这样给她说话，她想还叶小娟几句，连对手也没有，她当即给景解放拨了电话：“景总，你算是眉台县有头有脸的人，咋能这样做事？咱两个的事你不同意就算了，为什么要叫叶小娟来欺负我？”景解放急忙问：“夏护士长，是咋回事？”夏玉莲说：“你回去问女儿。”还没等景解放再说，她挂了电话，关了机。

当天晚上回到家，景解放问叶小娟去没有去县医院？叶小娟说去过，叶小娟丝毫不遮掩，把她怎么样见夏玉莲，给夏玉莲说了什么话，原原本本地给景解放说了一遍。景解放一听，十分生气，景解放责备叶小娟：“你咋能这样呢？”叶小娟说：“我就是这样。在这个家，有我没她，有她没我。你要是决定和她结婚，我现在就走。”景解放说：“我没有说要和人家结婚，我和人家只不过见了一面，吃了一顿饭，你就给人家歪了一顿，叫人家的自尊心往哪里搁？”叶小娟一听，放声哭了，她说：“你张口闭口是人家，你替我想过没有？你心里还有没有我？你叫我的自尊心往哪里搁？”景解放就不明白，这件事咋能伤害了叶小娟的自尊心？他还以为叶小娟嫌他事先没有和她沟通，才去县医院惹事的。他还以为，他要是再娶就必须事先和叶小娟商量好。他却不知道叶小娟心里的小九九。

农历二月十六日是叶小娟20岁生日。就在前一天，景解放给叶小娟说，他要在大眉酒店包一桌饭，给叶小娟过生日。叶小娟不肯，她坚持要在家里过。生日那天，叶小娟没有上班去，她去菜市场买来了肉和菜，自己操刀，在家里炒了几个菜。景解放给叶小娟买了一个生日蛋糕。两个人默默地吃，默默地喝，生日过得很冷清。景解放举起酒杯说："祝女儿生日快乐！"叶小娟说："我不快乐。"景解放放下酒杯说："为啥？你过生日就应该高高兴兴。"叶小娟说："我高兴不起来，至于说为啥，现在还不能给你说。"景解放说："有啥烦心事给老爸说，老爸会叫你高兴起来的。"叶小娟说："那你就等着吧，我当然会给你说的。"

二月十六日的月亮只缺了一线，几乎是个满月，青白色的月光透过窗玻璃投射到床上来，景解放躺在月光之中，毫无睡意。在他身旁，没有月光可以照亮的女人的身体，只有长方形的月光布下的阴影。这几年来，他为叶小娟而四处奔走，每当夜阑人静之后，他就想起了乔桂芳和儿子景旭，他觉得，他最对不起的就是妻子和儿子。乔桂芳是一个无可挑剔的好妻子，她之所以离他而去，完全是由他一手造成的，她的贤惠、善良和能干，在松陵村有口皆碑，他和乔桂芳离婚以后，松陵村人都说，他把福气用脚踢出去了。他也想过，上苍不会对他那么偏爱的，不会再赐给他像乔桂芳一样体贴他关爱他的妻子了，为此，他也痛心过。叶小娟痊愈后，他的心理负担减轻了，反而很孤独很寂寞了，他渴望身边有一个女人，渴望能搂着爱他的女人淋漓酣畅地睡一回。虽然，他和县医院的夏玉莲护士长只见过一面，他从内心里很喜欢这个女人，她的漂亮端庄使他心动了，他也能感觉到，这个女人对他是满意的。也许，他和她将是天作之合，可是，事情还没有开头就被叶小娟搅黄了。他知道，叶小娟很爱他，但这只是父女之爱，父女之爱和夫妻之爱是截然不同的两回事。既然事情还没开始就闹得很糟了，他想，把这件事先放一放，他要通过县医院的两位院长和公司财务科的科长分别给夏玉莲和叶小娟谈一谈，消除误解，促成他和夏玉莲的婚姻。他总以为，叶小娟之所以跟上搅和，不过是恶作剧，是担心他和夏玉莲结婚后把感情转移了而冷淡了她。今天，叶小娟过生日，他本来打算叫几个朋友聚一聚，庆贺一下，叶小娟能够痊愈确实是值得庆贺的事，可他不清楚，叶小娟为什么不叫他庆贺。为什么反而心事重重的。

景解放正躺在床上思前想后，叶小娟推开门进来了。景解放一看是小娟，开了灯，坐起来了。叶小娟只穿一身睡衣，带着被窝里暖烘烘的气息。叶小娟关了灯说："向里睡一睡，我要和你睡一张床。"叶小娟说着就上了床。景解放没有挪动，意思是拒绝叶小娟。叶小娟说："咋？不要我了？要是换了那个护士长，你会不要她？"叶小娟又旧话重提了，又是夏玉莲？景解放不是看见，而是感觉到了她目光中的愠怒。他向床里边挪了挪。叶小娟钻进了被窝。景解放说："你已经长大了，咋能和老爸钻一个被窝？"景解放要下床去另抱一床被子，叶小娟不叫景解放下去，她说："谁规定老爸和女儿不能钻一床被窝？"景解放说："这不是规定，这是规矩。活人过日子就要按规矩办。"叶小娟说："我在你被窝里钻一晚上，看天能不能塌下来。"景解放说："真是娃娃说的话，你哪里像个大人呀？"叶小娟说："你躺下，我有话给你说。"景解放只好躺下了。叶小娟问景解放："你说你爱不爱我?"景解放笑了："这还用问吗？没有你，老爸不知道怎么活，我对你爱得要死哩，你还不知道吗？"叶小娟说："你说我爱你不爱你？"景解放说："你当然最爱我了。"叶小娟说："咱们之间是咋样的爱？"景解放说："是老爸对女儿的爱，是女儿对老爸的爱。"叶小娟说："就是这？"景解放说："你还要啥？"叶小娟说："不是我想要啥，我是说，你没说实话。我们之间还有一层爱，那是男女之爱，你承认不承认？"景解放面对着房间内朦胧的月色，面对着并不宽敞的房间，他觉得，叶小娟的提问太逼人了，他没有回答。叶小娟说："我和你之间没有任何血缘关系，你咋不承认咱们之间有男女之爱呢?"如果他死不承认，就显得他虚伪了，如果他承认了，他就太丑陋了。他确实不可能有非分之想，有淫亵的念头。即使他对叶小娟有男女之爱也是极力克制自己，不让这种念头表露。他不会是很纯粹的人，但也不会做出龌龊之事。景解放叹息了一声："是的，谁都知道，咱们之间没有血缘关系，但有伦理。我认了你做女儿，就是伦理。"叶小娟说："这种伦理是你给我强加的，不是自然生成的。"景解放说："就算是强加的，但生活需要强加这样的伦理，一个家庭，一个社会,如果失去了这种伦理,这个家庭,这个社会就完蛋了。”叶小娟说:“你的头脑里只有君君臣臣父父子子那一套。我说过,什么事都是变化的,这种强加的伦理也会改变,改变了的伦理,也是伦理。”景解放已经估摸到叶小娟要说什么了,就说:“小娟,听我的话,不要那么想,那不可能。”叶小娟说:“为啥不可能?是因为你不爱我,还是我不爱你?”景解放说:“不是爱不爱的问题,是因为从一开初,生活就把咱俩固定在父女关系上了。”叶小娟说:“什么父女关系?我实话给你说。正月里我回凤山县去,就是为了给我爸我妈说亮清,我要和你结婚。”景解放一听,要坐起来,叶小娟按住了他,叶小娟说,“别起来,看着我,就这样看着我,听我说,我不管别人怎么议论,也不管我爸我妈同意不同意,这是我自己的事情,我自己拿主意。我是属于我自己的,我有权利支配自己。”景解放说:“小娟,你这是一时的冲动,是一种感恩的想法在支配你,你要理智一些。”叶小娟说:“不,我20岁了,不是小娃娃,我到了理智的年龄,我的想法和做法都是理智的。我爱你,从14岁那年,从没有受伤以前就爱着你,从进你的花炮厂第一天起就爱着你,你不要拒绝我。”景解放说:“你这样做,会毁了你的。在我的心里,你永远是我的女儿。”叶小娟说:“那是你虚伪!”景解放说:“不是我虚伪,即使我有那种感情也会掐断的。”叶小娟说:“为啥要那样?”景解放说:“咱俩的年龄在这里摆着。”叶小娟说:“年龄,年龄,又是年龄?孙中山比宋庆龄大多少岁?毛泽东比江青大多少岁?年龄大就是辈分大?”景解放说:“他们是伟人,我们是平民,没有可比性。”叶小娟说:“你不是讲伦理吗?伟人就不知道伦理吗?”景解放说:“你不要和我讲道理了,这事办不到。”叶小娟说:“我不要求你现在就答应我,你可以再想想,但不能不接受。”景解放说:“你也再想想,说不定你睡一觉起来后就会改变主意的。”叶小娟说:“我至死也不会改变主意的。”叶小娟趴在了床上,双手托着腮,扭过头去,静静地看着景解放。景解放看着屋顶,一句话也不说。叶小娟欠起身,在景解放的额头上、脸庞上亲了亲,在等待景解放的拥抱。景解放一动也不动。叶小娟下了床,一句话也没有再说,回到自己房间睡觉去了。

景解放看着窗户上的月光,月光仿佛在燃烧,发出了清冷清冷的光。他的头脑是清醒的。原来,叶小娟搅和他和夏玉莲并非恶作剧,而是有目的的,他没有想到叶小娟对他的爱会泛滥成为情爱，这种爱情使他既害怕又惊喜，他的心中仿佛有一团火在炙烤着他，使他坐卧不宁。对于叶小娟的爱情他决不能接受但也不能简单地拒绝。他究竟怎样才能不伤害叶小娟而使她收回自己的这种荒唐的念头，还需要他动脑筋想一想。

景解放再也睡不着了，他穿上大衣下了楼。户外清洌洌地凉。农历二月中旬的夜晚没有一丝暖意。冷风拂面，景解放十分清醒。坐在小区的花园里，景解放吸了一支烟，走出了小区大门。在大门外，他摸出了衣服口袋里的一只鞭炮，点着了，扔在了路上，深夜里，鞭炮的响声很灿烂。鞭炮发出声响的过程也是被粉碎的过程，如果没有鞭炮的粉碎，也就没有鞭炮的声响，鞭炮是从粉身碎骨而达到巅峰状态的。这个道理虽然很简单，但是他从来没有做过这样的思考，他这样一想，心中未免有一阵惊悚有一些启示。人生的又一个难题摆在了他的面前，解决这个难题不比给叶小娟治病轻松。为了治好叶小娟，他失去了曾经很美满的家庭，为此，他心中的沟壑还没有填平。怎么样才能解决这个难题呢？景解放这么一想，心里并不轻松。

初春的一个晌午，叶拴定两口子突然来到了眉台县眉坞花炮制造公司。他们是来找景解放的。一进公司大门，他们径直朝总经理办公室走。套间外面的秘书拦也没有拦住，叶拴定两口子就闯进了景解放的办公室。秘书显然是失职了，她在后面喊着追着。景解放一看闯进来的是叶拴定和花秋仙，他给秘书摆摆手，示意秘书倒水泡茶。秘书泡上茶水刚走出去，花秋仙就单刀直入：

“景大哥，小娟把你叫伯伯哩，你知道不知道？”

景解放一看叶拴定两口子脸上阴得能拧下水来，就猜得出，他们是为什么事而来的。果然，花秋仙一开口就带着火药味。

景解放说：“娃的话，你们也相信？”

花秋仙说：“我们不信还能咋？等小娟把娃生到姓景的屋子里了，我们不信就迟了。”

景解放说：“弟妹，这是在公司的办公室里，你说话可得有分寸，我劝你不要胡说。”

花秋仙说：“我没有胡说。你行得端走得正，就不怕别人听见。你45岁的人了，小娟才20岁，你不勾引，她会上你的当？”

还没有容景解放开口，叶拴定放下茶杯，扑到了景解放的办公桌跟前去了：“老同学，我欠你的人情我日后想办法给你还。你帮我的，我不会忘记， 给小娟治好了病，全凤山县人都知道。我一向很敬重你的为人，也知道你是个正人君子，可你把事这样做出来就禽兽不如了，凤山县人就用唾沫星把你淹死了。”

景解放气得双手攥住了椅子的扶手。他做下什么伤天害理的事了，容得这两口子嚼舌头？他躁了，又不能发作，他硬是克制着自己，他耐着性子给叶拴定两口子说：“是这样，有话咱去家里说，这是公司，是谈工作的地方，不是说家事的地方。”

景解放离开了座位，要向门外走。花秋仙一把拽住了他的衣袖，花秋仙说：“你不要走，你没有做见不得人的事就不怕你们公司里的人知道。我不去你家里，我要叫你们公司大大小小的人都知道，你是咋样把我的女儿霸占去的。”

景解放转过身来，恶狠狠地瞪了花秋仙一眼，似乎要用目光把他的忿恨全部射出去。如果没有在公司，他一个耳光就过去了，他不能容忍这两口子给他泼脏水。景解放一把拨开了花秋仙的手，又回到了办公桌旁。花秋仙说：“你看起来人模人样，原来是个骗子，大骗子。”女人提高了嗓门喊叫，“骗子！骗子！”花秋仙粗话出口了，“你的公司那么多女人，哪个日不成？偏偏要害我女儿？你这个老瞎怂。”

景解放不再和这两口子争辩了。

叶拴定说：“你不要走嘛，我们今天来，只要你答应一件事：离开小娟，把女儿还给我们。”

景解放说：“好吧，叫小娟现在就跟你们走。”

景解放抓起桌子上的电话正要拨，叶小娟怒气冲冲地进来了，她一只手抓着花秋仙的衣角，一只手抓住叶拴定的衣角，将他们向门外拽。花秋仙说：“小娟，你听妈说，妈是为了你好，你不要糊涂了。”叶小娟说：“你们快走！”这两口子还赖着不走，叶小娟松开了他们的衣角，一把抓起了茶几上的水果刀。花秋仙和叶拴定以为女儿要向他们动刀子，急忙向门口退。叶小娟说：“你们走不走？你们不走，我今天就死在你们面前了。”叶小娟举起刀子要向自己的心口刺。叶拴定和花秋仙见状，急忙退出了办公室。叶小娟撵到了院子里来，她给这两口子说：“我早不是你们的女儿了，你们再来眉台县闹事，我和你们就同归于尽了。”

叶拴定两口子一看满脸怒气的叶小娟，一步步向公司大门口退去了。

B章（十一）

景满仓和景金才在雍山里走了一天，第二天午饭以后来到了一个叫桃花山的地方。桃花山仿佛一条手臂从连绵不断的大山中伸出来，它三面临沟，左边有一条山路通往林由县。到初春，山头上的桃花如浓雾一般罩住了大山，站在桃花山的院畔向下看，脚下面的山头像提在笼子里的蒸馍一样。景满仓和景金才上了桃花山顺着不太高的一条土崖下小路进了院畔，院子里只有一户人家，女主人看起来还年轻，正坐在院畔的一棵核桃树下乘凉。景满仓和景金才父子俩向女主人跟前走过去，女主人看也没看一眼，眼睛依旧伸向院畔下边，景满仓向前走了几步一看，崖畔下有两眼窑洞空闲着，他放下担子，走进一眼窑洞里看了看，窑洞的墙壁被烟熏得乌黑乌黑，一股久违了的生活气息似乎还在窑洞内徘徊。景满仓从窑洞里出来给儿子说，就住在这里吧。景金才睁大茫然的眼睛看着窑洞，一句话也没说。

景满仓二次返回来，走到女人跟前去，叫了一声大嫂。女人才抬起头上下打量了几眼景满仓。景满仓一看，女人面庞白净，一双大而秀气的眼睛，双眸中有不可遮掩的忧郁。景满仓说：“大嫂，能给一口水喝吗？”女人说：“锅里有面汤，碗在案板上，自己舀着去喝。”景满仓进了窑洞。只见左边是锅灶，右边有一张炕。景满仓从案板上拿了两个碗，舀了两碗面汤，一碗给了儿子。景满仓端着面汤碗蹭到女人跟前和女人搭讪：

“大嫂，旁边那两眼窑洞里咋没住人？”

“人家走了，一开春回山东老家去了。”

“还来吗？”

“不知道。”

“我们父子俩想借住，不知道行不？”

“你们是哪搭的？”

“山下面松陵村的，知道不？”

“知道。松陵村不是和北杨村连畔种地吗？我有个亲戚就在北杨村。我去过几回北杨村，从你们村子里的那棵大松树下走过。你们跑到山里来干啥？”

“逃难来了。”

“这几年收成还不瞎，逃啥难？是不是……”

女人欲言又止了。女人知道，这雍山里什么人都有，逃难要饭的，杀人越货的，勾搭成奸的，被官府追捕的，命案在身的，躲债逃账的，日子艰难的，都逃到雍山里来了。她大概能看出，景满仓有一副老老实实的面孔，不会是土匪，不会是逃犯，也不可能杀人放火，女人又不敢相信景满仓的话是真的。

景满仓说：“实话给你说吧，我们不是为吃的到山里来，你看我，身体这么好，就是给人拉长工也能养活我爷儿两个。我进山来，实在是没办法了，说来话长，我只能给你说，是人把我逼进山里的。”景满仓也不敢给这女人说出真情，他说，“你就开个恩典，收留我们爷儿俩吧，不知你家掌柜的能不能容我们？”女人一听，用鼻子哼了一声：“啥掌柜的。他顶不了一个人。你要住就住去，那两眼窑又不是我们的。只要山东客不回来，就没有麻烦。”景满仓一听，千谢万谢。女人摆了摆手：“谢啥谢？都是庄稼人，客啥气？日久见人心。”景满仓一听，女人话中有话，连忙说：“是呀，是呀。”

当天后晌，景满仓就开始收拾那两眼窑洞。窑洞上没有门窗，景满仓从女人那里借了一把镰刀，去沟底里割了些荆条，编了两扇门，总算能挡风遮雨了，他到崖畔上去砍了些树桠，用泥巴固定住，算是窗子。没几天，景满仓和景金才把两眼窑洞收拾得像个家了，一眼窑洞做灶房，一眼窑洞住人。

山里的日子从一个“借”字开始，吃的用的，都是从女人那里借来的。从和女人的打交道中，景满仓看得出，这女人是很善良的，也是很能持家的。收拾好窑洞以后，景满仓父子俩开始用镢头开挖山东客撂荒的山地。白露过后，他们在开挖的山地里种上了第一料麦子。

渐渐地，景满仓对这个女人有一些了解了，女人叫王凤英，34岁，有一儿一女，儿子德娃14岁，女儿燕燕12岁，女人现在的丈夫姓林，山里人叫他林二。林二长得不够尺寸，还没有吆牛的鞭杆高，一对大脚巴骨，走起路来一晃一晃的，老远看，好像向后退不是向前走。王凤英和林二生活在一起还不到三年。下雨天，王凤英就到景满仓的窑里来了，她靠住荆条门一站，眼睛一眨一眨地看着景满仓，给景满仓叙说她的身世。女人先把景金才支出去和她的儿子德娃一块儿玩，然后，就打开了话匣子，她像说书的一样，平平淡淡地给景满仓说她历经过的事情，女人的口气好像叙说的不是她的身世而是别人的故事。

王凤英的老家在河南巩县。14岁那年，她被人贩子贩到了一个窑子里。从王凤英的面貌上看得出她是一个美人坯子，14岁的她已经出落得可人了。常来逛窑子的一个做药材生意的中年人看上了王凤英，他花大价钱将王凤英赎出去了。生意人玩了王凤英几年，因为生意上惹下麻烦被牵连到一桩官司中，生意人只好又将王凤英卖到了许昌的一家妓院。王凤英在窑子里呆了一年，没人再赎她。她毕竟长相漂亮，常有人来光顾她。没多久，出事了：许昌街道上的两个痞子为了争着玩她纠集了一帮人在窑子里展开了火拼，刹那间，刀棍乱舞，枪声大作，窑子里的窑姐尖声哭喊，王凤英趁乱从窑子里逃出来了。不幸的是，她又落到了人贩子手里。这一次，人贩子没有把她卖到窑子里，而是卖到了陕西，卖给了关中西府的一个农民。王凤英的第一个丈夫虽然年龄大了些，口吃得厉害，但他为人老实，勤快能干，家里的日子过得还不错。他们除了平原上有十多亩土地以外，在雍山里还有一处山庄，不能算是富户人家，但年年还是有节余的。那几年，土匪闹得很欢，常常半夜里窜进村里来抢人。不知谁给土匪压了底线，说王凤英的公公有银元，他们进了王凤英的家，把她的公公绑在后院里的椿树上，烧了半锅菜油，用扫帚把蘸着滚烫的菜油在王凤英的公公尻蛋子上墩，王凤英的公公疼得乱叫唤，就是不交银元，土匪发了狠，两刀砍下了王凤英公公的两条胳膊，老人活活地被折磨死了。土匪没得到财物，临走时，放了一把火，烧了房子。王凤英的丈夫只好带着王凤英和一儿一女来雍山经营这七八十亩山地。进了山不到一年，一天半夜，丈夫肚子疼得在炕上打滚，额头上豆大的汗珠向下滚，王凤英被吓得不知如何是好，只能用热毛巾给他敷。还不到天明，丈夫就断了气。丈夫一死，雍山里的土匪头子林大就把王凤英给霸占了。林大一来，向王凤英的炕上一躺，盒子枪掏出来放在枕头边，叫王凤英给他烧烟泡。林大过足了瘾，就骑在王凤英身上开始折腾，折腾一毕，睡一觉就走了。国民党的保安团警备队来雍山找林大算账，因为林大几次在山下面抢了乡公所。雍山游击队也不放过林大。林大在雍山里呆不下去了，就带着一杆子人逃到林由县去了。林大临走时，带来了林二，说是他的堂弟，他叫王凤英给林二做媳妇。王凤英不敢不依，就叫林二进了她的窑门。林二是个半残废，地里的活儿抵不住半个人。幸亏，王凤英14岁的儿子已经能犁地耙耱了，12岁的女儿也能割草放牛了，地里的活儿不用王凤英操心劳累。她没事干，整天坐在院畔向下看，痴呆呆地一看就是半晌。

那天，景满仓和景金才刚上了那面坡走上平岭，坐在院畔的王凤英就老远盯住了他们。王凤英的目光像一把钩子。与其说景满仓父子是从平岭上走过来的，还不如说是被王凤英用眼睛勾过来的。当景满仓和景金才从王凤英眼前走过去时，王凤英用目光把他们捋了一遍，女人凭她的直觉看得出，景满仓是实在人，是可以做下口菜的男人。王凤英没有刁难，收留下了景满仓父子俩是有她自己的盘算的，不然，她不叫景满仓父子俩在这里住，景满仓父子俩也没啥办法，他们不是土匪，就是王凤英不叫他们住，他们也硬箍不住王凤英的，所以，景满仓对王凤英是百依百顺的。王凤英一瞅见景满仓下地回来就向景满仓的窑里跑，大多时候是女人说，景满仓听。王凤英不仅仅叙说她的过去，也说在雍山里她所知道的事，连“屁红子”（没红透彻的意思）一些事女人也是知道的。雍山里的人把游击队叫“屁红子”。景满仓问女人见过“屁红子”没有？女人说她见过，说“屁红子”里的一个分队长还领着两个人在桃花山住了一天。景满仓问女人“屁红子”是咋样子？王凤英笑了：“两只眼睛一张嘴，也要吃饭，也要睡女人。”女人还说，“屁红子”也吃烟哩，说她亲眼见过那个分队长在她的炕上用烟枪过瘾哩。景满仓说，难怪把他们叫“屁红子”哩。景满仓的言语里对“屁红子”有点瞧不起的意思。王凤英说：“他们可厉害哩，林大最怕他们。他们是专门收拾土匪的，听说他们还和政府的军队开过火。”景满仓说：“说不定他们还会再来的，来了咱看看究竟是啥样子。”王凤英说：“你等着，谁不定哪一天真的就来了。”女人说够了就回到了窑里去做饭。每逢王凤英做的好吃的，比如羊肉饺子，羊肉熬萝卜块，臊子面什么的，就给景满仓父子俩一人端一碗。景满仓开初被女人感动得连话都说不出来了，日子长了，他像吃自己的一样吃女人端来的饭。女人去院畔底下的小河里洗衣服时，常常把景满仓父子的脏衣服塞进了背篓里一起背去洗。景满仓也把王凤英当做自家人看，只是没在一张炕上睡觉罢了。

在春天里的一个晌午，景满仓正在坡地里挖黄芩，猛一抬头才看见，他的面前站着王凤英。王凤英的胳膊上挎着一个小竹笼子。笼子里是她撅来的苜蓿菜。王凤英脸上挂着笑：“景大哥，看把你烧的（能干），歇一歇吧。”景满仓抹了一把额头上的汗：“还没有挖多少哩。”王凤英说：“你就知道挖药卖钱，就不知道世上还有比挖药更好的事吗？”景满仓一瞅，王凤英的一双大眼睛比点着的炮都欢，就放下了镢头说：“歇就歇，这满山的黄芩，我八辈子也挖不光。”他坐在茂密绵软的草坡里，两条胳膊支在膝盖上，凝视着远处的山头，山头上放牛的人看起来还没有拳头大。王凤英放下了竹笼子坐在了景满仓跟前：“看啥哩？得是在看花蝴蝶？”景满仓说：“我看山头上的牛。”王凤英说：“牛有啥看头？看牛还不如看我。”景满仓看了一眼王凤英，太阳地里的王凤英脸色红扑扑的，眼珠儿骨碌碌地转动着，景满仓“咕噜”咽了一口，其实，啥也没咽下去，他说：“我看那几头牛还没有我做的雷子炮大。”王凤英说：“炮，炮，你一说起来，嘴里老是炮？”王凤英从景满仓嘴里已经知道景满仓是景家炮人。景满仓说：“做啥的爱啥，我把做炮的手艺丢了真可惜。”王凤英说：“你说你做炮是为啥？”景满仓说：“为了卖钱，这还用问？”王凤英说：“花钱买炮的人是为了啥？”景满仓说：“为了放炮听响声。”王凤英说：“你这个瓜怂，你就只知道做炮，咋不知道放炮哩？”王凤英说着将头偎过来，一只手向景满仓的裤裆里伸。景满仓笑了，笑得很响，像放炮一样。他这才明白了王凤英话中的话。他有几年没沾过女人了，他已明确嗅到了王凤英身上的骚情味儿。一个冬天里，在漫漫长夜，他不止一次地蠢蠢欲动，不止一次地思量过把王凤英压在身底下折腾一回，但一想到王凤英那个半截子男人，一想到她毕竟是有男人的女人，就把自己的欲火浇灭了。他没想到王凤英今日个会送货上门，景满仓一把揽过来王凤英："今日个我就放一炮，叫你试试。"王凤英说："你有本事尽管使。"两个人在青草地上滚成了一团。暖融融的太阳照射在他们的精腿上精尻子上，天空不见一丝云彩，山里不见一个人影，山坡上静得能听见被这一男一女压住的青草发出的不服气的喘息声。这个时候，林二正一拐一拐地在山头那边的沟里向上爬。王凤英说："你看你，真跟叫驴一样。"景满仓说："驴配种就是这样，你没见过？"王凤英说："见过，你是我见过的最好的叫驴。"景满仓说："那我就给你天天配。"两个人在青草坡里又滚了一回。

果然，如景满仓所说的那样，王凤英天天晚上就到景满仓的窑洞里来了。景金才睡在有锅灶的土炕的那眼窑洞里。两个人旁若无人地在土炕上翻云覆雨，他们根本无视半截子林二的存在。

就在夏收过后的一个晚上，王凤英像往常一样溜进了景满仓的窑洞里。他们嫌天热，连窑门也没有关，王凤英一上炕就和景满仓滚在一起了。景满仓吭哧吭哧地蛮干着，王凤英忍不住大呼小叫，他们像牛犁地一样只顾埋头干那事，景满仓从王凤英身上下来一看，朦朦胧胧的月光中，只见脚地有个半截桩桩，他们一看好像是一个人。两个人着实被吓住了。但是，当他们确认是半截子林二之后，都不害怕了。他们连衣服也不穿。景满仓精身子蹲在炕上，王凤英下了炕说："你来干啥？"林二说："我来叫你回去，我也想日×。""哈哈！"王凤英笑了："你那球本事，还想日人？滚！滚得越远越好。"林二说："你是我婆娘，我就要日。"王凤英说："看把你的球想成马蹄子了，走人！"林二一把抱住了王凤英的精腿。王凤英说："你松开手。"林二说："我不松。"王凤英说："你松不松？"林二说："不松就不松。"半截子越抱越紧了。王凤英给景满仓说："你是个死人吗？不帮个手？"景满仓跳下炕，顺手抓起了被当做枕头的一块长方形的石头朝林二头上砸去了，只听见"噗"的一声，林二松开了手，倒在脚地了。景满仓点着了菜油灯一看，半截子林二的头被打开了一个口子，他已昏了过去。景满仓说："这下子把大乱子动下了。"王凤英说："有啥难子？我早就想把这个二土匪做掉了。"景满仓说："这咋办呀？"王凤英说："有啥咋办的？背到后沟里去一埋算了。"两个人上炕去穿上了衣服。景满仓在炕洞里掏了些草木灰把脚地上的血渗了渗，又抓了几把灰给林二按在了头上的血口子上，他像背半扇死猪一样，将林二背出了窑洞。

一上路，景满仓就将林二挟在了腋下。林二只有两捆麦那么重。景满仓挟着林二走在前边，王凤英扛着铁锨镢头走在后边。他们像提着点心去走亲戚一样，只是脚步有点快。两个人在后沟里的黑水潭边挖了一个坑。景满仓拎起林二跟扔一只死鸡一样向坑里一丢，林二嘴里哼哼了几声，好像不满意这一男一女对他的处理。景满仓说："你听，他还活着哩。"王凤英说："活着跟死了一样。你填你的土，管他的。"景满仓抡起铁锨开始向坑里撂土。

处理掉林二，景满仓和王凤英像在窑洞外面解了一回手一样回到了窑洞里。他们脱光了衣服又睡下。王凤英一摸景满仓又要景满仓弄她一回，好像有庆贺的意思，景满仓哆哆嗦嗦地来不了劲那个东西软得像抹布一样。王凤英说："你真是没日过人。"景满仓说："我闭上眼睛就看见半截子在我眼前头晃。"王凤英说："你趴到我身上来，我把你搂紧，你就不害怕了。"

桃花山没有了半截子林二，还没有丢了一只羊一只狗那么令人牵挂。几天没见半截子，德娃和燕燕也没问王凤英一声，只有景金才吃饭的时候问景满仓："咋好几天不见林二叔了？"景满仓说："山里有豹子，说不定招豹子祸了。"景金才说："豹子能吃人？"景满仓说："牛的力气那么大，也招豹子的祸哩。"景金才说："我下次能见一回豹子就长见识了。"16岁的景金才已察觉到父亲和王凤英之间有事了，但他说不出口。他根本想不到，父亲会和王凤英把林二给做掉了。

收拾了林二，桃花上没有人过问，在雍山里，方圆几十里，这里一户，那里一户，就是有人死在自家的窑洞里，半年六个月也很少有人知道的，况且，林二是个残废，又背着土匪弟弟的瞎名声，桃花山附近根本没人提说他。不过，景满仓和王凤英还是心虚，他们担心林大有一天突然而来，追问林二的下落。尤其是景满仓，每当王凤英摸黑到窑里来，他一看见人的影子就未免要叫唤一声，他当着王凤英的面说："我以为是半截子回来了。"王凤英说："你就没见过一石二斗麦做的献的（供奉的食品）。没事，没事，你弄你的。"景满仓的内心并不像王凤英说得那么轻松，他倒不是怕林大来找他算账。他的心里难以安宁，他连一只鸡都没有杀过，怎么轻而易举地杀了人？就在林二死后不久，他背着王凤英在埋林二的地方去给林二偷偷地烧了纸钱。他一边掉眼泪一边扇自己的耳光，他真后悔，不该一石头打烂林二的头。他在内心恳求林二饶恕他。从黑水潭旁边回来，他几天不理王凤英。王凤英向他求欢，他的那个东西硬不起来，急得王凤英又是拿手搓，又是拿嘴咂。他夜里常常做噩梦，梦见林二向他索命来了，他吓得跪在地上不停地求饶。

就在那年正月里，张家山王凤英结拜的干大来走亲戚，王凤英当着干大的面把燕燕许给了景全才。王凤英的干大就是媒人。这一对小年轻人在一块儿放牛一块儿割草砍柴，对彼此都上了心，两家的大人一撮合，两个人都欢天喜地的，等待圆房。景满仓和王凤英做了两亲家，等于两家合成了一家，两个人都有了依靠，他们就是公开行事，两家的儿女只能睁一只眼闭一只眼了。

当景满仓和王凤英两家人沉浸在皆大欢喜之中的时候，灾祸降临了。

灾难是林大一手造成的。

林大是由林由县扑出来的。

林大带领着他的弟兄们本来是去凤山县的雍川乡一带的，他们要下山，桃花山是必经之地。林大只是想到桃花山看看林二，不想久留。

时值傍晚，又红又大的太阳刚刚落了山，十一个土匪缩着脖子进了院畔。由林大带头，他们一齐涌进了景满仓的窑里。王凤英一看是林大他们，脸上立时变灰了。她赶紧叫林大在火盆跟前烤火。林大用手枪将景满仓的下巴一抬问王凤英："他是谁？"王凤英说："是女儿的公公，我的亲家。"林大说："我还以为是嫖客。"王凤英赔着笑说："不敢，不敢。"林大说："我家老二呢？"王凤英说："下山去了。"林大说："啥时候走的？"王凤英说："今早上。"林大说："你想哄我？啊？我们是从山下面上来的，一路上咋没见个人影？"王凤英一听，没话了，她即刻改口："大概半路上到德娃他干大家去了。"林大说："那好，你跟上，我派一个弟兄，去把林二接回来。"王凤英一看，以为林大专门冲着林二来的，就突然放声哭了，她哭着说，林二得绞肠痧死了。林大毕竟是很老道的土匪，他已看出了事情的端倪。他家的林二肯定成了潘金莲手下的武大郎了。他大喝一声："把这两个狗男女拿下。"几个土匪一齐上手，捆住了景满仓和王凤英。燕燕、德娃和景金才被反锁在了王凤英的窑洞里。土匪们押着景满仓和王凤英，将它们押进院畔东边的打麦场里，捆绑在两棵杏树上，用枪托分别在两个人的身上打。王凤英经不住拷打，把弄死林二的事原原本本地说出来了。景满仓说："人是我砸死的，和我亲家母没有关系，要杀，就杀我。"林大看着景满仓，说道："你还算义气，老子就爱你这号人。"他给手下人中的一个高个子土匪说："就成全了他。连这个臭女人一齐干了。"景满仓说："姓林的，我今天算是碰在你手上了，我只求你一件事，你看行不？"林大说："你说。"景满仓说："你把我毙在后沟埋林二的地方，在这里枪一响，把三个娃们就吓完了。"林大说："也好，叫我家老二看着你是怎么死的。"高个子土匪给林大说："老大，我看这个女人就算了，叫弟兄们玩一玩。留下她，弟兄们上山下山也有个玩的地方。"林大想也没想，说道："那好，给她留一条命。你们几个都日去。"两个土匪押着景满仓去了后沟。其他的土匪扑向了王凤英。他们七手八脚地扒掉了王凤英的衣服，把王凤英压倒在打麦场上的麦草垛子跟前了。林大看了一眼精着双腿乱蹬的王凤英，到景满仓的窑里过瘾去了。当王凤英嘶哑着声音喊叫的时候，后沟里的枪响了。土匪朝景满仓连开了三枪，景满仓倒在了黑水潭边。

A章（十二）

叶拴定两口子至死也不会理解女儿叶小娟对景解放的情感究竟有多深，其实连叶小娟自己也说不清他对景解放的情感有多深，她只是觉得，她的生活中，她的生命中，缺少了谁都可以，就是不能缺少景解放。景解放和她已是血肉相连了。在叶小娟看来，无论是她对景解放感恩也罢，爱慕也罢，情感两个字是无法囊括她对景解放的表达的。既然她的命也是景解放给的，她还在乎什么呢？14岁那年，是她的灾难之年，也是她的重生之年。从那年第一次见到景解放，她就喜欢上了景解放这个"大人"了——对于14岁的小姑娘，景解放确实是父亲一样的"大人"。尽管，她对他的喜欢不带性渴望，但却是由衷的，是尊敬、仰慕，是不带任何功利的很纯粹的初次萌发的感情。她也说不清，景解放身上有一种什么东西吸引着她，使她着迷。从那年开始，她就意识到，人世间是美好的，之所以美好，是因为有景解放这样她很喜欢的人。

叶小娟记起来了，那是景解放从广州看病回来的那年夏天。景解放听说雍川乡的刘家原有一个老中医对疑难杂症很有办法，就带着她去刘家原。刘家原不通客运车。在杏林镇下了车，走三四里路就到刘家原了。到刘家原要过一条小河。小河干旱时只有一脚面水，人们常常蹚着水过，河里的木桥也是样子货。去的时候，景解放托着叶小娟的手从水里过去了。夏日里，精脚踩着薄薄的水，凉飕飕的，特舒服。回来的时候，忽然雷声大作，虽然，只落了几滴雨，也许，由于上游下了暴雨，小河涨水了，河水浊浪滚滚。水快要没上木桥的桥面了。走到木桥跟前，景解放要背叶小娟，叶小娟不叫他背。她牵着景解放的手从桥上过。走到桥中间，一股翻腾的洪流过来，小桥的一半被卷走了，景解放和叶小娟同时落进了水里。眼看着叶小娟被洪流卷走了。景解放不会游泳，他扑过去，从漩涡中抓住了叶小娟，叶小娟已呛进去了几口水。景解放把叶小娟抱起来，叫她骑在他的脖子上，双手抱住他的头。就这样，景解放在水中艰难地向前蹚。洪水已到了景解放的脖子底下。景解放一只手把叶小娟的两条腿搂紧，一只手划着水，走了几步，又是一个浊浪，景解放跌倒在水中，他连呛了几口水，但他抱住叶小娟的那只手臂一直没有松开。他稍微一松手，叶小娟就被洪水卷走了。景解放连跌几跤，连喝几口水，他凭毅力凭意志走到了河对岸。坐在对岸的树下，叶小娟吓得放声大哭。当她痊愈之后，回忆起那次惊险，她给景解放说，我的命是你从洪水中拉回来的。景解放说，要是洪水再大些，我也没命了。这些事情，叶小娟一件也没给父母说过。叶拴定两口子只知道景解放给叶小娟治好了病，景解放渡过的艰难他们一点儿也不知晓。

叶小娟对父母亲的作为更加讨厌，对景解放更加依恋了。叶小娟悉心照料着景解放的起居。每天早晨，景解放起来的时候，叶小娟给他打好了洗脸水，他刚洗漱完毕，叶小娟从街道上给他提回来了他最爱吃的油条豆浆。临睡前，叶小娟要把景解放换洗的衣服取出来，叠好，给他放在床头柜上。晚上，他回来得多晚，叶小娟都在等着他。叶小娟在澡盆里给他放好水，逼着他去洗澡，等他洗完之后，她才回房间里睡觉。叶小娟扮演的完全是一个家庭主妇的角色。有叶小娟在跟前，景解放觉得心里温暖、舒坦。景解放很少出差，他觉得，他一天不见叶小娟心里就发慌，就像缺了什么似的。无奈之中，他无论是进北京，还是去上海，住进宾馆的头一个晚上，常常失眠，即使吃了安定片也睡不着。每天临睡前，他都要和叶小娟通电话，一天不通电话，恍如隔年。

当听筒里传来叶小娟柔软而略带忧郁的说话声时，他拿听筒的手不由得颤抖，说上两句话，他的眼睛就发潮了，他仿佛看见叶小娟孤零零地坐在客厅里，不是对着电话机，而是看着他的面庞说，她说，阳台上的花一夜之间就开了；她说，放在储藏室里的鞭炮昨天突然爆炸了——他知道，她是在吓他是逗他开心。她尽量说得很开朗，不带忧郁和思念。但他能感觉到她很孤寂。他给她说，我明天就回来，你等着。每天晚上通电话，他都说明天就回来。有一天晚上，她似乎生气了，在电话中说，老爸天天哄我，老爸是个大骗子。他在电话那头哈哈大笑了。第二天，他断然飞回了陕西。他一进门，她就扑进他的怀里紧紧地抱住了他。他说："我没有骗你吧。"她说："你骗够了就不骗了。"叶小娟的父母亲在公司闹过之后，叶小娟没有在景解放面前说过要嫁给他的话，景解放以为是叶拴定两口子给女儿施加压力的结果，以为叶小娟那样说是一时冲动。叶小娟不再提说，他心里就轻松了些。

叶小娟病了。景解放带她到眉台县医院做了全面检查，并没有查出什么器质性病变来。叶小娟再一次住进了曾经住过的西水市中心医院。查了三天，所有的脏器都没有病变。医生告诉景解放，叶小娟神情倦怠，不思饮食，经期失调，是由于神经功能紊乱引起的，在医院调理几天就好了，并没有大碍。景解放在医院包了一间干部病房，放下了手头的工作，住到医院，照料小娟。小娟每天上午只打250毫升的点滴，一个下午没有任何事情可干，他就陪小娟在医院里的花园中散步。小娟挽着景解放的手臂，偎依着他，两个人迈着舒缓的步子，在花园里悠闲地走了一圈又一圈。小娟一句话也不说，她似乎需要的就是这情调这气氛。景解放忍不住说："小娟，你总不能在这公司干一辈子吧，你想过没有？你将来干什么？"叶小娟说："将来？啥时候是将来？十年以后，二十年以后，你的头发全白了，像演员一样还是那么有气质。我依旧这样挽着你，行走在城市的公园里。我的将来就是陪伴你，陪伴你一辈子。"景解放说："真是个女子娃娃，没有大志气。"叶小娟说："你说错了，不是女子娃娃没大志气。人要活得实在一些。你们那一代人所说的大志气其实是空的，什么修身齐家平天下？那样太累，太功利了。人不是为了什么大志气而活着的。"景解放说："那你说人为啥活着？"叶小娟说："我读了一本书，叫《人生十问》，我回到眉台县，念几段你听听，听听人家是怎么说的。"景解放说："那好吧。"叶小娟说："咱明天就回去。"景解放说："你的病还没有好。"叶小娟说："我就没有啥病，只是心里毛乱，只要你答应我一件事，我的身体准保就好了。"景解放说："啥事？只要我能办到。"叶小娟说："你先答应我。"景解放说："假如我办不到呢。"叶小娟说："有啥事在你手里是你办不到的？"景解放说："上天给我女儿摘星星，我能办到吗?"叶小娟说："没有你想象的那么困难，其实是很简单的事情。"景解放说："那我就先答应你。"叶小娟撒娇了："不办就是小狗了。"景解放笑了："我才不做小狗。"叶小娟说："我要和你照一张合影。"景解放一听，又笑了："我以为是多么大的事，女儿和他爸照张相，有啥困难的。你去家里的相册中看看，你和我照的相还少吗？明天咱就去西水市最高档的影楼照相，只要照相能治你的病，不要说照一张，照一百张也行。"叶小娟说："化了妆，我还要穿婚纱。"景解放说："看你，才22岁，就急着穿婚纱？你既然穿上婚纱就要和女婿照相，咋能和老爸照相？"叶小娟说："有啥不合适的？我穿上蟒袍，也还是我，只不过换了一身衣服，犯了啥忌讳？"景解放说："当然犯了忌讳。婚纱照是结婚时的照片，不是风景照，你不知道？"叶小娟说："我就是要和你照婚纱照，我就是要和别人不一样。你不和我照相，我就不跟你回眉台县了。”景解放没有言传，过了一刻，才说：“可以。这只是你闹着玩，你把相片拿回去要藏好。等你结了婚，可以给女婿说明白，是在啥情况下照的。”叶小娟说：“我听老爸的。”

那天，景解放和叶小娟来到西水市的摄影楼，两个人都进行了简单的化妆，小娟穿上了婚纱。摄影师就是导演，他像指挥所有的情侣一样指挥景解放和叶小娟摆出亲热亲昵的姿势来。开初照的那两张，景解放还有点生硬、别扭。景解放一看，打扮得十分得体漂亮的叶小娟，她穿着一套雪白的婚纱仿佛演员进入了角色，他自己也随着摄影师的指挥走进了戏里，在摄影师的吩咐下，他将头偏向小娟，他将手搭在小娟的肩头，他揽住小娟的腰身让她紧偎住他，他的脸贴在小娟的脸上，这些动作似乎都不是导演导出来的，而是来自内心的很自然的举动，景解放不再是做戏，他似乎不是在扮演一种角色，温柔的婚纱使叶小娟显得苗条而丰满、典雅而高贵。挽着叶小娟，景解放的心一下子年轻了许多岁，而本来就是那个角色。他的全身涌动着一股暖流，看小娟时的目光变得热烘烘的，而叶小娟似乎陶醉在婚前最美好的时刻，脸上红扑扑的，眼睛里放着光。她像演员一样，对着镜头，做出了妩媚的姿势。一套婚纱照照毕，以至小娟脱下婚纱换上原来的衣服挽着景解放从三楼走下来的时候，两个人一句话都不说，仿佛还沉浸在那美妙的时刻。对于景解放来说，刚才的举动不是表演不是做戏，他好像历经了一次感情波澜，走在大街上，他还能听见自己的心在跳，他不敢正眼去看叶小娟。迎面走来了他生意上的一个熟人，熟人用不怀好意的目光审视挽着他的叶小娟，他怕熟人误会，抢先介绍：“我的女儿小娟。”他给叶小娟说：“叫田叔叔。”叶小娟勉强地叫了一声田叔叔，撅着嘴，独自走了。景解放和熟人只说了两句话，赶紧去撵叶小娟。

过了两天，叶小娟出了院，她和景解放一起回到了眉台县。

景解放没有想到，叶小娟和他照婚纱照只是玩弄的一个小小的伎俩。

婚纱照是景解放从西水市取回来的，他将装上相框的、放大了的婚纱照放进了柜子里。如果说，那照片是他人生美好瞬间的记录，他只能将这记录珍藏起来。叶小娟下班回来，要看放大了的婚纱照，他说，在柜子里，你看完后藏好。叶小娟说，为啥要藏起来？这是光明正大的事情，偷偷摸摸的干啥？景解放说：“叫别人看见，你以后咋找老公呀？婚纱照应当是和老公照的，不是和老爸照的。”叶小娟笑了：“我就是和老公照的呀！干吗要藏着掖着？”景解放恍然大悟了：小娟和他照婚纱照并非闹着玩，而是有预谋的，是逼着他就范的第一步——检查他的内心，是他心甘情愿满足她的愿望的，这也是他内心深处压抑的欲望开始生长的结果，他渴望这样做，不然，在照婚纱照那天他不会激情澎湃的。这已经成了铁的事实，有几十张照片作证，他能遮掩住吗？因此，他想了想，还是由小娟去折腾吧。他无论如何也要使小娟高兴。

叶小娟将婚纱照从柜子里取出来，挑了四幅。两幅挂在了景解放的卧室，两幅挂在了她的卧室。

事情是叶小娟故意张扬出去的。

叶小娟把相册拿到了公司财务室。相册里有她和景解放照的婚纱照，那几个会计、出纳、统计员都是中年女人，她们一看景解放和叶小娟的婚纱照既蹊跷又惊诧，既想知道真相又不敢直接地问叶小娟。叶小娟当然知道她们的心事：这几个女人和其他许多女人一样有用别人的隐私来满足自己的欲望。叶小娟毫不避讳地说，这套婚纱照是我和老公最近才照的。叶小娟一句话亮出了谜底。老爸怎么变成了老公？当今时代，什么事情都可能发生，她们也就见怪不怪了。她们皮笑肉不笑地说，景老总多么年轻呀！还有人小心地问：你们什么时候办事呀？叶小娟落落大方地说：“婚纱照都照了，快了吧。”

第二天，叶小娟和景解放照婚纱照的事便在公司里不胫而走，公司的一位副总问景解放什么时候结婚的时候，景解放说：“开啥玩笑？和谁结婚？”那位副总说：“瞒谁呀？婚纱照都照了，公司里上上下下谁不知道？”景解放还不知道是怎么回事。他把电话拿起来又放下了。工作时间，他不能和叶小娟谈自己的私事。

晚上，景解放回到家，他问叶小娟，照婚纱照的事情公司里的人是咋知道的？叶小娟说，是她把相册拿到办公室叫大家看了的。景解放一听，立时躁了：“你这不是把我拿到火上去烤吗？”叶小娟声音也高了：“谁烤谁？你太虚伪了！”景解放连自己也没有想到，他竟然伸手一耳光打过去了。那一耳光落下去，景解放自己也愣住了，他似乎还没有明白自己干了什么，只见叶小娟拉开窗户纵身向下跳，景解放一把抱住了她，叶小娟倒在景解放的怀里放声大哭："我错了吗？我错在哪里了？我是拿一颗心爱你。我的命都是你给的，我不爱你爱谁去？"景解放说："不是 你错了，是老爸错了，老爸千错万错不该打你，你就原谅老爸这一次。"叶小娟说："你不要再老爸老爸的了，你是老公。"景解放苦笑一声："好，是老公。"叶小娟这才破涕为笑了。等叶小娟平静了，景解放说："小娟，你爱我，我很感激。结婚是一辈子的事，千万不可轻率，你这一步走出去，后悔就来不及了。"叶小娟说："我不会错，也不会后悔的。我爱你，没有一点儿虚情假意，我不只是感激你，不只是感恩，你是我最值得爱的一个男人，我真的爱你。。"景解放说："我已人到中年，你的人生刚开始，你和我在一起，你会受苦的。"叶小娟说："受啥苦？我明天和你结了婚，别人爱说啥，随便说去。"景解放说："倒不怕别人说啥，我自己会内疚的。我不能毁了你。"叶小娟笑了："不是毁了我，是成全了我。"景解放一看，叶小娟铁了心，就无话可说了。

过了几天的一个晚上，叶小娟穿着一身睡衣，又来钻景解放的被窝。景解放没有再赶她走。叶小娟拿着一本书上了床，和景解放并排靠住床的靠背半躺着。叶小娟说："我今天晚上和你共同学习，好吗？"景解放说："好么，学习啥？"叶小娟把手中的书一亮，景解放一看书名叫《人生十问》。景解放说："不是非法出版物吧？"叶小娟说："你看，你看，版权页和条码都有，咋会是非法出版物？《人生十问》是教授回答问题的书。"景解放说："上市的不一定是好书。老百姓也弄不清啥是好书，都听媒体宣传。有些人为了赚钱，哄老百姓，把坏书非要说成好书不可。我听眉台县一个写书的说，要在全国得一个什么奖，要花几十万元钱哩。那些写书的人可会炒作了。假如是好书，咱就学习。"叶小娟说："我念你听。听几段，就知道是不是好书。"景解放说："那好吧。"叶小娟开始念书了：

"问：人活着的意义是什么？"

"答：这个问题可以有上百种上千种答案，但归根结底，只要一句话就可以回答：人活着就是为了满足感官享受。孔子曰：食、色、性也。吃饭、拉撒、睡觉、性交是人的本性。古人云：行乐需及时。享乐无罪。及时享乐。这才是人本身的需要。道德、伦理、规范是人的文化需求，但是，要看到，文化使人类迈进了文明的门槛，人是文化的人，但是，文化也是人的天敌，文化是对人的自然属性的砍杀和压抑。这就是说，文化本身是双刃剑。为了什么而活着，是人类给自己强加的意义……”

叶小娟合上了书本不再念了：“这个观点你能接受吗？”

景解放说：“不能。”

叶小娟说：“为啥？”

景解放说：“享受感官只是为了自己而活着，人活着不只是为了自己的。农村人常说，人是大家活的。人活着是为了大家，是为了父母，为了儿女，为了妻子，为了丈夫，为了亲友，甚至为了你周围的每一个人。为了大家而活，人才能活得愉快。当然，人不为己，天诛地灭，但利己要不损人。”景解放感叹道，“难怪，有些评书的瞎怂要把坏书说成好书了。”

叶小娟说：“都快到二十一世纪了，你还是老观念，那你还不如说人活着是为了共产主义奋斗终生。大话，空话。”

景解放说：“哪怕到了三十世纪，人的一些基本行为准则是不能变的。我给你说过，再变，太阳一定还是从东边出来，西边落下去的。我说的不是大话，不是空话，是做人最基本的东西。”

叶小娟说：“你把这本书好好学习一下，你就会改变看法的。我不希望你和我的观点保持一致。但我要按我的活法活。”

景解放说：“我们是两代人嘛，不可能有一样的活法。这样的书老爸就不学习了。吹捧这种书的人，肯定受了贿。年轻人被这些瞎书教坏了。人是人，人不是动物。”

叶小娟说：“我不准你那么说。这只能说明你是老观念，不是作家的书不好，是你的观念没有改变。睡觉吧。”

叶小娟将书本放在了床头柜上，身子向下一溜，钻进了被窝。景解放一看，叶小娟今夜晚不打算回自己的房间了。他只好躺下了。

房间里黑洞洞的，叶小娟就躺在景解放的旁边。景解放怎么也睡不着，叶小娟的那毛茸茸的呼吸仿佛毛茸茸的小手在他脸颊上抚摸，他的心里在发痒，他不停地在床上翻身。他确信，叶小娟也没有睡着。小娟的一只手臂从被窝里伸出来搭在了被子上。他干脆打开了床头灯，侧过了身，小娟也侧过了身，两个人脸对着脸，目光对着目光。叶小娟先开了口："不要再为难了，答应我，做我的老公。我太爱你了，这一辈子没有你，我不行。"景解放说："你真是个孩子，这是大事情，不是我一句话就可以解决的。"叶小娟说："再大的事情，也是你和我的事情，别人管得着吗？"景解放说："问题不在别人身上。"叶小娟说："那就在你身上。"景解放说："是的，在我身上，这种事，我做不出来，我要是做出来，就违反了人伦，就有了罪恶，就会受到惩罚的。"叶小娟说："你不娶我，你才会犯了罪，你不信？咱走着瞧。"叶小娟的这话是啥意思？景解放一时还理不清，他等待叶小娟说下去，可是，她没有再说下去，转过身，睡觉去了。景解放不再思量了，也转过身，两个人脊背对着脊背。景解放关了灯。

叶小娟以为景解放睡着了，她撩起了景解放的被子，钻进了他的被窝。叶小娟是一寸寸地将身体挪过去的，她用她那光滑柔软的身子紧贴住了景解放的脊背。其实，景解放并未入睡，当叶小娟贴过来的时候，他的浑身绷紧了，他几乎屏住了呼吸，偷偷地换着气。他只能装作睡着了的样子，一动也不动。他的意识无比清醒，叶小娟那无声的、急促而柔软的气息吹过他的脖颈吹向他的面颊，他觉得，她紧贴着他的胸脯是很饱满的，尤其是弯曲过来的大腿如同拿在手中的毛桃一般，特别刺激。他不由得将两条腿曲紧了。叶小娟的一只手从他的睡衣中伸进来，手指头在他的胸脯上轻轻地抚摸。他的身体上仿佛有一条毛毛虫在游走，那种痒通过皮肤传递给血液神经传递给五脏六腑，甚至浑身的骨头都在发痒。他真想大喊一声："我受不了！"他的意识中女儿的形象在淡出，只有女人是鲜活的，是庞大的，是充满诱惑的：女人！女人啊女人！景解放觉得他面对的是一种诅咒一种罪孽，他几乎难以逃脱了，几乎要崩溃了。当叶小娟的手顺着他的胸脯向腹部游走时，他抓住了她的手腕，他侧过身，面对着叶小娟，他看不清她的面容，只感到她的一双眼睛如同两盏灯。叶小娟把嘴巴贴过来了，快贴上了他的嘴唇。此刻，他一把撩起了被子，坐起来，说了一声："热，太热了。"叶小娟打开了床头灯，没有盖被子的叶小娟半裸着的身体在惨白的灯光下曲线毕露，一条腿伸长，一条腿半曲着，一副很舒坦的样子；只戴着胸罩的胸脯上，乳沟十分清晰。景解放说："你快睡，我下去抽支烟。"他跳下床，到了客厅。

景解放和叶小娟僵持了一段时间。

公司里在传言，景解放和叶小娟要结婚了。景解放只能装作不知道。把传言当做耳边风，随它去吹。

迫使景解放最后下决心的是，他发觉了叶小娟的遗书。遗书压在叶小娟的枕头底下，遗书是叶小娟写给景解放的一封信，叶小娟在遗书中说，既然你不娶我为妻，就说明你不爱我，心中没有我。我那么爱你，你却对我这么冷漠，我活在人世上还有什么意义。嫁给最爱的人是一种快乐，也许，死也是另外一种快乐。叶小娟指责景解放：做为一个男人，你太自私了，你只想到你自己，你怎么不为你心爱的女人想一想，你想想，她得不到她追求的爱人，她有多么痛苦吗？既然是这样，还不如早早结束这痛苦。最后几句话把景解放刺得心里痛。"也许，我今天死去，明天你就把县医院的夏玉莲娶进门了。大概，你心里只有那个姓夏的女人。为了成全你们，我只能选择离开了。"景解放读着叶小娟的遗书，心里颤抖。事情比他想象的严重得多。他在叶小娟的桌子抽屉里发现了一瓶安定片——足足100片。可见，叶小娟是做好了准备的。景解放把安定片放回原来的地方。他坐在沙发上，泪水潸然而下了。如果他不娶叶小娟为妻，叶小娟就自杀。难怪叶小娟说走着瞧，难怪叶小娟说他会成为罪人的。他明白，当一个女孩儿对男人痴迷到近乎疯狂的时候，会毫无理智，什么事情也做得出来的。景解放想了又想，如果他不走出这一步，他和小娟都会毁灭了。在这个时候，语言会显得苍白无力，要靠说理来改变叶小娟的想法是不可能的。她是铁了心的。这件事，也和放炮一样，炮粉碎了，纸屑飞了，响声熄灭了，这个过程完成了，世界也平静了。

说他不爱叶小娟，那是假的，可以说他比叶小娟爱他更爱叶小娟，如果说，没有叶小娟，他不知道他会变成什么样子，他也渴望把叶小娟抱在怀里，理智告诉他，他不能那样。而一旦让感情占了上风，他对叶小娟的爱情会变得比叶小娟爱他更疯狂的，景解放想，人不能对什么事都看清，如果看清了，是很痛苦的，他只能做，不能在做出的后果上一再盘旋。既然叶小娟要把生命搭进去，他只能依了叶小娟——走一步算一步吧——景解放打算和叶小娟订婚。

景解放在眉台县的大眉坞酒楼要了两桌饭，请来了他的几个朋友和公司里的头头脑脑。景解放宣布了他和叶小娟订婚的消息。

果然，这并不是什么石破天惊的事情；果然，如放了的炮一样，公司里反而没人议论了，反而平静了。

B章（十二）

安葬了父亲，景金才要去马家山找"屁红子"，他知道，要报杀父之仇，他一个人是不行的，只能参加游击队，叫游击队来收拾林大。他听人说，游击队就驻扎在台家山。王凤英拦着景金才，不叫他去找游击队，她说："游击队成天打仗，打仗是要掉脑袋的事，我见过土匪和政府的军队在桃花山开了火，枪一响，就死人，很吓人的。子弹没长眼睛，万一出个事咋办呀？"景金才说："我都18岁了，这杀父之仇不报，我还有啥脸面活在人世上？"王凤英说："林大做的瞎事太多了，游击队里的人不是不知道，就是你不报仇，也有人收拾林大的。"景金才说："我要捉住林大，把他的头割下来当尿罐。"景金才双眼瞪圆，一双拳头握得叭叭地响。王凤英看得出，景金才比他老子胆子大得多，固执得多，她就是说上八背篓话也劝不住景金才的。她只能给她的女儿燕燕说，叫燕燕去拦住景金才。女儿和景金才还没有上炕，就叫女儿做了寡妇，她不忍心。

燕燕走进窑洞的时候，景金才正在窑洞里的磨刀石上磨镰刀，景金才一只手握紧镰刀把，一只手的三根手指头按在镰刀背上，他的双臂一上一下地拉动着，哧儿一下，哧儿一下，拉动的节奏很快，仿佛不是磨镰刀而是用镰刀篦磨刀石，镰刀在磨刀石上发出的响声粗砺而粗暴。老远看，黑乎乎的窑洞里好像有人用打火石在打火，火光溅在窑壁上，窑壁上刻着点点亮光。燕燕带着一身寒气走进了窑里，景金才似乎视而不见，他依旧在专心致志地磨镰刀。燕燕叫了两声金才哥。景金才伸出大拇指试了试镰刀刃子，站起来了。

“得是割柴去呀？”燕燕问。

“不割柴。”景金才从窑里走了走，坐在了炕沿上。

“不割柴磨镰刀干啥呀？”

“路上带着防身。”

“你真的走呀？”

“走呀，过两天就走。”

景金才取下来挂在窑壁上的一把土枪，用一块布擦枪身。土枪是景金才为打獾打野猪买的。燕燕一把从景金才手中拿下土枪放在了炕上。

“小心走火，里面有药。”

“我才不管它。”

景金才和燕燕并排坐在了炕沿上。

“我不叫你走。”燕燕向景金才跟前偎了偎。

“我爹都被人杀了，我还有啥心思种那几亩地？我不能当软怂，被人欺负。不给我爹报仇就是不孝。”

“你走了，我和我娘咋办呀？”

“把林大收拾了，我就来接你和你娘，咱不在桃花山住了，雍山大得没边边，哪搭住不下咱一家子？要么，咱就下山回松陵村去。”

“不。你要走，我就要跟你走。”

“你是个女子娃娃，跟上我咋行呢？”

“咋不行？我是你媳妇。”

“我要跟着‘屁红子’满山跑，还要打仗，你能行吗？再说，那帮男人恐怕也不是吃素的，叫我天天为你操心呀，还是报仇呀？”

“我不管，你走到哪搭，我跟到哪搭。”

“那不行！”

燕燕偎过来紧紧地抱住景金才。十五六岁的女孩儿已谙风月了，尤其是山里的女孩儿，在山坡上不止一次地目睹过犍牛和乳牛、公羊和母羊公开行事的情景，不止一次地偷窥过山里的男人和女人在草坡里滚在一起的情景。此时，她只渴望景金才搂紧她，渴望他把她撂翻在炕上。可是，景金才的心思没有在儿女之情上，他只想着给爹报仇，只想着利利索索地离开这母女俩。整天在山坡上滚爬的燕燕比景金才更任性，她一看景金才对她的动情无动于衷，她一句话也不说，一把抓起炕上的土枪，举起枪，对准了景金才。景金才一看，大叫一声：“燕燕，别胡来，小心走火！”燕燕端着枪说：“走，还是不走？我只要你一句话。”景金才说：“里面有火药有铁珠子。”景金才紧盯着燕燕扣在扳机上的手指头说：“这不是闹着玩的，要出人命的。”就在景金才上前去夺枪的一瞬间，燕燕断然扣动了扳机。

沉闷的枪响声把在院子里劈柴的王凤英吓呆了。她听见枪的响声是从景金才的窑洞里传出来的，那响声仿佛是瓮里爆炸的，回音特别浑厚特别沉重。王凤英放下斧头，赶紧向景金才的窑洞里跑，可是，她的双腿酥软得没一点劲，步子迈不动；她只听见自己的心在跳，只看见参差不齐的土崖面子在动弹。燕燕是她支使到景金才的窑洞里去的，万一这两个瓜怂出了事，她就没法活了。她知道，平日里言语不多的景金才是个烈性子，万一景金才动了怒，把难子就动下了。景金才使枪比婆娘使针线还利索，他蹲在山头这边就把山头那边的獾打死了。王凤英的这个念头一涌上来，不但跑不动，眼泪也涌出来了。她紧跑慢跑，跑到了窑门跟前，她跨进窑门一看，景金才和燕燕紧紧地抱在一起，燕燕在抽泣，一把土枪就放在脚地。王凤英一句话也说不出来，扑通一声软在了脚地，四肢不收了。

就在燕燕扣动扳机的那一刹那，她把枪口抬高了，装在枪筒子里的铁珠子擦着景金才的头皮打出去了。黑乎乎的窑顶上被打烂了筛子底那么一大块，裸露出来的打烂了的黄土在四周涂上去的烟尘的陪衬下如同正在山坡上开花的向日葵，十分灿烂。假如这一筒子铁珠子射向景金才的脑袋，景金才的眼睛恐怕只能沾在窑顶上朝下看了。王凤英抬头看了看窑顶上打得稀巴烂的惨状，长长地吁了一口气，她爬起来，一句话也没有说，走出了窑洞。

腊月初三是一个十分寒冷的日子，从桃花山山顶上扑下来的西北风跟恶狠狠的老枣刺一样朝人身上乱扎。王凤英和景金才的窑洞内热气腾腾的，暖暖和和的，寒气被拒之门外了。王凤英给女儿燕燕和景金才成亲。王凤英没有什么亲戚可招待，就从附近的郭家山、杨家山、四方山、庙沟里请了十几个相熟的农民招待他们。为了使山民们吃好喝好，王凤英把准备春节时杀的那头猪提前杀了。早晨吃的臊子面，晌午饭是凤山农村最丰盛最讲究的"十碗饭"。前来贺喜的山里人坐在四只窑洞里的四张炕上喝酒吃肉，大呼小叫。燕燕穿了一身水红色棉衣，景金才也是一身黑色的新棉衣。他们给坐席的山民们挨个儿敬酒。一个满脸胡子的中年人把景金才叫到跟前去，嘴巴捂在他的耳朵上说："叔给你说，可不敢喝多吃多了，今晚上要开荒地哩，那可比吃肉喝酒香得多。哈哈哈！"中年山民一笑，胡子在面部挤成了一堆。景金才的脸红到了脖子根。燕燕一看景金才，脸也红了。

酒席吃到了日头偏西，山民们才歪歪斜斜地走出了窑洞，他们像一撮撒出去的谷子，种在了几条歪歪扭扭的山路上。

客散人走。景金才顶着风去了后山，他跪在景满仓的坟前头烧了纸钱。他在心里给景满仓说，爹，儿子给你报仇的时日到了，你就等着吧。景金才抹了一把眼泪，叩了三个头。

当晚，燕燕和景金才睡在了景金才的窑里，两个人就算成为两口子了。临睡前，燕燕和景金才到了王凤英窑里吃了"交口面"。景金才放下饭碗刚走，王凤英给燕燕说："今晚上，你不要惹你金才哥上火，你不是大户人家的小姐，没扭捏得啥。"燕燕脸刷地红了："妈，看你？我知道。"她扭头跑出了母亲的窑洞。

第二天早晨，景金才和燕燕睡到了太阳爬上院畔的树梢上才起来了，王凤英做好了早饭在等他们两个。这要是放在山下面是绝对不行的事情，燕燕要天没亮就起来给母亲倒尿盆子，给母亲点着炕火，然后，打扫院落。山里人活得少规矩，活得实在。景金才穿好了棉衣，站在了脚地紧裤带，他紧上裤带后不由得把手捂在了裤裆，燕燕一看，扑哧笑了："咋啦？"景金才说："疼，你呢？"燕燕把紧好了的棉裤向下拽了拽说："能不疼吗？越疼越好哩。"景金才说："我真不知道，头一次日×还真疼的。"燕燕说："只知道疼，疼，疼。你说好呀不？"景金才说："大胡子说了，比喝酒吃肉还香哩，一点儿也不假。真不知道男人和女人弄那事往死里好，怪不得有人为弄那事把命都搭上了。"燕燕抱住了景金才："我就叫你天天喝酒吃肉，天天好，你不要走了。"景金才说："有那么好的事，我还走了干啥呀？"两个人正说着，王凤英来了。他们这才走出窑门去吃早饭。

腊月初九早晨，景金才背着自己使用惯了的那杆土枪，背着一口袋锅盔馍馍，提着磨得十分锋利的镰刀，走出了桃花山的院畔，一直向北边的台家山方向走去了。

景金才和燕燕在一起总共睡了六个晚上。每天晚上，燕燕总是极尽温柔，为景金才献出了一个山里女孩儿热情奔放的爱意。况且，这一对还很年轻的青年男女初次尝到了床第之欢，更是乐此不疲，他们每天晚上都要折腾几次。燕燕一厢情愿地想，她肯定会用她那美好的身体留住景金才的，可是，景金才从她的身体上下来之后，还是说要走，要出去为父报仇。燕燕就不知道，一个有血性的男子汉，一个心存志向的五尺汉子是不会留恋儿女情长的，他们把实现自己的愿望看得比生命还重。尽管，他们有火一样的热情，也有石头一样的理智。燕燕哭了求，求了哭；景金才出走的想法还是不动摇。燕燕一看，她的努力是白费劲，只好作罢了。

王凤英和燕燕把景金才送出了院畔，送到了打麦场边。三个人都不说一句话。王凤英站在打麦场那棵干枯的核桃树底下不走了，燕燕跟在景金才身后，默默地走了二里多路。这时候，景金才停下来了，他站在窄窄的山路当中给燕燕说："回去吧，我会回来看你的。"燕燕扑上来，抱住他，放声哭了。景金才用舌头舔了舔她脸上的泪珠说："我不会在'屁红子'那边久留的，等我给父亲报了仇就回来。"景金才分开了燕燕的双手，头也不回地走了。等他走上一个山岗回头看时，只见燕燕跪在路上，看着他，她没有束住的一绺子长发在风中飘动着。景金才向后倒跑了几步，站住了。他看了看燕燕，噙住眼泪，拧身走了。

第二天擦黑时节，景金才走到了马家山。马家山只有三户人家。晚上，景金才借住在一个老汉的窑洞里。山里人好客，老汉一看景金才一脸娃娃气大概知道不是瞎怂，就和景金才睡在了一张炕上了。老汉问景金才去哪搭？景金才没有说去台家山，他说要去林由县。台家山是去林由县的必经之地，景金才听人说过。景金才问老汉，这里距离台家山还有多少路程。老汉说不到四十里了。景金才说，听你老的口音好像是凤山县人。老汉说他的老家在凤山县雍川乡。景金才说，你咋一个人在山里？老汉告诉景金才，他的儿子被林大的土匪打死了，儿媳被土匪抢走了。景金才一听，双手在被窝里抓紧了被子，没再说什么。

第二天，天一亮景金才就起来上路了。

吃晌午饭的时节，景金才走到了楸树坡。他用镰刀割了几把柴火在路上点着，在柴火上烤了两块锅盔馍，蹲在坡地里吃。他估摸，这里距离台家山不远了，他不想老早到台家山，他要趁着夜色进台家山。为了消磨时间，他举起了土枪，寻找目标。他在坡地里走了走，弯腰拾起一块石头向草丛里一掷，随之，一只野鸡扇动着翅膀飞起来了，他举起了土枪，随着枪响，野鸡栽倒在草丛里了。他拾起野鸡一看，野鸡很肥，是只公野鸡。他将野鸡绑在行李上，给土枪里灌上了药，用捅条捅了捅，又向前走。走了一段路，他又弯下腰拾起一块石头向草丛中掷去了。他第二次举起土枪将野鸡打落在地，第二次弯腰去拾野鸡的时候，有人在他的肩上拍了一把，他站起来，抬头去看，只见他面前站着一个大约三十五六岁的男人。此人是长形脸，没戴帽子，没有胡子，眉清目秀，看起来不像个庄稼人。还没等景金才开口，那男人说："小伙子好枪法呀，跟谁学的？"景金才说："没有跟谁学，打猎练出来的。"男人说："是哪个山上的？"景金才说："离这里很远，桃花山的，去过吗？"男人说："去过，这方圆上百里，哪个山头没去过？大冷的天，你不好好呆在炕上，跑这么远干啥呀？"景金才说："我要去林由县。你不是也跑出来了吗？"那男人没有回答景金才，他弯腰拾起一块石头朝草丛里一掷，干草丛中飞起来一只野鸡，还没等景金才举正土枪，那男人从腰里抽出来盒子枪，随着枪响，野鸡落地了。景金才有点吃惊："你是？你是……台家山的？"那男人说："你咋知道的？"景金才说："我看你不像是林大的人，那就是游击队了。"那男人在景金才的肩上又拍了一把，哈哈地笑了。景金才叫了一声："叔啊！"一声落下，竟然放声哭了。

这个长形脸男人正是雍山游击队的中队长马双海。景金才说:“叔,你收留下我,我要跟着你们干。”马双海说:“你为啥要参加游击队?”景金才说:“我要给我爹报仇,我爹被林大打死了。”马双海说:“跟着干可以,游击队里的人是把命提在手里干哩,你就不害怕死?”景金才说:“我把我交给游击队就等于把命交给游击队了,我不怕死。”马双海说:“你在坡地里吃锅盔的时候,我就跟上了你,我就知道我没看错人,我就知道你是去台家山的。”景金才说:“我今天的运气真好。”

景金才在土枪上挑着野鸡,跟着马双海走进了台家山游击队驻扎的地方。

景金才跟随游击队参加的第一次行动是去踏凤山县青化镇政府。

根据内线得来的情报,正月十五日,青化镇放烟火、唱大戏。游击队决定,由第一中队队长马双海带领第一中队的十六个人去踏国民党青化镇政府,目的是弄些枪支弹药。景金才的任务是和其他两名队员在戏台下制造混乱。

正月十五日清早,这十六个人化装成卖吃食的卖家具的卖杂耍的,下了山,进了青化镇。他们到青化镇时,后晌的戏还没有散场。马双海和一名队员手里拿着几张狐狸皮,装作卖山货的,在青化镇政府四周查看了地形。景金才和其他两名队员因为要在戏台下面制造混乱,就先到了戏场上。他们一看,戏场上有七八个背长枪的乡丁在巡逻,看戏的人黑压压的一大片。那个年龄比景金才大七八岁的小组长告诉景金才夜戏开了以后制造混乱的方法。景金才一听,睁大了眼睛,摇着头说,那怕不行吧。小组长说,咋不行?景金才说,咱是游击队,咋能那样呢?小组长说,叫你咋弄你就咋弄,瓜怂,你要打野鸡,就先要用石子儿把野鸡吆起来,只要女人们尖叫起来,戏场上就乱了。到时候你看我咋弄,你就咋弄。景金才说,我听组长的。

终于捱到了天黑。

先是放烟花鞭炮。青化镇的四条街道扎满了花架子。随着锣鼓声一响,鞭炮声震天响,花架子上的花开始燃放,随着烟花射向天空,天空中鲜花朵朵,正月十五日的夜空被映衬得五彩斑斓,庄稼人抬起头边看边赞叹。等烟花一放毕,人们便涌向了戏场。戏台两边的麦地里也站满了人。本戏是《玉堂春》,加演的折子戏《柜中缘》。马双海他们下山前就约定好了，等本戏一开场，景金才他们三个人就开始制造混乱，让维持秩序的那七八个乡丁一个也走不开，马双海他们趁乱袭击镇政府。小组长拉着景金才和另外一个队员的手挤进了女人堆中。靠戏台前边的庄稼人都坐下了，只有年轻女人和小伙子站在四周。这些小伙子不是来看戏，而是来趁乱占女人的便宜的。小组长叫景金才和另外那个队员站在他后面，他自己紧贴着一个女人而站。景金才看见，小组长把他前边那个女人的棉袄后襟撩起来，那个女人的红裤带亮在了眼前——农村女人的裤带都是用布条儿缝的。小组长从衣服口袋里掏出剪子，一剪刀剪断了女人的红裤带，当聚精会神地看戏的女人意识到自己的棉裤掉下去的时候，她那白皙而肥实的尻蛋子就亮出来了——那时候的农村女人不穿短裤或衬裤。小组长的一只手从女人的沟渠中伸过去在女人前身的那个地方一捏弄，女人就尖声叫开了；那叫声像给舞台下撒了辣子面，刺激得人们的眼睛也睁不开了。小组长给景金才和另外的那个队员说，动手呀，瓷锤子，看啥哩？景金才也照着组长的样子把他旁边的女人的一条裤带剪断了，当他的手从女人的沟渠子伸过去搭在女人那个地方的时候，女人抡起手要打他，他一只手拦腰将女人一抱，抱紧了她的两条胳膊。景金才没敢捏，他的手触摸到的是一丛阴毛，他轻轻地在女人的那个地方抚了抚，女人便尖声大叫。景金才松开了手将女人向前一推，围在后边的小伙子开始涌动了，坐在中间看戏的人都站了起来，坐在前边的庄稼人一看戏场乱了，就把小板凳举过了头顶，大人叫，小孩子喊，尘土飞扬，戏场上立时大乱，七八个乡丁根本维持不了秩序，他们举起长竹竿在骚动的人头上乱打。人惊了比强悍的骡子受惊还厉害，人群根本打不下去，戏场上已乱成了一锅粥。

这时候，镇政府响起了枪声，十几个游击队员已冲进了镇政府。岗楼上的乡丁向下扔手榴弹。手榴弹一颗也没响——内线给手榴弹箱子里倒进去了水，手榴弹根本响不了。

马双海冲进镇政府，他也不知道镇长在哪个房间里，一旦有人抵抗就开枪。在后院一间小房子里，有两个人正在炕上过瘾，他们一看马双海领着人冲了进来，还没有来得及拿起枕头边上的盒子枪就被马双海他们击毙了。马双海他们不敢恋战，他们收缴了七八条长枪两支短枪一挺轻机枪，冲出了镇政府，一溜烟向雍山方向跑去了。赶天亮，他们回到了台家山的根据地。

后来，他们才知道，正月十五日晚上，在镇政府后院炕上打死的那两个人当中，有一个就是上任不久的镇长田根旺。田根旺是花了大价钱通过远房的舅舅买了一个镇长，他刚上任就死在了雍山游击队的枪口下了。

回到山里，那天晚上，景金才好长时间睡不着觉。他一闭上眼睛，眼前头就是那个女人那张惊恐不安的脸庞和惊恐不安的眼睛。当他剪断女人的裤带把手从女人沟渠里伸过去的时候，女人猛然回过头来，看了他一眼，歇斯底里地呐喊使他抱紧了女人，女人还用脚踢，虽然灯光黯淡但女人的那张脸和那双眼睛还是扑入了他的眼睑。当他的手触摸到女人阴部的时候，女人叫得更旺了——他要的就是这结果。他在心里说，我不是耍流氓，也不是要强奸，我只要你喊叫，只要你害怕，只要戏场上混乱。他感到这女人和燕燕的年龄差不多，只是，这女人没有燕燕好看。他一路上想，我把那么乖的婆娘撂在窑里不去伺候却要去捏弄人家女人的那个地方，我真成瞎怂一个了吗？不，他不是为了给人家的女人打主意才去下手的，他是为了制造混乱拖住戏场上的乡丁，为了给爹报仇，就是马双海命令他闭上眼睛日一回那个女人，他也敢日。只要能给爹报仇，他啥事都敢干。景金才这么一想，就释然了，可是，回到了山里后，那女人在头脑里却赶不走。他仔细回想，是不是在哪里见过，想来想去，想不起来。算了，不想了，反正他没有干瞎事的恶意，他在心里说，大妹子，叫你受惊了，你就原谅我吧。

景金才坐在炕沿上正想着，小组长进来了，小组长一看，景金才痴呆呆的样子，问他想啥哩？景金才说，想女人哩。景金才是实话实说。小组长笑了："不要瞎想了，过几天，老哥领你打一回野鸡。"景金才明白，打野鸡就是搞女人。景金才说："我有女人哩。我家燕燕在家里也闲着哩。"小组长说："野鸡和家鸡味道不一样。"景金才心想，咱是游击队，咋能那样呢？他没说出口。小组长告诉景金才，正月十五日晚上在青化镇政府打死的那两个人当中，有一个是田家曾做过炮的田根旺。景金才对田根旺没有什么印象，但他听父亲说过，田根旺是景家的仇人。既然打死了景家的一个仇人，总算给景家报了仇。一想到这一点，景金才十分高兴，把舞台下女人的那张脸从脑海中抠出来，抛远了。

过了正月，景金才问马双海啥时候去打土匪林大。马双海说快了。打林大是景金才最迫切的愿望。景金才一听快了，心里喜滋滋的，也不怎么想燕燕了。一个正月里，他老是想燕燕，一想起他骑在燕燕身上那种快活，一想起燕燕双手揽着他的腰哼哼唧唧地呻吟，他就心里痒得跟鸡毛扫一样。男人心里一定要装进去一个女人，男人心里装进去了一个女人就有了想头，有了奔头。和燕燕睡了六个晚上以后景金才才明白，男人为啥是为女人而活着的。马双海告诉景金才，过几天要下一趟山。他问马双海，下山去干啥。马双海说，你别问，到时候就知道了。

那天晚上，景金才跟着马双海来到了凤山县南堡乡的张家堡村。马双海敲响了张家堡村的财东张广第家的黑漆大门。开门的是张家的管家赵三，赵三一看腰里别着两把枪的马双海，赶紧把马双海和景金才领进了客房中，去叫已经入睡的张广第。张广第起来一看是马双海，给赵三说，去给马队长烧烟，马双海被请到了木面楼房中。赵三给马双海烧了烟泡儿，马双海躺在烟灯旁开始过瘾。景金才坐在客厅里打瞌睡。

马双海过足了瘾，来到了客厅。张广第大概明白，马双海深夜来是干啥的，就直话直说："两老碗（大烟土）够不够？"马双海一笑："不要土（大烟），要小麦。"张广第说："要多少？"马双海说："三十石。你明天派人用骡子驮到横水镇李记粮栈就行了。"张广第说："你放心，不会误事的。"张广第叫赵三取来了毛笔和宣纸。马双海给张广第写了个条子，赵三把条子递给了张广第，张广第一看，条子上写道：

雍山游击队收到了张广第小麦三十石。

第一中队长　马双海

民国三十六年二月十六日

张广第收起了条子。马双海和景金才没有久留，溜出了张家堡。

从张家堡出来，走在路上，马双海给景金才说，一斗麦子才能买国民党一颗步枪子弹。今夜晚咱再走几个村,再去几个财东家,要把打土匪买子弹的粮食弄够。

天麻麻亮,马双海已给四家财东下了麦条子,马双海给自己弄了一碗土带在身上。他和景金才上了回雍山的路。景金才问马双海:“咱把人家财东的粮食弄来,给人家拿啥还呀?”马双海说:“还个球,等解放后,看政府咋办呀。”

那些把粮食献出去的财东解放后都被定为地主成分了,有戴上地主分子帽子的,也有被人民政府镇压了的,有谁还敢说,当年他们把粮食、银元和烟土给了游击队。如果说出来,他们恐怕连命都保不住了。

A章(十三)

叶拴定和花秋仙撵到眉台县景解放的眉坞花炮公司里来又大闹了一场。这是他们第二次来闹事。

叶拴定两口子来的时候带着花秋仙的妹夫和妹妹。守门的门卫听说他们是景总经理的亲戚就放他们进去了。到了办公楼前,门卫没有拦住他们,四个人径直冲进了景解放的办公室。这是叶拴定两口子第二次来找景解放的麻烦,可以说,这一次,他们找景解放是轻车熟路。

正在和一个客户谈业务的景解放一看,一下子涌进来了四个人,他朝叶拴定两口子脸上一扫,即刻明白,来者不善,善者不来。他离开了座位,站起来,还没等他开口招呼,叶拴定的妹妹就冲到他的跟前来了。这个身坯高大、长胳膊长腿的女人伸出粗糙的手,在他毫无防备的情况下,将他的脸面抓了一把。景解放没有还手。那女人还要抓时,被那个客户推倒在了沙发上。门外面的秘书赶紧进来阻拦。景解放摆摆手,叫秘书出去把门带上。花秋仙破口大骂:“姓景的!你要脸不要脸?你都是近50岁的人了,勾引一个女娃娃,你算是啥德行?你把你先人的德损尽了。”叶拴定的小姨子更是粗话满口:“流氓!不要脸!你身边的女人比驴都多，你想日谁你日去，你不要糟蹋我侄女儿！”那女人唾沫星子乱溅，她伸出又粗又长的胳膊又要在景解放的脸上挖抓，景解放只是躲闪着，不还手，也不还口。这时候，又进来了两个保安，他们动手要拽这几个人，被景解放喝喊出去了。花秋仙抓起桌子上的茶杯就摔，举起凳子要砸桌子上的电脑，被那个客户拦腰抱住了。叶拴定指住景解放说：“景解放，你做事太过分了，娃娃先把你叫伯伯，后来认了你做爸，你咋敢和娃干那事？你就不怕天杀五雷轰？你这样做事，不是欺负我们姓叶的是干啥？”花秋仙哭着说：“你还我女儿清白！你这个禽兽不如的狗东西！你白披了一张人皮！”叶拴定的小姨子在景解放的腰上捶了几拳头，只有花秋仙的妹夫没有动手也没有动口。几个人正在闹得不可开交，叶小娟进来了，叶小娟两只手提着两块半截砖头。她高喊一声：“住手！别闹了！”叶小娟气得脸色发白，浑身颤抖，叶小娟将手里的一块半截砖头朝母亲扔去了。花秋仙一躲，砖头没打中她，打碎了一块镜子。花秋仙吓得怪叫了一声。叶小娟把另一块半截砖头向地上一掷，用目光逼视着这几个人。这几个人看了叶小娟一眼，都木然了，都不动弹了。景解放这才抬脚走出了办公室，那个客户也跟着出去了。

叶小娟“哇”的一声哭了。她用手捂着脸，哭着跑了出去。

办公室里留下了叶拴定两口子和花秋仙的妹妹、妹夫。他们像唱戏一样，把调子扬上去之后不知道怎么落下来。当叶拴定两口子知道叶小娟和景解放订了婚的消息之后，只是想来闹一闹，让景解放放弃这桩婚姻。他们把事情想得太简单了。花秋仙说：“走，咱去找他姓景的，他跑了和尚跑不了庙，他不离开咱小娟，咱就住在这里不走了。”垂头丧气的叶拴定说：“我看亮清了。这事情不光怪景解放，是咱小娟铁了心，咱再闹也是白搭，咱就权当白养了她十四年。”花秋仙的妹妹说：“不行！谁家把娃还能白养？既然怪小娟。咱就找小娟去。”一直没有开口的花秋仙的妹夫叹息了一声说：“吃屎的能把拉屎的箍住吗？我看你们非闹出人命来不可？你们闹去，我回呀。”这男人撂下几句话，站起来走了。

叶拴定两口子和花秋仙的妹妹坐在沙发上，呆呆地坐着，似乎不知道是该走，还是不该走。

这时候，进来两个保安说，景总叫他们去职工食堂吃饭。叶拴定唉叹一声：

“咱还吃啥饭哩，吃不要脸哩。走，咱走吧。”叶拴定对花秋仙说。花秋仙突然哭了，伤心地哭了。她真没有想到，女儿会用砖头来砸她；她真没有想到女儿会变得这么心硬。看来，小娟是彻底地变心了。她也是女人。她明白，女人一旦对哪个男人铁了心，不要说把身子给男人，就是命也愿意献出来。根子在小娟身上，她的妹夫的话是对的，闹也是白搭。妹妹劝了几句，花秋仙止住了哭。

从14岁到24岁，景解放和叶小娟已不是养父和养女之间的关系了，而是血肉相连，亲如手足的亲人了。两个人之间的情感不能简单地用伦理来界定，更没有在某种伦理的框架之内。他们之间的感情究竟有多深，只有景解放和叶小娟能体验到。

开初，他们只是相依为命的父女。景解放觉得，不是叶小娟离不开他，而是他离不开叶小娟。他之所以和乔桂芳离婚完全是为了叶小娟，那时候，他对叶小娟是一种呵护，是一种责任的承担。后来，他和叶小娟之间的情感越来越深，这种情感一直囿于父女之间，他疼她爱她，完全是父亲对女儿的那种疼爱，是一代人对另一代人的关心、关切、关怀。可是，再后来，这种情感变味儿了，变化始于什么时候，景解放难以搞清，大概是叶小娟痊愈之后吧。

人的情感变化往往在细微之处，在不经意间。就拿洗澡来说吧。小娟十五六岁的时候，他害怕小娟跌倒在洗澡间而受伤——地板太滑了。她洗澡的时候，他还给她坦然地搓背、洗屁股。可是，当小娟病愈之后，他连洗澡水也不给她放了。他记得，有一次，小娟进了洗澡间，他去给她关上了门。当他听见哗哗啦啦的水响声之后，他就知道，小娟没有开抽风机。抽风机的开关在洗澡间里边，本来，他喊一声，叫小娟开开抽风机就可以了，他没有。他推开门进去了，他开开了抽风机。洗澡间里雾气腾腾，站在淋浴器下面的小娟被水雾纠缠着的饱满的胸脯猛地刺了他一下。小娟说，过来给我搓背。他支支吾吾地说，不。我还有事哩，你自个儿搓吧。他走出洗澡间，脸上发烧，仿佛谁抽了他几个耳光。不是他虚伪——尽管，小娟用虚伪来概括他的举动，这不是虚伪的问题。尽管，他对小娟有一种渴望，像渴望其他任何年轻女性一样，可是，他不敢表达。有一种罪恶感在折磨着他，他一半儿清醒，一半儿糊涂。为此，他陷入了深深的痛苦之中，他倒不是怕别人指责，他怕的是他自己，当他力图走出那一步的时候，高悬在他头顶上的那一把利剑就寒光闪闪，直刺他的心脏，刹那间，他就气馁了，就极其沮丧地掐断了他的想法——他不能超越和叶小娟的父女之情。他甚至想到过，到雍山深处隐居，想到过出家，想到过去医院做手术，断了男性之根。翻来覆去地想过之后，他还是觉得，他走到哪里去，也离不开叶小娟。叶小娟已成为他的生命中的一部分了，他能让生命的这一部分活着，另一部分死掉吗?

景解放顽强地压抑着自己，他铲除情感就像一个农民，挥动着铁锨把田地边浸出嫩芽的小草毫不犹豫地铲去一样，可是，没过几天，铲去的地方又长出了新芽——人的欲望像斩不尽的小草似的太顽固了，他体验太深了。他无缘无故地对叶小娟发脾气，抱怨她把地板没擦干净，抱怨她走路时拖鞋在地板上擦出的声音太响亮。他甚至当着小娟的面大发雷霆，说他不该把她治好，她为啥不成为一个傻子呆子，成为一个植物人。小娟一听，就哭了。一看见小娟很伤心很伤感， 他将小娟揽到怀里，一边给她擦眼泪，一边求她原谅，然而，这样做，并未使他的内心安静下来。

当他实在睡不着的时候就翻看叶小娟给他的《人生十问》。他从来没有思考人为什么要活着这样的问题。在他看来，活着就是为了做事情，他之所以拼命地做事情是为了挽回自己失去的自尊和尊严，不是为了名和利。人活着果真是为了满足自己的感官享受吗?他将《人生十问》中的解答看了一遍又一遍，他试图接受这种观点，他还是难以接受。他觉得，做人应该守住自己的本分。在多年的业务往来中，有不少客户多次邀请他去泡小姐，他一次也没去。不是他有多么高尚，他觉得，身陷这种场合的女孩子大都是农民工人的娃，那些处级干部或教授的女孩儿不会卖淫的，这些做小姐的女孩儿，她们不仅仅可怜可悲，她们是他的晚辈，他不能和晚辈干那种事。况且，他和他不喜欢的女人是难以上床的，他是不能勃起的。不该做的事，他坚决不做。不论社会风尚如何，一个人应该有自己的操守的。

和叶小娟订婚以后，他自己回答了自己，不是情势所迫，他才决计娶叶小娟为妻，而是他发觉，他对叶小娟的情感变了，他对她的爱就是一个男人对一个女人的爱。他爱小娟，包括爱她的肉体。

就在叶拴定两口子带着花秋仙的妹妹和妹夫他们闹毕事的当天晚上，到了凌晨一点，景解放难以入睡，他下了床，推开了叶小娟的门，进了叶小娟的房间。他什么也不再想，毫不迟疑地钻进了叶小娟的被窝。叶小娟从睡梦中醒来，一看是他，她一句话也没有说，紧紧地抱住了他。两个人就是这么搂抱在一块儿。叶小娟眼泪长淌。他给她揩擦着泪水。两个人还是一句话也不说。叶小娟推开他，脱掉了内衣，脱得一丝不挂了。

事毕，景解放又亲了亲叶小娟，他对叶小娟说："你睡吧，我下楼去走一走。"叶小娟说："我也要跟你去。"景解放说："我睡不着，就在楼下走走，一会儿就上来了。"叶小娟说："去吧，去吧，你走到哪搭，都成我的人了。"叶小娟十分满足地睡下了。

景解放下了楼，他将小车开上，开到了南关村农民的打麦场上，蹲在打麦场的一个碌碡上，景解放一边抽烟，一边放鞭炮，他抽了几支烟，放了十几只鞭炮。活到了49岁，他从来没有享受今夜晚如此庞大的快活，当他和小娟融为一体的时候，他只知道自己融化了，消弭了。他没有感受过人生如此快乐的境界。只有心、脑和下边统一起来，只有身体释放出了爱意，才能进入这般入了仙的境界。也许，当男人和女人共同释放爱意的时候，肉体就呼应着雷电般的感受。快活是转眼即逝的，当他从小娟的身体上下来之后，他突然十分痛苦，那痛苦和快活来得一样快。他也弄不清，他为什么会生出一种痛感。

景解放走到一个麦草垛子跟前，掏出了打火机将麦草垛子点着了。他听着那麦草垛子燃烧时发出的哔哔剥剥的声响，看着那腾空而起的火焰，拍着手叫道："好！好！好！"场间里的两个麦草垛子都被引燃着火了。不一会儿，南关村的狗叫开了，南关村的农民起来救火，县城的消防车也赶来了。两个麦草垛子被烧成了灰烬。

天亮了。景解放主动去城关派出所交代了他点着了麦草垛子的事。派出所没有责问他的刑事过错，罚了他三千元钱。

景解放和叶小娟是在1998年8月初的一天举办了结婚仪式的。

景解放和叶小娟在眉台县摆了几桌酒席招待了公司的员工和朋友们，第二天，回到了凤山县，在县城里的凤凰宾馆招待亲朋好友。松陵村的景家人全部来了。景文祥带着他的鞭炮厂的几十名员工前来贺喜。景文祥好几年没见叶小娟了，他一看一身婚纱的叶小娟竟然没有认出来。他接过叶小娟递过来的酒杯，愣了一下，一饮而尽。他没有想到，这个十年前被爆炸的气浪撂翻在玉米地边的小姑娘竟然出落得如此美丽动人，面对眼前这个新娘子，他不知道说什么好。景解放和叶小娟的结合把叶小娟的辈分抬高了一辈，按理说，他应该叫叶小娟四妈了，他咋能叫出口呢？在县城西关的销售点，叶小娟把他跟出跟进叫哥哥的日子才过去了几天？景文祥尴尬地将空酒杯递过去，尴尬地笑了笑说，这世事变化太快了。叶小娟抬眼对景文祥只一瞥，大大方方地说："没大没小的？来，四妈再给你倒一杯。"景文祥说，不敢劳驾了，快去招呼其他客人。景文祥用目光将叶小娟送到了隔壁的桌子上，端起酒杯自斟自饮。

叶小娟没有把自己和景解放结婚的事给父母亲说，也没有告诉亲戚们。景解放和叶小娟没有想到，叶拴定两口子来到了婚礼上。他们也不知道，这两口子是从哪里得到消息的。花秋仙一看见叶小娟，搂住女儿就哭了。叶拴定拉拉女人的衣角说："今天是女儿的喜日子，哭啥哩？"花秋仙果然只啜泣了几声。景解放以为这两口子是来闹事的，一看见这两口子就有点紧张，他做好了心理准备，首先准备挨骂。但是，他还是主动地以礼待人，他去给这两口子敬酒，他先给叶拴定斟了一杯酒，递过去，也不好称呼他什么。只是说，敬你一杯，叶拴定接住酒杯，仰脖子就灌了下去。他再去给花秋仙敬酒，花秋仙端着酒杯，斜乜了景解放一眼，并没有喝。也许，接下来，酒杯里的酒就会泼到景解放的脸上，景解放不由得垂下了眼。花秋仙抬起眼看着景解放说："你真是有办法呀，还是把我女儿弄到了手，今天高兴，是吧？"景解放点了点头，花秋仙喝了一杯酒，景解放又给花秋仙斟上了酒。花秋仙说："这一杯酒我也喝了，不过，从今天起，你就要叫我姨了（关中西府女婿对岳母的称呼）。"景解放说："那是。那是。"花秋仙又喝了第二杯酒。景解放给花秋仙斟上了第三杯酒。花秋仙又要喝，被叶小娟拦住了。花秋仙说："你是小看妈了，妈是有酒量的。喝了这一杯酒，景解放，你要对我女儿好一点。"景解放只是说："好，一定好。"花秋仙连喝了三杯酒。景解放和叶小娟明白，花秋仙的三杯酒下肚将他们之间积累了好几年的前嫌消化了。

当景文祥点燃一串鞭炮在大厅里乱放的时候，吃酒席的人才意识到，他醉了。景文祥把鞭炮提在手中抖动着，手中的那一串鞭炮如蛇一样蹿上蹿下，挣脱的鞭炮狗一样朝人乱咬，小孩子们被吓得哭出了声，胆小的女人也哇哇乱叫着。松陵村花炮厂的几个年轻人扑上去抱住了他的腰，从他的手中夺下了鞭炮，把他拖到了大厅的沙发上，景文祥从沙发上起来，说他没有醉。他脚步踉跄地走出了大厅。走到了院子里。景解放和叶小娟一看景文祥醉了，赶紧跟了出来。景文祥扑倒在院子里，他趴在地上大哭不止。景解放责备旁边的几个年轻人："你们叫他少喝些，他没有酒量，我知道。"一个小伙子说："他没有喝多少呀。"叶小娟蹲下去，问他怎么样，要不要去医院。景文祥说："我不叫你四妈，就是不叫，不叫，不。"叶小娟吭地笑了："不叫就不叫，没有人强迫你叫。"景解放说："用我的车把他送回去醒醒酒。"几个小伙子七手八脚地连扶带抬地将景文祥弄进了景解放的小车里。

回到眉台县的第二天，景解放和叶小娟就去了林由县。林由县距离眉台县不足一百公里的山路，两个小时就到了。叶小娟不想去北京、上海，也不愿意去广州、深圳。林由县是山区县城，到了夏末，林由县的气候是很宜人的。林由县的九成宫是唐太宗李世民当年避暑的地方。那里山清水秀，空气清新。

景解放在林由县城的九成宫宾馆包了一个套间，他和叶小娟住进了这个宾馆。他们难得这么清闲一回。每天，除了去宾馆对面的清凉山爬一次山以外，就是吃饭，就是睡觉。尤其是景解放，一旦离开了公司，什么也不想，他只想和叶小娟做爱，而叶小娟比他更贪婪。景解放活到了49岁，第一次把做爱当做一件正事干。他觉得，他的精神状态从来没有这么好，身体从来没有这么棒。他晚上和叶小娟做，白天也和叶小娟做，有时候，上了清凉山，在那柔软茂密的草坡里，两个人就滚在了一起。他们别出心裁，靠住一棵大树站着做，或者由叶小娟半趴在山顶的亭子里做。两个人不断翻新花样，陶醉其中。尽管景解放和乔桂芳曾经十分恩爱，可他和乔桂芳从来没有这么迷恋过，这么陶醉过，他敢说，他在叶小娟那儿享受到的庞大无比的快活是任何男人不曾享受的，这种腾空而飞的美妙感觉把他带到了天堂，而没有在人间。这种感觉，根本不是用吃肉喝酒可以比拟的事情，是用任何事物都不能比拟的事情。他抱着一丝不挂的叶小娟，心里没有父女的伦理，连夫妻的伦理也没有，他只是觉得，他怀里的叶小娟是个女人，是个年轻漂亮、给他带来了无比幸福的女人。他抚摸着叶小娟柔嫩光滑的屁股，捏弄着她那丰肥坚挺的乳房，亲她一口，说一声好，你太好了；亲她一口，说一声好，你太好了。叶小娟一看他的憨态，吭地笑了："我有多好呀！"景解放还是那句话，好，就是好。景解放找不到合适的字眼来概括这美。他紧紧地搂住叶小娟："娟，不要离开我，一辈子都不要离开我。"他说着说着，竟然流下了眼泪。叶小娟说："老公，我的命都是你的，咋能呢？你想把我咋弄就咋弄。你现在杀了我，我都情愿。"景解放又一次将小娟揽到怀里。"我杀了你，不等于杀了我吗？没有你，我还活个球。我现在只想……"叶小娟用手捂住了他的嘴："又要说那粗话了，得是？我不叫你说。"

景解放觉得，年龄差距不但不能造成男女之爱的障碍，反而使男女之爱更醇厚了。也许，正是因为他比叶小娟大得多，他们得到的愉悦才别有滋味。年龄差距不会给爱情带来障碍的。爱情是肉体的交融，更是内心生活的反响。景解放和叶小娟没有结为夫妻之前，没有上床之前是没有这种体味的。

两个人在林由县城呆了十天，疯狂地做了十天爱之后下了山。

景解放和叶小娟第一次闹矛盾是因为一部手机，说白了，是因为景解放看到了叶小娟手机上的短信。

那天的午饭，是景解放和一位朋友在家里吃的。吃毕饭，收拾了锅碗，景解放和朋友还在说事情，叶小娟匆匆忙忙地上班去了。不一会儿，客厅茶几上的手机响了。景解放还以为是朋友的，问朋友，朋友说不是。景解放心想，是叶小娟将手机忘记了。手机响了三阵子，景解放没有去接。景解放不会玩弄手机，不会用手机发短信，不会用手机存电话，更不会用手机照相了，他只能接听手机。当手机再次响起来的时候，景解放心烦了，他无法和朋友谈下去了，他拿起叶小娟的手机，"喂，喂"了两声，对方却不吭声了。他骂了一声："神经病！"就将手机放回原地了。过了几分钟手机又响了，他拿起手机不知按了什么键，手机不响了。他大概想把手机关掉，就在手机上乱按，按着，按着，一条短信扑入了他的眼帘："娟，娟，亲爱的娟，你是我心中的天使，你是四大美女的再世……"景解放还没有读完，叶小娟风风火火地进来了，她一看，景解放正在读手机上的短信，脸涨得通红，一把夺过手机，一句话也没说，出去了。

晚上，景解放一回来，叶小娟就质问他为什么要偷看她的手机短信？

景解放说："你的手机铃一个劲儿地响，我和安监局的赵局长没办法说话，我想关掉它，不知咋弄的，有了短信。"

叶小娟说："你就看了？"

景解放说："看了咋？光明正大的，还怕别人看？"

叶小娟说："农民！你真是农民意识。我就没有个人隐私了？"

景解放说："你有隐私也是我的婆娘。"

叶小娟说："我是你的婆娘也有隐私。你卑鄙！"

景解放说："这能说是我卑鄙？"

叶小娟说："就是。"

叶小娟将手机狠狠地给景解放一掷："你看去，尽管看去。"

叶小娟拧身到卧室里去了。那天晚上，叶小娟不再理景解放。景解放还想和她亲热一下，以弥补因手机短信带来的不愉快，叶小娟却裹着被子不叫他近身，景解放只好作罢了。

第二天，景解放专程去西水市给叶小娟买了一部价钱不菲的新款手机，买了一身新衣服。叶小娟拿到手机和衣服，脸上才有了好容颜。景解放并没有因为这条手机短信而怀疑叶小娟。他想，也许是有人和叶小娟开玩笑；也许，是叶小娟的同学和她闹着玩。他总是把叶小娟想象得很完美，他压根儿就没有想到叶小娟有出轨的想法和行为。如果叶小娟是个不规矩的女人就不会和他结婚的，她完全有理由选择比他年轻帅气的男人的。他们的关系是父女加夫妻，这种铁打钢铸的关系注定了叶小娟对婚姻的忠诚。景解放总是往好处想，他心目中叶小娟永远是纯洁无瑕、忠诚无比的。即使他把叶小娟捉奸在床，也会认为，那是游戏，不是生活。

不会的，他不会把小娟捉奸在床的。叶小娟就是叫男人想死也不会和除了他以外的男人上床的。叶小娟太爱他了。他对叶小娟一百个放心，一千个放心，一万个放心。所以，两个人即使有矛盾，也能很快地化解。

由于业务上的应酬，景解放几乎每天晚上都回来得很晚。开初，叶小娟总是坐在客厅里一边看电视一边等。景解放不回来，叶小娟不上床。后来，变成了景解放等叶小娟了，景解放本来回来得晚了，他回来一看，叶小娟没在家，就打手机，叶小娟说她和城建局的局长在一起喝酒。几乎每天晚上，叶小娟比景解放都回来得晚，她不是说和某个局长在一起喝酒，就和某个县长在一起喝酒。次数多了，景解放就不由得说，你的业务比我还忙啊？叶小娟一听就生气了："我管那么多资金，就没有业务往来？只许你请人吃饭喝酒，就不许别人请我？不放心，那你就去查好了。"景解放说："我是说……"叶小娟打断了他："你是说，我是你的婆娘，你的一举一动就应该由我掌控，得是？心胸狭窄，疑心太重！"几句话，顶得景解放心里疼。他还能再说什么呢？他不是怀疑叶小娟不贞，他只是渴望叶小娟能和他在一起的时间多一点。如果他不过问，说明他不在乎叶小娟，如果他过问了，其实等于他怀疑叶小娟了。他第一次觉得要经营好他和叶小娟的婚姻并不简单，因为叶小娟毕竟不是乔桂芳。乔桂芳也有妒意，但教了几年书的乔桂芳比叶小娟懂规矩，比叶小娟诚实。

叶小娟过30岁生日那天，景解放和叶小娟结结实实地吵闹了一次。其实，叶小娟的生日宴席铺排得并不是很大。景解放请了两桌业务上的朋友。而叶小娟的客人就很杂了，有初中的同学，有业务上的朋友，有县政府几个局的局长，有一位副县长，出乎景解放意料之外的是景文祥也来了。他想，景文祥肯定是叶小娟请来的，不然，他怎么知道叶小娟过生日。据说，几个打扮怪异的小青年是县城里黑道上的人物。叶小娟已经喝得够多了。饭足酒饱，有人撺掇叶小娟唱两首歌，叶小娟就唱了两首陕北民歌，接下来就在饭厅里跳开了舞。叶小娟和留长头发的青年人跳起了贴面舞，在场的人便大呼小叫，跳着跳着，两个人便搂抱在一起，先是叶小娟哭了，后来那个长头发也哭了。景解放一看，一把撂翻了饭桌，大吼一声："别胡闹了！"他拂袖而去。叶小娟扑通一声，坐在了地板上。景文祥跑出来拦景解放却没有拦住。

当天晚上，回到家里，景解放和叶小娟便吵得一塌糊涂。景解放把电视机也摔了。他愤怒地说："叶小娟，你不要脸，我还要脸呢！""我咋不要脸了？""你和局长、县长们眉来眼去不说了，还和黑道上的人勾勾搭搭？你以为我眼睛瞎了，得是？""我偷人了还是养汉了？""你还要咋？要把人领到我的床上吗？"这一句话，一下子激怒了叶小娟，她一摔门出去了。此后，两天没有回家。

你说你和县上的头头脑脑们有业务往来，这倒有情可原。你怎么和黑道上的青年粘在了一起？他们简直是不务正业的人渣，这些人和你的生意有什么关系，他们给你的人生能带来什么？还有景文祥。景文祥无论怎么说，也是你的晚辈，你过生日，请晚辈干什么？你咋能当着景文祥的面和那些小青年眉来眼去？这叫景文祥怎么看你？这叫景文祥怎么看我？你不是对我爱得要死要活吗？你不是说连命也是我给的吗？咱们结婚才多少日子，你咋能这样呢？景解放放一只鞭炮抽一口烟，抽一口烟，放一只鞭炮，以至将衣服口袋里的那十几只鞭炮放完才离开了田野，回到了他的公司。

从那次吵架以后，两个人反而变得彬彬有礼了。可是，景解放明显地感觉到了夫妻间的裂痕裂开了很深的口子。而且，景解放已经感觉到，年龄上的差距所造成的矛盾开始凸现了。年轻人的思维方式、生活方式还是和自己不一样的，年轻人要和年轻人在一起。他看不惯年轻人对生活的把玩，更接受不了年轻人对性的无所谓。他所坚守的那种忠贞不一的古典式的爱情观并不是所有的年轻人所认同的。他对叶小娟强有力的，甚至是粗暴地占有开始遭到叶小娟反感和排斥。大概在叶小娟看来，即使她和别人上过床只要还爱着他并不是什么大不了的事，他却难以容忍。这次矛盾闹过之后，景解放有了精神负担。

就在景解放和叶小娟情感上不断发生磨擦之时，景解放收到了儿子景旭从省城里给他寄来的一本《人民文学》杂志，杂志中夹着景旭的一封信，信中只有三句话，景旭告诉景解放：他业余时间写小说，这本《人民文学》杂志上有他的一部中篇小说，如果父亲有兴趣可以读一读。尽管，景解放没有闲暇读小说，可是，对于儿子的作品他不能不读。

儿子的小说是写父亲的——

在冬天里的一个日子里，儿子和村里的三个孩子进雍山去砍柴火。这四个十三四岁的少年担着柴火走到山口时，天擦黑了。他们疲惫不堪，饥饿难耐，山口离家门口还有十多里路。薄雾中，有两只狼从山头上扑下来了。这两只狼挡在路上，对四个少年人垂涎欲滴。有一个少年吓得直喊爸爸，这时候，少年人盼望的是父亲宽厚的脊背强有力的手，盼望的是父亲对儿子的庇护。儿子——小说中的儿子，吩咐几个少年抽下柴担子上的扁担，他们手握扁担和狼对峙着。沉重的夜幕落下来，山风砭人肌骨。儿子并没有害怕，他从衣服口袋里摸出来一根鞭炮用火柴点着了，向狼撂去。听见炮响，两只狼夹着尾巴逃跑了。四个少年人重新收拾好柴担子向山下走。刚下了坡——距离家门口还有四五里路，那三个少年人的父亲寻找到山上来了。他们接过了自己孩子身上的担子。唯独他的父亲没有来接他。儿子噙着眼泪担着柴担子一步一步向家门口挪。儿子记忆中的父亲弯弯曲曲的，还不如一根扁担；儿子记忆中的父亲模模糊糊，还不如薄雾那么有味道；儿子记忆中的父亲是一个忧郁且暴怒、自私而高大的形象。

读罢景旭的小说，景解放似乎一下子醒悟了；从儿子读大学到工作，他和儿子的联系已经简单到只是一张汇款单——他定期给儿子汇钱，可是，他从来和儿子没有交过心，哪怕一次掏心的话也没有谈过。他总以为，他供养儿子读书就算尽到了做父亲的责任。人的情感不是金钱所能替代的。儿子需要精神上的滋养。景解放不再为叶小娟的事而苦恼。他想他再忙，也要进省城去看一次儿子的。他相信，儿子是把写小说的事能够弄成的，儿子会成了一个小说家的。

B章（十三）

景金才是黎明前离开台家山的。

半夜里，景金才悄悄地爬起来穿上棉衣，假装去崖畔上解手的样子，他在崖畔上的草丛中蹲了一会儿，听了听动静。整个台家山都睡着了，夜静得跟撂进黑水潭中的石头一样。他顺着崖畔爬上了山头，准备绕道而行，在院畔前站岗的哨兵没有发现他的出走。

景金才离开的时候将盒子枪放在了炕上。他之所以没有带枪，是因为他觉得，他不需要那玩意儿了。枪对他来说，没有任何用处了，他既不去当土匪，又不准备再干游击队，要那支枪还是个累赘。

景金才前思后想，犹豫了好几天，坚定了离开雍山游击队的信念。他参加雍山游击队就是为了替父亲报仇的，不然，他来台家山干啥。可是，马双海告诉他，他所在的游击中队要来一个队副，这个队副就是他的仇人——土匪林大。他一听，立时就跳起来了："咋能叫土匪来当游击队的队副？我不干！我坚决不在土匪手下干！"马双海给他解释，林大已经被游击队收编了，林大带来的不仅有二十多人，还有一挺轻机枪，二十多把盒子枪。林大收编后，把枪口对准了国民党的保安团警备队，在黑山梁伏击战中，林大和手下的人都打得很勇猛，打死了国民党十二个人，立下了功劳，鉴于林大的表现和林大的坚决要求，游击队愿意收编他。游击队决定，将林大手下的二十几个人打散分编在五个游击中队，马双海给景金才说："林大被收编了，我们就要把他当做自己人看，不能再当做土匪看了。"景金才说："他到了游击队还是土匪，臭狗屎咋能变成香饽饽？我爹就是他打死的。我咋能和土匪吃一锅饭干一样的事？那样，我也不成为土匪了吗？我还报啥仇哩？认贼作父就是不孝，我不干。"马双海说："现在，不管林大也罢，你和我也罢，我们都把枪口对准国民党警备队保安团，我们就是朋友了。"景金才说："谁和他做朋友？你们愿意做，做朋友去，我不做。"马双海费了不少口舌，也没有说服景金才。

当天，景金才从马双海那里要来了两个烟泡，躺在炕上烧着吃了。他第一次吃那东西，吃过之后就在炕上躺不住了，恶心得想吐，身子轻飘飘地像要飞上天。他下了炕，扛起镢头，在后山的山坡里挖了几分地才回到了队部。

几天来，他一句话也不说，只是闷声不响地干活儿。其实，他是在瞅下台家山的机会。他要在林大来台家山之前就离开。他不愿意看见这个土匪头儿。

阴历三月的雍山到处还是光秃秃的，树木还没有发芽，野草才浸出地皮。太阳还没有出来，雾锁山头，春寒料峭。景金才翻了一座山，绕过一面坡，绕到了大路上，他甩开膀子，朝桃花山方向走去了。一旦做出了离开台家山的打算，一旦想到回家，景金才就特别思念燕燕了。尽管，他和燕燕只有六个晚上的鱼水之欢，但他俩是一个看着一个长大的，是在一块儿耍大的，就在他俩未成亲之前就有了很深的情感了。假如他不是报仇心切，他怎么会舍得离开燕燕呢？在这个人世上，令他牵牵挂挂的只有燕燕一个人了。既然没办法报仇了，他就回去和燕燕一起过日子。

景金才听见有人在身后喊他的名字，他转过身一看，马双海赶来了。马双海边走边喊："景金才，站住！"景金才没有理会马双海，继续向前走。马双海说："你不站住，我就开枪了。"景金才依然没有理，还是向前走。一声清脆的枪声刺破了早春的雾霭，子弹从景金才的头顶上飞过去了。景金才撒开双腿就跑。跑了没多远，景金才放慢了脚步，他已经听见了马双海呼哧呼哧的喘气声，他知道，马双海离他不远了。他突然站住了，他站在路中央，叉开双腿，一副凛然的样子，看着向他跟前走来的马双海。他双手撕开棉袄，露出了小麦色的胸脯："马双海，你打吧，朝这里打！"马双海走到他跟前，将提在手里的盒子枪别在了腰里。

"坐下， 坐下。"马双海说。

景金才一看，马双海脸色铁青，坐在路边的石头上。马双海坐在了他的对面。

"我给你说了多少话，你咋不听？你就是不干游击队，也要光明正大地走人，咋能偷着溜，这算什么？按规矩，开溜的人是要就地正法的。"

"你开枪吧。"景金才站起来了。

"我要是开枪打你，早把你撂翻了。"

"不是我开溜，我不能跟那号人在一起干。"

"那号人是啥人？我告诉你，咱的大队副过去是国民党凤山县警备队的队长，三中队的中队长也干过土匪，二中队的队长是国民党二十九军的一个连长。我给你说过，现在咱们都打国民党，目的是推翻国民党独裁政府，只要这个目标一致就是自己人。"

"我跟林大干下去，我以后找谁报仇？"

"找国民党的警备队保安团报仇。国民党反动派才是咱们穷人的共同敌人。"任凭马双海怎么说，景金才还是从心理上无法接受林大的。也许，叫他和林大在一起，他有一天会掏出手枪打死林大的。他更不能理解，游击队怎么能收留林大这样的土匪。

"叫我给林大当部下，我不干。"

"那好，你跟我回去，给大伙儿说明白，你走人。"

马双海从石头旁站起来了。

这时候，景金才多了一个心眼。如果他跟马双海回去，如果马双海拿他给大家做样子，将他活埋在后沟里的荒草滩，一切都来不及了。

他说："是你把我领进游击队的，我干，就跟着你干，我只跟着你干。就是林大来了，我也听你的，行不？"

马双海笑了："我是中队长，你当然要听我的。"

景金才说："那好，就跟你干到底了。我来游击队一年多了，今天既然出来了，我给你请个假，我回一趟桃花山，我是结婚第七天就跑出来的，我媳妇……"

"哈哈，想媳妇了？得是？那好吧，我准你半个月假。假满后，按时归队。"

"不按时归队你就毙了我。"

两个人在山路上分了手。

景金才是傍晚时分回到桃花山的，他走进院畔的时候，燕燕撅起屁股正在给炕洞里煨柴火。景金才轻手轻脚地走到燕燕的身后，静静地看着她将柴火塞进炕洞里，然后，用炕耙向炕洞里面捅，燕燕朝左边一捅，朝右边一捅，捅毕，站起来一看，是景金才，她将炕耙提在手里，半张着嘴，说不出话来了。燕燕根本没有想到景金才会回来，而且会在这个时候回来。景金才走后，她哭了几天，她知道，景金才是出去打仗的，打仗必然要死人。就在去年秋天，国民党来搜山，游击队在杨家山和国民党的队伍开了火，她老远听见那枪声像放炮一样，坡里的牛和羊都吓得竖起耳朵听那爆裂的响声，不敢动弹了。枪子儿没长眼睛，说不定景金才就在山那边打仗，说不定景金才……她不敢想了。她觉得，这一辈子，她当寡妇当定了，她没有想到，景金才有一天会回来。因此，面对景金才她怔愣了半晌才开了口：

“咋是你？你还活着？”

“你以为我死了？”

“不，我知道你会活着回来的。”

燕燕放下炕耙，走到景金才跟前，抓起了他的双手，用景金才的双手捂在了自己的脸颊上。景金才感觉到，他的手心湿了。这一年多来，景金才连想媳妇的功夫都没有，偶尔一想起媳妇，一想起燕燕给他留下的刻骨铭心的记忆，他就提起了盒子枪下了炕，就想把隔壁房东那个女人压倒在炕上。男人不能想女人，男人一旦想起女人来，就想疯了，只要是个女人就想干她。景金才拾起地上的炕耙，要向炕洞里捅柴火，燕燕说：“不捅了，晚上再捅吧。”景金才说：“不，我现在就要捅。”景金才丢下炕耙，抱起燕燕，抱进了窑内，放在了炕上，三两下扒下了她的裤子。他像用炕耙捅炕一样放开自己捅燕燕。

景金才在那眼窑里整整呆了三天。晚上，他和燕燕折腾了一次又一次，白天，吃两顿饭就睡觉。当他把燕燕搂在怀里的时候，当他美滋滋地从燕燕身上下来，慵懒地躺在她身边的时候，他才觉得这才叫活人过日子。而提着枪在山里跑来跑去，一整天吃不上一顿饭，天黑了，还不知道在啥地方睡觉，那简直不是人过的日子。

“德娃呢？几天了，咋没见德娃？”景金才问燕燕。

“我哥到山下面给人家当了上门女婿了。”

“家里的活全撂给你了？”

“不干活心里慌，活把人干不死。”

开始种玉米了。景金才犁地，王凤英溜玉米种子，燕燕溜羊粪。跟在犁后面的王凤英问景金才：“你把林大找见了没有？”他没有回答王凤英，他狠狠地抽了犍牛一鞭子，犍牛的脊背一缩，向前猛走了两步。假如王凤英知道他要在林大手下干，她非一把夺过去鞭子在他身上乱抽不可。王凤英记得清清楚楚，在干她的那八个土匪之中，还有一个十五六岁的娃娃，当那个娃娃抹下裤子向她扑来的时候，她开口了：“娃娃，我儿子都比你大，你不能那样，那样造罪哩。”那娃娃咧嘴一笑说：“造球罪。叫老子也尝尝，女人是啥味道。”她看了那娃娃一眼，不再喊叫，只是哭。那娃娃趴在她身上，一边干，一边用手在她的奶头上掐，以至把她的奶头掐得血迹斑斑。土匪终究是土匪，王凤英只有一个念头：土匪都是瞎怂。王凤英说："都一年多了，把仇报了没有？"景金才说："报了，我们捉住了林大，我把林大的老二割下来喂狗吃了。林大的婆娘叫我们十几个弟兄轮流着干了一次。"提起林大，景金才的血往上直涌，他又狠狠地抽了犍牛一鞭子："我日林大他八辈子先人！"王凤英说："仇报了，这就好了，你就可以不去'屁红子'那里了。"景金才说："还要去，过几天就走。"景金才对着青山吼道："林大，我日你娘！"

景金才到台家山那天，马双海正准备去边区政府戒烟。他被大烟土害苦了，一旦烟瘾犯了，什么事也干得出来。游击大队决定，有烟瘾的分批去边区戒烟。

林大是马双海临走前来到台家山的。

林大第一眼看见景金才还没有认出来。可是，景金才一眼认出了林大。马双海一看景金才黑着脸，一声不吭，就说道："景金才，这是林队副，你眼睛向哪里看？"景金才说："不用你介绍，扒了他的皮我也认得。"林大上下打量了几眼景金才，想起了他带着弟兄们袭击桃花山的事，他给景金才说："兄弟过去的不周之处，盼望老弟多多包涵。"景金才鼻子里哼了一声说："不周？这只是不周吗？"他本来想叫骂一声土匪，他一看马双海用眼睛瞪他，才压下去了一股怒火。

马双海临去陕北的那天把景金才叫到了跟前，给他说："我去半个月就回来了，你一定要和林队副相处好，千万不要惹出什么麻烦来。"景金才说："人家是队副，人家不收拾我算我命大。"马双海说："我给林大交代过了，说你是我的姑表弟，他不敢把你怎么样的。再说，我走后，还有赵政委，中队里的事由赵政委说了算。"景金才说："你放心地去吧，我不会给你丢脸的。"

马双海走后没几天，林大给景金才吩咐，叫他下山去搞些子弹上来，至于说怎么搞，林大没有说。景金才去问赵政委，叫他下山去搞子弹的事，是不是队部决定的。赵政委说就是，赵政委一再叮咛他，一定要谨慎行事，实在搞不到就算了。赵政委说，最好是去买，不要闯乡公所。按照以往的搞法，只有给山下面的财东下条子，要银元或粮食。景金才不想那样做。

下了山，景金才回了一趟松陵村。

父亲曾经给他交代过，村子南边有九亩地租给了别人耕种。这几年，一直没有收租子。景金才想把租子收回来，用租金买子弹。景金才找到景德胜。景德胜依旧是保长。景德胜的保长做得很滋润，在明处，他将国民党乡政府县政府里的人应付得很周到；在暗处，他和游击队有来往，给游击队提供了不少方便。景德胜知道景金才干上了游击队，对景金才不敢怠慢。景德胜一听，景金才是回来收租子的，就去租地的那两家要。景德胜跑了几圈，连一石粮食也没收到。这几年，地里干旱了，收成不好，租地的那两家农民实在拿不出来。景金才也没有再逼那两家农民。他暗地里去打听了一下，一颗步枪子弹涨到了三斗麦子，一颗手枪子弹涨到了一斗六升麦子。景金才算了算，他收来的租金买不到几颗子弹，他打算卖六亩地。景德胜一听景金才要卖地就阻拦他，说你不能卖地，你爷和你爹为了置买那些地做了一辈子炮，辛辛苦苦不容易。景金才说："庄南留下三亩，还有三亩坡地，就够了，地一定要卖。"景金才叫景德胜去找下家。这一次，景德胜给景金才把地卖了。从中没有克扣一分钱，如数把钱交给了景金才。他知道，景金才腰里别着盒子枪，克扣了几块银元，万一叫景金才知道，他就没命了。

虽然到了1948年，关中西府的财东们还是一块一块地攒银元，一分两分地置买土地。他们就不知道，在解放区，地主的土地已开始分到了农民的名下了。也就是说，他们的土地被贫雇农们白白地分走了。如果他们知道，两年以后，他们的土地同样也会被贫雇农分走，他们绝不会再买地的，可惜，他们的消息太闭塞，他们只听乡长说，蒋委员长枪是枪，炮是炮，共产党是胡折腾，闹不了几天就完蛋了。他们相信乡长不会哄他们的。因此，他们还像以往一样照旧置买家业。

景金才的那六亩地出手是很快的。

景金才拿上银元，托熟人买好了子弹，在南堡乡地下党的掩护下，深夜里，用骡子把子弹驮到了台家山。

景金才见到林大，林大很惊讶，景金才一个人竟然搞了那么多子弹？他问景金才："是抢乡公所的，还是给财东下条子？"景金才说："那你就不用问了。"林大一看景金才牛皮哄哄的，就躁了："牛皮个球？你能搞来，我林某人也能搞来。"景金才说："你能么，你能抢么，你是土……"他的"匪"字还没有出口，林大拔出了盒子枪，景金才早有防备了，他一枪就过去了，幸亏被赵政委在胳膊上拍了一巴掌，不然，林大就被撂倒了。景金才的傲慢将林大惹躁了，第二天，他就领着两个人去山下面搞子弹，子弹没有搞到多少，反而被国民党的乡丁打死了一个队员。赵政委将景金才和林大分别关了几天禁闭。

1952年，景金才被凤山县人民政府枪毙时还争辩：为了革命事业，他卖了自己的六亩土地为游击队买子弹。可是，那时候，他已被定为土匪分子和反革命分子，没有人提说他曾经的过五关斩六将了。

林大带着和自己关系亲密的五个游击队员去踏国民党的岐阳乡政府，他指名道姓要景金才跟着他去。林大的目的是叫国民党的乡丁把景金才收拾了。他没有想到，他非但没有收拾掉景金才，反而将性命丢在了岐阳乡政府。

那是初夏的一个晚上，天很黑。林大带着包括景金才在内的七个人潜进岐阳村时，已是夜深人静了。林大手下的那五个人首先翻墙进了一个院子。他们以为有内线策应，拿下岐阳乡政府是很容易的事情。这五个人都想抢头功，也许，早进去还会弄几块大洋或一碗烟土的。这五个人翻过墙之后，林大叫景金才翻墙。景金才故意翻了两次没翻过去，林大骂了一声："球事都弄不了！"他一把推倒景金才，自己就开始翻墙了。林大刚骑上墙头，景金才就朝林大的脊背来了一枪，林大跌进了院子。这时候，炮楼上的灯亮了，机枪雨点似的打过来了。挨了一枪的林大站起来，脊背上又挨了从岗楼上打来的两枪。景金才刚骑上墙，一个队员从院子里翻墙逃出来了，那个队员的腿上挨了一枪。景金才跳下墙，扶着那个队员从麦地里向远处跑。在墙里面的四个队员还在顽强抵抗，他们被十几个乡丁围住打死了。

事后，游击队才获悉，失败的原因在内线身上。内线是一个并不坚定的人。狡猾的乡长丁德铭早已察觉他和游击队有勾结。出事的前一天晚上，丁德铭把那个内线叫到县城里的岐凤酒店用酒灌醉，迫使这个内线说出了林大要带人来袭击乡公所的事。乡政府做好了打林大的准备。当林大的队员翻墙进了岐阳乡政府院子里的时候，这个内线正在凤山县城里的鸳鸯楼上和一个妓女搂抱在一块儿。

因为跌进院子里的林大是岗楼上的子弹从脊背打进去的，景金才从背后开的那一枪也就无法弄清了。回到台家山，景金才偷偷地高兴了几天，他总算给父亲报了仇，给王凤英报了仇。

马双海从边区政府回来了。他听说林大袭击岐阳乡政府没成功反而失去了四名队员，他很悲痛。他去游击大队作了检讨，并提议由景金才代替林大，出任队副。游击队大队批准了景金才出任第一中队的队副。当上了队副的景金才几次想给马双海坦白他击毙林大的事，几次话到嘴边又咽回去了。

A章（十四）

一个星期天的晌午，景文祥来到了眉台县景解放的住处。叶小娟上街买菜去了，给景文祥开门的是景解放。景解放打开门一看是景文祥，他略略有点吃惊。

"噢？是文祥？快进来。"

"四爸，你住的这地方真不好找。"

"有啥不好找的，眉台县就这么大点地方。"

"我还以为你在县城中心住着哩。"

"离城中心远一点清静。"

"四爸说得也对。"

景文祥的嘴很甜，张口闭口"四爸"，他叫得特别亲热。景解放给景文祥泡上茶，两个人刚坐定，叶小娟回来了。景文祥一看打扮得很少妇的叶小娟，站起来了。他叫了一声："四……""妈"字还没有出口，就被叶小娟挡回去了。

"是（四）啥？是叶小娟，不认识了？"

"我直呼你的名字就没大没小了，你是有辈分的人。"景文祥正眼看了看叶小娟。叶小娟故意将浓密的长发拢起来在脑后挽了一个髻，她这样做的目的大概就是为了从打扮上缩小她和景解放之间的年龄差距。她想把自己打扮成一个很妇女很妇女的模样来，在景文祥看来，叶小娟这样的打扮反而别有一番风采，其实这风采不是打扮出来的，30多岁的女人的成熟美像夏天一样热烈像焰火一样多彩。景文祥端起茶杯喝了一口浓茶说："叫我四爸说，我该不该叫你四妈？"景解放说："叫啥四妈？就叫她小娟吧。"景文祥吭地笑了："照你说。咱景家的班辈不成为驴球班辈了，胡乱开了。"景解放说："看这娃，直呼其名就能乱了班辈？景家的班辈没有乱，也是不能乱的。"景文祥说："有四爸这句话，我从今日起就把四妈直接叫名字了。"叶小娟说："我小你10岁哩，你叫我四妈，我挺难为情的。"叶小娟给景文祥的茶杯里添上水说，"你们说话，我去给咱做饭。"叶小娟走进了灶房。景文祥趁景解放点烟时，飞快地扫了一眼她的背身，叶小娟脊背上的曲线很流畅，丰肥的臀部一扭一扭的。景文祥的目光刚叼住叶小娟又放下了。

吃毕晌午饭，景文祥坦诚了他来找景解放的目的。景文祥实话实说：他经营的松陵村花炮厂这两年一直亏损，原因是产品质量上不去，花炮品种老化，销售渠道不畅，利润微薄，规模也无法扩大。景文祥几次想把企业承包给别人，又不忍心，再说，也未必有人来收拾这个残局。景文祥是来找景解放寻求出路的。

景解放说："你先说说你的打算。"

景文祥说："我想和你们公司联合办厂，你看行不？"

景解放说："我是总经理，只负责经营企业，决策要靠董事会，重大决策董事长说了算。咱是自己人就实话实说，依我看，公司不会和你们联合办厂的，因为眉坞花炮公司是大公司，你们是小厂子，公司只能采取兼并或收购的方式。"

景文祥说："如果以参股的形式经营，我们的花炮厂能占多少股份？"

景解放说："以你们现在的规模来看，只能占百分之十的股份。"

景文祥说："占那么小的比例就没意思了。"

景解放说："我也觉得是这样。当初，花炮厂是我一手办起来的，我当然希望你们能够把它经营好，你也搞了这么多年的企业，你要看到，这是一个大吃小，强吃弱的通吃的时代，企业不做大做强就时刻有危机。"

景文祥说："那你说咋办呀？我不能叫企业完蛋了。"

景解放说:“叫我再想想。我对松陵村花炮厂是有感情的,我们通力协作一定会救活的。”

景文祥说:“我相信四爸一定会有办法的。”

景解放说:“咱暂且说到这里,咱们都再想一想,看能拿出一个好的解决方案来不能?”

景文祥说:“好吧。”

那天晌午饭,景文祥是在景解放家里吃的。刚吃毕饭,公司有人打电话叫景解放,景解放就先去了公司。景解放走后,留下了景文祥和叶小娟。叶小娟拿起了茶几上的水果刀给景文祥削苹果,不知咋的,一刀下去,她的手指头上有了一道血口子。景文祥一只手攥住了她的手腕,一只手抽了一张餐巾纸给叶小娟裹在了手指头上。叶小娟去卧室拿来了一张创可贴,景文祥给叶小娟贴在了手指头上。两个人面对面地站立着,景文祥的目光在叶小娟的手指头上,叶小娟偷看了一眼景文祥,脸不由得红了。他们近距离地彼此呼吸着彼此,彼此感觉着彼此。

重新坐定。景文祥说:

“我发的短信,你能收到吗?”

“咋不能?你的短信写得很高明的。”

“不要夸奖我了。”

“就是呀。既明白了意思,又不外露。”

“只要你理解就行了。”

“我还能不知道你咋想?”

“你真聪明。”

“没有你狡猾。”叶小娟哧地笑了。

景文祥的话题一转:“还记得你在县城西关花炮厂门市部住了几天的事吗?”

“咋能不记得?整天把你跟出跟进,叫你大哥。”

“你咋不说,晚上我搂着你睡觉的事?”

“不要胡说,我现在是你四妈。”

“你不是说叫我大哥吗?”

“那是小时候的事。”

“你现在还敢叫我大哥吗？”

“你再胡说，我就不客气了。”

“好，好，我的四妈，侄儿不敢胡说了。”叶小娟站起来，假装去给茶壶里续水。离开了景文祥。景文祥不错眼地看着叶小娟的背身，他看了几眼，起身要告辞。叶小娟说，茶泡好了，你不喝？景文祥说，我怕喝醉了。叶小娟笑了：茶也能醉人？景文祥说，凉水也会醉人的。你不知道酒不醉人人自醉那句话吗？叶小娟瞟了一眼，说，你走吧。

景文祥走后没几天，景解放去了一趟浏阳的太阳花炮厂，他目的是在浏阳给松陵村花炮厂寻找一个合作伙伴。经过和太阳花炮厂的总经理谈判，太阳花炮厂同意松陵村花炮厂给他们贴牌生产，可是，他们给的价位太低，景解放算了算，贴牌生产几乎没有利润。谈判了几场，太阳花炮厂不让价，景解放觉得，贴牌生产这条路走不通。他的奔波全是为了景文祥和他的花炮厂。

回到眉台县，景解放给景文祥打了电话，把他的浏阳之行给景文祥交了个底，他安慰景文祥，办法总会有的，不要着急。他叫景文祥先稳住企业的人心，提高质量，抓紧生产。

经过了一番深思熟虑，景解放决定放弃眉台县眉坞花炮公司总经理的职务，自己和景文祥合股经营松陵村花炮厂，他对自己当年一手办起来的花炮厂是深有感情的，他相信他能把松陵村花炮厂经营好。他把自己的想法给叶小娟说了，叶小娟觉得，他在眉坞花炮公司正干到得意之时，这时候放弃有点惋惜。其实，景解放心中有个秘密，他没有给叶小娟说，他觉得，他再在眉坞花炮公司干下去，迟早要出事的。不是他有激流勇退的胆识，而是他已经觉察到，潜在的危机迟早会爆发，早抽身比晚抽身要好得多。在眉坞花炮公司的二期扩建工程中，董事会形成决议后，具体工作由他负责，土地审批、机械购买都是他经手的。通过和县级的主要领导打交道，他才知道，这些官员采取各种手段向他伸手要钱，他知道，他不给不行，给也不行。最后他还是给了，为了工程早日完工他亲自给了县委的主要领导，虽然给的是公家的，他心里总是不踏实。有了第一次就会有第二次，说不定在以后的交往中，他还会遇到这样的事情。他早就有想法，离开眉台县，自己干自己的。对他突然离开，叶小娟弄不明白想不通，不赞成他那样做。他本来想给叶小娟说清楚，和县上的领导打交道有风险；他想了又想，还是没有说。他只是给叶小娟说，人不能把事干在顶尖上去。太阳端了就要偏。干到顶尖上去，就要走下坡路了。趁还没有下坡，咱见好就收。这道理叶小娟也懂，但她还是不愿意走。景解放只好说，眉坞花炮公司有潜在危机，你是干会计的，你知道，产值产量都有水分。县上逼着企业造假，这样下去很危险的。领导之所以搞浮夸，还不是为了自己的政绩？到头来，这些人升迁了，拍屁股一走，倒霉的是咱们。叶小娟一看，景解放决计离开，就遂了他的心意。

主意已定，景解放就开始和侄儿景文祥谈判共同经营松陵村花炮厂的事。景解放坚持自己占百分之七十的股份，景文祥占百分之三十的股份。两个人相持不下，又不愿意就此而放弃。后来，景文祥提出，各占百分之五十的股份，由他担任董事长。景解放看得出，这是景文祥缺少诚意的说法，按理，谁控股谁担任董事长。就是他景文祥占百分之五十的股份，也不能担任董事长。谈判僵持了一个多月，景解放躁了，他说，这事他无能为力了。他不投资松陵村花炮厂了。景文祥一看，景解放态度很坚决，就让了步，最后，两个人达成了这样的协议：景解放占百分之六十的股份，景文祥占百分之四十的股份，景解放当然是董事长。总经理本该是景文祥当。景文祥觉得，既然，景解放成了控股方，景文祥觉得，担任总经理没有多少权力，只能多操些心，多干些事情，他就提出由景解放担任总经理，他做副总经理就行了。两个人就这样签订了协议。

景解放除了把自己这几年的全部积蓄拿出来之外，还在银行贷了一些款，使他的股份额占到了百分之六十。

没多久，景解放辞去了眉坞花炮公司总经理职务，回到了凤山县。他在凤山县城北干渠以北的凤阳花园小区新买了一套房子和叶小娟一起将家搬进了新居。

松陵村花炮厂改名为松陵村花炮股份有限公司。因为松陵村是周王朝的陵地，据县志记载，西周有好几代天子埋在松陵村。所以，景解放把他们公司生产的花炮注册为“天子”牌。公司成立后，景解放对公司原有的人员重新进行了配置，除了景文祥一个副总外，景解放将眉坞花炮公司一个叫做顾德祥的工程师聘请来担任了他们公司的副总，专门负责原材料的购置和花炮的销售。叶小娟担任了公司的会计，并负责公司的财务工作。

时隔十六年，景解放和叶小娟又回到了松陵村。景解放领着叶小娟从松陵村的家中走出去时，叶小娟才15岁，如今的叶小娟已经年过31岁了。景解放整天在企业里忙碌着，回来几个月了，也没有在村子里走走。一个春天的午后，他约上了叶小娟一同走出了花炮公司，来到了昔日的家门前，景解放站住了。大铁门上的朱红色油漆已斑斑驳驳的了，铁门上着锁，他一推铁门，铁门发出的响声嘶哑而破碎，透过门缝，他看见，院子里的杂草有半尺高。这院子已有好多年不住人了。乔桂芳再嫁后已在县城里买了房，他们的儿子景旭大学毕业后在西水市工作，也难得回一次老家。景解放抬头看了看，大瓦房看不清面目，只见瓦楞上的青草在风中轻轻地摇摆。家园是一副荒芜凄凉的面目。景解放心中有点伤感，他给叶小娟摆了个眼，一句话也没说，离开了街道。

经过两年的努力和辛苦，景解放的花炮公司研制出了新的产品，生产规模比原来的松陵村花炮厂多了3倍多，公司里的生产和销售走上了良性循环。“天子”牌花炮和湖南浏阳的花炮一样在市场上受欢迎。景解放终于可以长长地出一口气了。再说，景解放已是58岁了，精力大不如在眉台县那么充沛。在公司里忙碌一天，回到家中就懒得动弹。而33岁的叶小娟正是女人如狼似虎的年龄，一周之内，她不和景解放折腾一两次就烦躁。可是，景解放一经折腾，最少要困乏两天，有时候，景解放就借口种种原因拒绝了叶小娟，叶小娟虽然没有怨言，景解放看得出，叶小娟没有好脸色，肯定也没有好心情。景解放和叶小娟结婚的时候根本不可能想到，他会活到对女人无可奈何的年龄。当他无法从肉体上安慰叶小娟之时，就从衣服口袋里掏出来一张购物卡，吩咐司机带上叶小娟去西水市给她买款式新颖的高档衣服。这只能讨叶小娟一时的欢心，并不能从根本上解决问题。一天，从眉坞花炮公司聘请来的副总顾德祥到景解放的办公室谈工作，谈毕工作，两个人拉起了闲话。顾德祥小景解放3岁，他说，我看老兄的身体还不错，景解放叹息一声："老了，真的觉得老了。"顾德祥说："你可不敢说老，你说老了，叶小娟咋办呀？"景解放说："球逝了（关中西府方言：完蛋了或不行了的意思），没办法。"顾德祥说："老兄，千万不敢说'球逝了'，你知道'球逝了'是啥意思吗？'球逝了'就是球去世了的意思、连球都去世了，男人还活啥味道？你知道军阀杨森的故事吗？"景解放说他不知道。顾德祥说："老汉活了96岁，90岁的时候娶了第十二房，第十二房只有17岁，第二年就给杨森生了一个娃。"景解放说那是奇人，咱不能比。顾德祥说他认识省中医研究院的一个姓牛的教授，牛教授配置了一种药，吃了可管用，当时一吃，就和小伙子一样馋火了。景解放问顾德祥吃过没有。顾德祥说："吃过，吃过，我拿几粒你试一试。"景解放说："试试就试试。"当天晚上，景解放吃了两粒顾德祥拿来的药，果然起了作用。叶小娟感到惊讶。景解放自豪地说，这是他开发的新产品，叫电子炮。叶小娟被惹高兴了，可是第二天，景解放却疲倦得起不来了。他打电话把顾德祥叫到家中对他说："你是日弄老哥哩。"顾德祥说："咋回事？"景解放说："你给我的药确实管用，我连续弄了两回，叶小娟像十年前一样又大呼小叫开了。可是，我今天困得不行。"顾德祥说："你是胡弄哩，头一次吃一粒就行了。可不敢这样，那是要命的事。"景解放又是一声叹息："这号事，不是靠药物能解决问题的。"

景解放想错了。他不只是因为床上满足不了叶小娟而使叶小娟不高兴。当然，夫妻间要经营好，离不开床上的愉悦，可是，那只是一个内容。想想他和乔桂芳结婚十年间，乔桂芳从来没有因为床上不能满足而疏远他。景解放觉得床上满足不了叶小娟就千方百计宠她惯她，他这是错上加错，他越是这样，叶小娟越不把他当回事，越来越贪——今天买了金项链，明天又要买金手镯，有了金手镯，又要买玉器。花钱多且不说，叶小娟常常是半夜不归，景解放还不能问，一问，叶小娟就说，我是你的私人物件吗？我有没有我的交往？我有没有我的自由？你给不给我空间？你心胸太狭窄了，你对我管得太严了。几句话，顶得景解放心里疼。再说，他又没有发现叶小娟有相好，即使发现了，他又有什么办法？于是，他只好忍了。他始终相信，叶小娟是爱他的。

有一个礼拜天，景解放恰好没有事情，他难得闲暇，吃毕早饭，他叫叶小娟和他去逛街道，叶小娟说她困乏，要睡觉，一口回绝了。景解放希望叶小娟和几年前一样，挽着他的胳膊在街道上逛一逛，叶小娟却不去。他只好一个人闷闷不乐地去街道上散步。他向回走时，却发现，叶小娟和一小青年在东大街肩并着肩地走着，两个人勾肩搭背，十分亲热。回到家，景解放就问叶小娟，和她在一起的小青年是谁？叶小娟便高声叫喊："你卑鄙，你跟踪我，你不要脸。"景解放急忙解释："不是我跟踪你，是我去街道上撞见的。"叶小娟说："你既然看见了我，咋不打招呼？偷偷摸摸的不是跟踪是啥？"景解放说："我怕你多心才没有打招呼，你看，反而……"叶小娟说："你心虚。你心术不正。"还没容得景解放再说下去，叶小娟大哭大闹，景解放不但没有再追问，还要用好话哄叶小娟高兴。

叶小娟的手机整天响个不停，回到家，什么活儿也不干，不停地回电话、发短信。景解放从来没有问过，她怎么有那么多的交往。一天，景解放请两个客户去凤鸣酒楼吃饭，一上饭桌，叶小娟就开始打电话，景解放明显地听得出，她和一个男人在电话中调情，两个客户当然不是瓜怂，他们忍不住偷着笑，那笑中的意思景解放当然明白——景总怎么有这么一个夫人？景解放觉得面子上搁不住，就说，小娟，吃完饭再打电话。叶小娟脸一沉，不顾及景解放的面子，提上包，走出了餐厅。景解放被弄得十分尴尬。

那天晚上回到家，景解放便责备了叶小娟几句，叶小娟又是哭又是闹。景解放再也忍不住了，伸手给了叶小娟一个耳光。叶小娟跳起来了："好啊！姓景的，你敢打我？咱走着瞧吧。"叶小娟背上包出了房子，景解放没有拦她。叶小娟一出走就是一个礼拜。这下子，景解放慌神了。他打手机，她要么不接，要么就关机。后来，景解放开车到西安，在唐城宾馆找到了她。一个礼拜，叶小娟花了一万多元，景解放更不敢问，这七天，她和谁在一块儿。

叶小娟不是口口声声说，她的命都是景解放给的吗？不是说要爱景解放到死吗？怎么几年工夫就变成了这样？景解放有苦难言，他连一个诉说的人也没有，而且，他觉得，也无法诉说，他只能折磨自己。

景文祥来到景解放的办公室给景解放汇报：公司可能遭遇了诈骗，如果这件事不弄清楚，公司要损失六七十万元。景解放一听，问景文祥是咋回事。

景文祥说："包头市有一个销售公司，和我们打了一年交道，他们开始和我们打交道的时候是先交款后拉货，一次也就是三五吨货，这个公司从来不拖欠我们的货款，我们很放心，顾总也知道这个公司。这一次，他们说周转资金不够，交了五万元，拉走了三十吨货。我总以为，这是老客户，一向很讲信誉，就让他们把货拉走了。前几天，我派人去包头收货款，派去的人打来电话说，这个公司从包头消失了。"

景解放说："这是骗子常玩的把戏，先取得你们的信任，然后露出了真面目，我在眉坞花炮公司时也遭遇过这样的事。"

"你看咋办呀？"

"这个公司是谁联系的？"

"是我。"

"你去包头把情况弄清楚，如果是诈骗，就报案。"

"我一个人恐怕不行，叫叶会计和我一块儿去。"

景文祥不再直呼叶小娟的名字，也不把她叫"四妈"了，叶小娟到了公司以后，他就一直叫她叶会计。

景解放想了想说："好吧，让小娟去。你们要想尽一切办法挽回损失。你去准备吧。"

和叶小娟出一趟远门是景文祥蓄谋已久的事情。其实，在他未给景解放汇报之前，他已经和叶小娟说好了，要和叶小娟一同走一回内蒙。叶小娟当然很乐意。在此之前，景文祥和叶小娟去西安出过一回差。景文祥知道叶小娟对景解放感情很深，他说话不敢造次，做事也是有分寸的，他生怕因此而得罪了叶小娟。他的目的是，通过近距离地和叶小娟接触，摸清叶小娟心里是怎么想的，叶小娟对他有没有好感。当年，他搂着叶小娟在凤山县城西关的花炮厂销售门市部睡觉的情景不止一次地闪现在景文祥的眼前，他想也没想到，叶小娟一夜之间长成一个风姿绰约的女人了；他想也没想到，叶小娟会嫁给景解放这个半大老头子。他偷偷地喜欢叶小娟却不敢有任何表示，这使他很憋闷。他从外地出差回来，总是给叶小娟买一件小玩意儿，他是以侄子的身份送给“四妈”的。好在叶小娟并没有拒绝。景文祥暗暗高兴，他预感到，叶小娟对他上心了。他故意问叶小娟：“你为啥不和景总一块儿出差？”叶小娟说：“我才不和他一块儿去哪里。和他一块儿到了哪个单位，弄得人家很不好意思开口，不知道的人还以为你四爸领的是女儿或情人。人家哼哼唧唧的，不好称呼，我也难为情。”景文祥说：“和我一同出差，你就不难为情吗？”叶小娟说：“你说呢？”景文祥一看，叶小娟的眼睛在扑闪着。他大着胆子抓住了叶小娟的手。他正欲把叶小娟揽过去，叶小娟抽出了她的手。如果说，这是试探，景文祥的试探是成功的。他已看得出，叶小娟对景解放不是很满意的，两个人之间肯定已经有了裂痕。景文祥暗自高兴。

从西安回来以后，景文祥和叶小娟就不断地发短信。言语先是谨慎，后来，越说越放肆。叶小娟连对景解放床上的不满足也说给了景文祥听。景文祥的安慰中有挑逗：“老了，景总老了，功夫不行了，你要体谅他。”叶小娟立即回复：“他老了，我没有老。”景文祥就安慰叶小娟：“你不要太在意，忍一忍就过去了。”叶小娟毫不掩饰地回答：“我那样活着还有什么意思？”从这些手机短信中，景文祥已明确地嗅到了一股味儿。他知道，不需要他等待多长时间了。

然而，景文祥并没有如愿以偿。

那一次，景文祥和叶小娟到太原市去出差。在市区里奔忙了两天，也许太累了，天一黑，两个人就老早睡下了。第三天晚上十点多，景文祥走进了叶小娟住的房间。两个人闲聊到十一点多，叶小娟打了个呵欠：

“睡觉吧。”

“睡觉。”

景文祥坐着没有动。叶小娟把被子撩起了一个角。景文祥并排坐在了叶小娟跟前，他开始解自己的衣服纽扣。叶小娟看了看景文祥。叶小娟又重复道：“睡觉吧。”景文祥说：“你先上床。”叶小娟说：“那不行。”景文祥说：“咋不行？”叶小娟说：“我还没有想好哩。”景文祥说：“想啥想？”景文祥一把搂住了叶小娟，嘴巴要在叶小娟脸上啃，叶小娟摇着头，表示不。景文祥把叶小娟抱起来，撂翻在床上了。经验告诉景文祥：女人喜欢的就是这粗暴，只要男人敢于粗暴地进攻，粗暴地进入，女人自然就投降了。可是，景文祥的经验在叶小娟身上用不上，叶小娟翻身而起，狠劲将景文祥推倒在对面床上了。叶小娟一面整理自己的头发，一面高声说：

“景文祥，我是你四妈，知道吗？”

景文祥一看叶小娟涨红的脸，一下子愣住了，他嗫嗫嚅嚅：

“我原以为，以为……”

景文祥把“你是爱我的”那后半句没有说出来。

“原以为，我是个轻薄女人，是吗？”

“你是我四妈，我知道了。”

景文祥跨着大步，走出了房间。

第二天，一整天景文祥和叶小娟不着嘴。到了吃晚饭时，叶小娟才说：

“还生我的气吗？”

“哪里敢生四妈的气？”

“不是我不……”叶小娟瞅了景文祥一眼，“我害怕……”

“害怕谁？害怕景解放？”

“不。”叶小娟笑了，“我就没害怕过他，我是害怕……”叶小娟欲言又止了。

“既然害怕就算了。”

“不，不能算了。给我留点时间，好吗？文祥。”叶小娟给景文祥送了一个眉眼，突然泪流满面了。

景文祥长长地吸了一口气。他也流出了眼泪。

景文祥和叶小娟来到了包头市。他们住进了大自然宾馆以后，开始追寻这家公司。这些年，和景文祥打交道的还有包头的其他两家公司。景文祥和叶小娟一同来到一家公司，找到了生意上的朋友，朋友告诉景文祥，拖欠他们货款的那家公司因经营不善，不打招呼关了门。据朋友所知，他们可能去了呼和浩特市。景文祥从另外一家公司的朋友处也证实，这家公司去呼和浩特市发展了。景文祥和叶小娟没有停留，第二天就去了呼和浩特市。

经过多方打听，景文祥和叶小娟在呼和浩特找到了这家公司的总经理。这位总经理并没有赖账，但是，他说他们没有周转资金付欠款。景文祥知道，对付这样的欠账户没有什么好办法，打官司会两败俱伤，对谁都没有好处，他们只有天天催天天要，直至把他们要烦了催烦了，他们才会付款的。于是，景文祥就和叶小娟住在了这家新开的公司隔壁的草原宾馆。景文祥和叶小娟一吃毕早饭，这家公司开了门，他们就进了公司守在公司不走。总经理走到哪里他们跟到哪里。他们天天要，天天催，而且是当着其他客户的面又要又催。总经理当然明白，景文祥这样做看似无奈，其实，对他们公司的声誉影响很大的。他们不但烦了景文祥和叶小娟，而且，一看见他们两个人就不由得火冒三丈，又不得不克制自己。

经过二十天的软缠硬磨，景文祥和叶小娟要到了三十万元的货款。尽管只是一半，总算给他们公司挽回了损失。这家公司把货款汇到凤山县的当天，景文祥和叶小娟去宾馆餐厅放开吃了一顿。这二十天里，他们忙于要款，没有好好地吃过一顿饭。

吃毕饭，景文祥和叶小娟回到了宾馆，景文祥说："叶会计，到我的房间坐一坐，行不？"叶小娟说："看你？有啥不行的？"叶小娟随景文祥到了他的房间。其实，两个人住在同一楼层的两隔壁，一个在608房间，一个在610房间。他们坐下来后，没有话题可谈，便打开了电视，看了一会儿电视剧，都觉得很无聊。由于谁也不说一句话，反而使两个很熟稔的人有点生疏了。房间里的空气好像也紧绷绷的。景文祥说："咱们玩扑克牌吧。"叶小娟说："两个人咋玩呢？"景文祥说："能玩。我们小时候常常两个人玩'娃娃脱裤子'。"叶小娟说："咋个玩法？"景文祥说："谁把手中的牌先出完，谁就赢了，谁赢了，就脱对方的裤子。"叶小娟说："那没意思。"景文祥说："你要啥意思？消磨时间哩。"叶小娟说："打几个回合先试试。"第一个回合，景文祥就老早出完了手中的牌，叶小娟手中还有十张牌。不言而喻，景文祥赢了。叶小娟看着手中的牌，脸红了。景文祥说："这一回不算。再说，我咋敢脱四妈的裤子。"叶小娟说："啥四妈五妈的，咱搞企业的凭的是信誉。咋个脱法，你脱，还是我脱？"景文祥说："算了，这一回算是试验吧。"本来，叶小娟不想玩了，由于她输了，她还没弄清楚是怎么出的牌，自己就输了，这反而逗上来她玩扑克牌的兴趣。于是，又开始了第二个回合，果然，第二回，叶小娟赢了。景文祥主动地解开裤带，要脱裤子，叶小娟拉住了他的手，不叫他脱。景文祥说：

“我输了就得脱，我不能耍赖。”叶小娟说：“这不是耍流氓吗？脱啥裤子呢？”景文祥说：“我们玩的就是这个。”叶小娟说：“能不能变通一下？刮鼻子或者弹脑壳。”景文祥说：“你不是说要讲信誉吗？咋能这样呢？”叶小娟一听，只好松开了手：“你脱，自己脱。就算我脱的。”景文祥抹下了裤子，连内裤也抹下去了。叶小娟背转了身子。景文祥说：“叶会计，你转过来看一眼，就算你赢了。”叶小娟转过了身：“看就看，谁害怕你？”她看了景文祥一眼，笑了：“好了，好了，只要你服输就好。”第三回，叶小娟输了。景文祥一看，笑了，拍着手大笑不止：“我的四妈，这回看你咋办呀？你要个赖算了，只要你说你赖一回，我就让了。”叶小娟放下手中还没有出完的扑克牌，站在了床跟前。她看了看景文祥得意忘形的样子，眼睛眨巴了几下，将手伸到裤腰上去解裤带。景文祥吃惊地看着叶小娟。当叶小娟解开裤带，眼看着那条长裤子向下掉去的时候，景文祥扑上去搂住了她，他一只手给她提裤子，一只手臂紧搂着她：“你不要那样，你是我的四妈，你咋能那样呢？就算你赢了，行吗？”叶小娟说：“不行，不能算我赢了，我就是输了也要输得起，输得堂堂正正的。”她用一只手去掉景文祥的手。景文祥的双手将她从腰部以下搂住了。他抱起她，将她放在了床上。躺在床上的叶小娟解开了裤腰带，向下抹裤子，景文祥扑上去，扑上她的身子，假装给她提裤子。叶小娟的裤子终于抹下去了。两个人弄不清楚是谁的那只手将裤子抹下去的。趴在叶小娟身上的景文祥自然地进入了叶小娟的身体，他一声声地叫她娟子，叶小娟的呻吟声像草原上的青草在风中波浪起伏。波浪滚滚的肉体的愉悦把两个人的理智淹没了。两个人开初玩扑克牌时不过是心照不宣罢了，他们的目的是什么，心里都明白，只是没有说出来，他们只不过用玩扑克牌来遮掩彼此的渴望，这样做比直接上床显得更自然一些更顺理成章一些。自己哄自己，自己游戏自己，也要装做一本正经。情欲使人变得既诡计多端，又卑鄙无耻。

事毕，叶小娟长长地躺着，她没有穿裤子，让她那白皙的下身全裸着。景文祥将被子拉开给她盖在了身上，叶小娟突然哭了，她先是小声地啜泣，而后，便大哭不止。景文祥手足无措，不知道用什么话来宽慰她，他只是说：“娟，我错了，就原谅我这一回吧。”景文祥跪倒在叶小娟床前。叶小娟翻身而起，她猛地将被子扯到了一边去，一伸脚，将景文祥蹬出去老远。她穿上了裤子，下了床，拉开门，回到了隔壁房间。

那一夜，叶小娟彻夜难眠，她躺在床上，翻来覆去地睡不着，当她和景文祥在床上折腾的时候，也许，景解放正在念叨着她。她知道，景解放太爱她了，既是发狂的那种爱，又是真挚的深沉的爱，他几乎和她融为一体了，而她成了他身体和精神的一部分。她觉得，他整个儿地融入到她的身体和精神里面了，只有她，而没有他。他宠得她变成了五六岁的小孩子——亲生女儿不过如此罢了。她在他那里体味了比亲生父亲更爱的爱意，她从没有想过要背叛他，对她来说，背叛就是罪恶。可是，她已经管不住自己了，在肉欲面前她是脆弱的。景解放越爱她，她反而越推拒这种爱。人就是这样的，你越施以善良，对方越觉得你可欺。景解放对叶小娟的爱产生的不是回报，反而是反弹。尤其是肉体的反弹十分强烈——她的肉体渴望得到景解放以外的一个男人的抚慰。转眼即逝的快活过后，叶小娟陷入了深深的内疚和不安，她不止一次地给景解放说过，她的性命也是他给的，她还舍不下她的肉身子吗？看来，这只是特定情境下的特定语言，而不是精神力量催生的结果。人的欲望太可怕了。叶小娟不会有什么哲学修养，她意识不到，不理智的时代是由人的不理智行为构建的。《人生十问》中对人的生存意义的回答忽略了人是社会的人这一层面。叶小娟从这本书中汲取了人对自然属性的回答，只知道人是性的人，而忘却了人也是有社会属性的人。人如果没有道德操守，那是很可怕的。

叶小娟由内疚而痛恨景文祥。回到凤山县，叶小娟十多天不和景文祥说一句话。她觉得，是景文祥把她拉进泥潭的。她拒绝承认，她早就渴望得到另外一个男人或几个男人的抚慰了。这种渴望不是一天两天了。也就是说，魔鬼早在自己心中了。而她却拒不检讨自己。

过了一段时期，叶小娟再一次和景文祥上床之后，她心中没有了罪恶，没有了内疚，没有了痛苦，什么也没有。她甚至想，景解放是爱我的，他当然希望我活得愉快一些，我的快活就是他的快活。她释然了。

从宾馆出来，走在大街上，那些年轻英俊的小伙子从她身旁擦肩而过。叶小娟就想，既然能和景文祥上床就能和这些男人上床是一样的，和一个男人上床和十个男人上床是一样的；上一次床和上十次床百次床是一样的。她记得，有一本书中说过，女人只有两大类，一类是贤妻良母型，一类是妓女型。贤妻良母型的女人一生只守着丈夫一个；妓女型的女人把满足自己的肉欲看得很重。女人是贪图享乐的，即使正派的受过良好教育的女人也渴望床笫之欢渴望做妓女型的女人，尽管她们管束着自己，但心中的这个魔鬼时刻蠢蠢欲动。不然，那些女博士女教授也不会绯闻不断。叶小娟突发异想，她何尝不可以做既是贤妻良母型又是妓女型的女人呢？管他什么型，她只要对景解放好而又不亏待自己就行了。叶小娟所说的对景解放好就是还做他的妻子，还是一如既往地和他同床共枕，和他睡觉做爱。她还没有想到离婚。处于性亢奋中的叶小娟只有在疯狂的性交中才能得到安慰。

走到一家宾馆前，不知谁家在结婚，开始放鞭炮。炮声将叶小娟的胡思乱想炸断了。行人被堵了一堆，叶小娟只好站在那里等待鞭炮放完再走。叶小娟眼睁睁地看着，鞭炮粉碎之后留下的是乱飞的炮纸，是一堆垃圾。而叶小娟心中的某些东西被粉碎之后，没有声响，没有震动，什么也没有，连垃圾也没有。

B章（十四）

马双海和景金才行走在通往山下面的小路上。太阳偏了西，山头遮出来的阴影如狗啃了的骨头，扔在了路上。暮春时节。山里绿得如被菜油油了一遍。扑面而来的南风很乖巧。马双海和景金才一路走一路哼哼着秦腔。

马双海是下山去参加凤山县委在松陵村召开的一个扩大会议的。已经担任了雍山游击队副大队长的马双海是凤山县委的候补委员。本来，这次会议要求大队长崔为民参加的，因崔为民病了，马双海顶替他下山去参加会议。

傍晚时分，马双海和景金才到了松陵村。凤山县委之所以将会址放在松陵村是因为，松陵村紧偎着雍山，即使出了什么事，开会的人员也可以边打边退到山里去，一进山口，就成为游击队的地盘了。再说，保长景德胜暗地里通共产党，他不会走露风声的。

晚饭是在景金才的二伯家里吃的。吃毕晚饭，马双海要回马村去。景金才说，你要去马村，我也要跟你去。马双海说，你就不用去了，马村距离松陵村只有二里路，一展脚就到了，不会出啥事的。景金才说，那不行，我负责你的安全，出了啥事，我担当不起。马双海说，两个人的目标更大。我等夜静了回去，天亮前来松陵村参加会议。景金才说，你咋说都不行，我要跟着你。马双海说，你跟着我，在哪搭睡觉呀？景金才说，你睡在嫂子的炕上，我就守在院子里。马双海笑了：你嫂子知道外面有人，她就不叫我上炕。你放心，我手里有家伙，怕啥哩？再说，深更半夜的，马村不会有人知道我睡在婆娘炕上的。景金才劝不住马双海就不再说什么了。

在马双海觉得万无一失的时候出事了。

那一夜，多亏了景金才的二伯，景金才才逃出了一条命。景金才的二伯闹肚子，半夜里起来刚出了房子门就听见院门外有脚步声，他撩上裤子进了屋叫醒了景金才。景金才下了炕，提上盒子枪，从后墙上翻过去，没命地朝雍山脚下跑。

就在景金才奔命跑的那一刻，马双海的家被国民党凤山县保安团的人包围了。马双海和媳妇刚亲热毕，保安团的几十个人进了马村。马双海打开房子门一看，院子里有十几个人，他主动地将枪缴了，他知道，他一开枪，伤了媳妇儿子不说，父母亲的性命也就保不住了。他给国民党保安团里的人说，我跟你们走，不要在我的家里开枪，我的父母亲年纪大了。他们会被吓死的，你们都是有父母儿女的人。马双海跟着保安团的一个分队长到了马村的村外，走在一片苜蓿地里。那个分队长只问了马双海一句："你就是马双海？"马双海说："给你们告密的那个人得是猪脑袋？在马双海家里捉人，还能捉到王双海？"分队长叫他跪下，马双海不跪。几个人在马双海的腿上用枪托打，马双海就是不跪。四个人把马双海硬按下去，他们近距离地朝马双海开了三枪。

景金才听到枪声的时候，刚上了坡。他没有想到，保安团将马双海捉住当晚就杀掉了。按照保安团以往的做法，马双海被捉住后，先审问，再严刑拷打。他们当即杀了马双海肯定是上峰的命令。

一回到台家山，景金才就被新上任的游击中队的队长任广田拿下了。任广田只问他一个问题：为什么你只身回来了？马队长却没有回来？景金才把他的遭遇讲了一遍。可是，有谁会相信这是真的。第二天傍晚，内线从县城传来话，马双海牺牲了。马双海之死使景金才无法脱了干系。景金才以叛徒的罪名被送到了边区政府处理。

后来，景金才才知道，凤山县委在松陵村召开的那次县委扩大会议泄密了，县委决定，取消会议。取消会议的消息只有大队长崔为民一个人知道。可是，崔为民没有把这个消息告诉马双海，而叫马双海去送死。马双海进马村的时候，保安团的人早就埋伏在村外了，只是马双海没有觉察到。

当时，并没有弄清事实的真相。在边区政府，有人提出要以叛徒的罪名活埋景金才。因为按照推理，出卖马双海的就是景金才。就在性命攸关的时刻，雍山游击队的大队长崔为民开口了。他的一句话救下了景金才。崔为民病情加重，临去世前，他说出了事实的真相：会议泄密的事在开会的前一天凤山县委通知了他，他没有告诉马双海和景金才，险些使两个人都送了命。至于说崔为民为什么要这样做，他没有说出原因就咽了气。许多年后，景解放的儿子景旭因为写作长篇小说的需要，走访了当年雍山游击队的十几名老队员，景旭得知：马双海和崔为民同是马村人。马双海的妻子曾经是崔为民的相好。马双海的家境好，拿出了十八石麦子（女孩儿一岁一石麦子的聘礼）娶走了和崔为民相好了一年的女孩儿，因为崔为民家太穷，拿不出十八石麦子就眼睁睁地失去了相好。为此，崔为民对马双海怀着怨恨。景旭当时想，如果说，崔为民为了自己的私怨而把马双海推向死亡的境地，崔为民就太小人了。如果说，不是那样，为什么崔为民不告诉马双海真相呢？景旭甚至推测出了第三种可能：崔为民也不知道会议改期的事，他为了救爷爷景金才一命才把责任揽在了自己身上，这样，崔为民就不失一个正人君子。究竟真相是什么，景旭也无法弄清。

景金才获救后回到了游击队，他继续担任游击中队的队副。可是，一个月以后，景金才又把队副的职务丢掉了。

雍山游击队决定，去川口河配合西北野战军打伏击，伏击的对象是西逃的国民党青年军。马双海牺牲后，暂且由景金才这个队副代理中队长。接到命令后，景金才率领他的游击中队向川口河赶。伏击地点在川口河的河口，就是刚刚进了雍山的山口那儿。当天晚上，游击队宿营在林由县的粮舍镇。队员们入睡前，景金才安排好了站岗警戒的。半夜里他起来查岗，走到镇外，发现站岗的抱着枪，靠住一棵树睡着了。他将站岗的叫醒，并没有训斥他，叫他回去睡觉，他代替那个队员站岗。站岗的队员知道自己错了，坚决不肯回去，景金才就叮咛他，一定要提高警惕，不能再睡觉。景金才还没有离开，忽然听见了脚步声。景金才把站岗的向后一拽，站在了一棵大树后面，在朦胧的月色中，景金才和站岗的都看见，这个人从镇子里的一家农民家里出来之后向游击队宿营的地方走去了。他喊了一声：谁？对方没有答声，反而加快了脚步。他又喊了一声："口令！"对方还是没有回答，一直向前走。站岗的举起了步枪，景金才一把从站岗的手中抓过枪，他喝道："再不回答就开枪了。"那人一听，放开步子向前奔跑。景金才扣动扳机，朝那人开了一枪，那人痛叫一声，扑倒在地上了。景金才和站岗的跑到跟前去看，才知道，景金才打伤的是自己人。

受了伤的队员当时并没有死。那个被景金才打伤的队员是当年林大手下的。据那人交代，他在林大手下时经常在这一带出没，镇子里有一个年轻寡妇和他是相好，他半夜起来和寡妇偷欢。从寡妇家出来，他想悄悄地溜回营地，没想到被景金才发现了，他一时慌张，竟然忘记了口令。景金才命令两个队员连夜将那个队员抬回台家山养伤。

在那次伏击战中，景金才打得很勇猛，他扛着一挺机枪，抢先占了一个山头，枪管子都打红了。本来，他是要受到嘉奖的。可是，被打伤的那个队员抬回台家山就死了。林大手下反水过来的队员联合在一起闹事，说景金才公报私仇，要求惩罚景金才。雍山游击大队知道此事后，决定撤销景金才队副职务，也不再嘉奖他，以功抵过，他打死人的事不再追究。这样，才消除了林大手下反水过来的队员的愤怨。

A章（十五）

当景解放知道眉台县的县委书记陈兴被“双规”的消息以后，几个晚上没有睡好觉。陈兴是从县委书记的位置上提拔到西水市当上了西水市副市长没多久被“双规”的。当时，陈兴是西水市十三个县（区）里最能干的一个县委书记，他第一个在眉台县提出“工业强县”的口号，在眉台县创办了秦岭工业园区。景解放出任总经理的眉坞花炮公司就是在陈兴出任县委书记期间扩大了规模，隶属于工业园区的一个企业。陈兴要倒台了，坐卧不宁的是景解放。当然，茶饭不思忧心忡忡的不止景解放一个人，陈兴的倒台已经将眉台县主管工业的一个副县长牵连进去了。景解放听西水市纪律检查委员会的一个熟人讲，如今这些倒台的官员连影视剧中那些叛徒都不如，那些叛徒大多是在严刑拷打之后才叛变的，而如今这些被“双规”的官员，一进审讯室腿就软了，不经办案人员吓唬就将自己贪污受贿之事一五一十地说出来了，当然也有顽抗到底的。陈兴会不会也连叛徒都不如呢？这是包括景解放在内的一些人所关注的事情。

开初几天，景解放以为陈兴被“双规”只是谣传。在他看来，陈兴在官场上游弋有余，如日中天，前途无量。陈兴出任西水市副市长以前就给他流露过，他去西水市只是暂时过渡，下一步，他很有可能交流到外地去当市长。陈兴怎么说倒就倒了呢？他被调查肯定不是一天两天的事情，能被“双规”，肯定纪委已是证据确凿了。当景解放从几方面证实，陈兴确实被“双规”后，景解放首先想到的是，自己怎么办？他在眉台县眉坞花炮公司二期扩建工程的征地中，为了尽快拿到土地，也是为了叫陈兴把农民的地价压一压，他给陈兴一次就行贿了一百万元。假如陈兴把这些都交代了，自己肯定会被治行贿罪的。

这件事在景解放心中憋了好几天，他不能坐以待毙。他首先想到的是叶小娟和他们的小女儿景倩倩。他不能因为这件事而使叶小娟和倩倩受到伤害。叶小娟才35岁，活人的路子还长着哩，而他已经60岁了，可以说，好赖都无所谓了。他宁肯牺牲自己，也要保住叶小娟和孩子，他必须把这件事给叶小娟说清楚，叶小娟至今不知道发生了什么事。

景解放从凤山县宾馆给松陵村花炮厂财务室拨了个电话，他想把叶小娟叫到城里来和她谈一谈。接电话的是另外一个女人，他告诉景解放，叶小娟早晨去西水市了。“她去西水市干啥？咋没给我说？”景解放声调提高了。对方回答：“不知道。有什么要紧事吗？”景解放忙说：“没有啥事，问问。”

这时候的叶小娟确实是在西水市。她和景文祥刚刚登记好房间。打开万兴宾馆的房间门，两个人一进去，景文祥来不及关门就把叶小娟搂住了，叶小娟也搂紧了景文祥，两个人一句话也不说，只是喘息。景解放就是在这个时候打来电话的：

“你去西水市咋不说一声？”

“我明天就回来了。”

“去西水市干啥呀？”

“收货款。”

“明天尽早回来，我有事。”

“电话中说不行吗？”

“不行。”

“好。”

叶小娟把手机朝床头柜上一放，嘀咕了一声：“人一老，事情反而多了。”景文祥说：“得是叫你回去？”叶小娟说：“就是。”景文祥说：“是不是他已经觉察到咱俩的事情了？”叶小娟说：“不可能。他对我一百个放心。都结婚十一年了，他还把我当女儿一样看，有怀疑女儿的老爸吗？再说，他确实老了，一月半月来不了一次。他的为人你还不知道吗？他就是有所觉察，也会装糊涂的，他太爱面子了。再说，他不会叫我守活寡的。”景文祥说：“我总觉得心里不踏实。”叶小娟说：“你得是害怕了？”景文祥说：“就是，也不知道这害怕是从哪搭来的。”叶小娟说：“你要是害怕就下去另开房间，咱分开住。”叶小娟说着，把景文祥朝门外推。景文祥顺势搂住了叶小娟，他抱起叶小娟，将她放倒在了床上，俯下身给她解衣服纽扣。叶小娟说：“等不到天黑了？”景文祥一边给她脱衣服一边说：“晚上再来，还害怕重复了吗？”叶小娟吭地笑了：“吃不饱的馋猫。”于是，这两个人都宽衣解带，开始上床折腾了。

叶小娟和景解放结婚后的第二年就生下了女儿倩倩。倩倩3岁之前，景解放一面宠着她，一面疼爱着小女儿，叶小娟觉得这个家庭特别温馨，觉得她是世间最幸福的女人。她虽然是景解放的妻子，而景解放确实把她像疼女儿一样疼爱。她撒娇，她发脾气，她横着竖着，无论她怎么歪，景解放都能忍受了。倩倩3岁之后送到了幼儿园。没有女儿在跟前，叶小娟就寂寞。她喜欢上班，喜欢和办公室里的年轻人在一起，工作间隙，说说笑笑的日子还好打发。而和景解放在一起，没有话题可说，她想说的是时装的色泽和样式，坤包的大小和质地，香水的产地和用法，哪种水果补充哪种维生素，鱼类和牛羊肉相比，哪类蛋白质更高；她想说的是男人和女人之间的情趣以及做爱的二十四种姿势——蹲式、半卧式和女上男下式，哪一种更有快感？这一切，景解放不懂，他是一个毫无情调的老农民，他不会唱歌不会跳舞不会打麻将，更不会吟诗泼墨了，他活得太简单太枯燥——只知道工作。而叶小娟和县上的那些头头脑脑们在一起，听他们说，哪个副县长又包了一位二奶，县医院的某个院长又搞了护士，哪个企业家换了四任、五任老婆，哪个村委会主任睡了村里的几十个女人，某某某又赚了几百万。这些话，对叶小娟来说，有诱惑力。而床上那些变幻的姿势，是景文祥教给她的，而景解放只能一种姿势干到老。景解放整天是生产，是产值，是利润，她被这些话听烦了。景解放可能觉得由于他太忙，冷落了叶小娟，他有点闲时间就陪叶小娟。有一次，叶小娟和景解放一同去逛农贸市场，想买些水果，两个人一齐将手伸向了那紫色的葡萄。卖葡萄的农妇说，女娃子，你叫你爸一个人挑，两个人就把葡萄翻烂了。叶小娟一听，将手中的葡萄串一掷，睁大了眼睛：“有你这样说话的吗？啊？”农妇不知道她说错了啥，还在强调：“我是说，你爸不乱翻……”农妇没有说完，叶小娟一把夺下了景解放手中的塑料袋子，向农妇的筐子里一扔说道：“眼睛瞎了，得是？”她撂下一句话，扭头就走。水果没买成，反而惹了一肚子的气。从那以后，叶小娟和景解放不再一同去参加朋友的婚宴、聚会和各种名目的酒席了。她开始明白，她把自己收拾得多么老相，也缩短不了她和景解放之间的年龄差距。原来，在人们的眼里，她和景解放永远是两代人。她和景解放没有结婚前，她为拥有景解放这样的爸爸而自豪。可她和景解放结婚之后，人们还是将她视为景解放的女儿，她觉得，这是对她的羞辱。"爸爸"的存在是对她的自尊心的伤害——她似乎才意识到，她怎么能有一个老头子的丈夫呢？她端起镜子仔细端详：镜子里的女人是那么年轻，那么漂亮，那么有气质风度。镜子里的女人问她：你的丈夫是个老汉？她的回答是：不。我不会爱上一个老汉的。尤其是她跨进30岁以后，对床笫之欢越来越贪婪，而景解放却越来越萎靡了，不是早泄就是阳痿。不要说满足她了，连最基本的需求也不能解决。日子还长着，对她来说。她该怎么办？难道要叫她守活寡？受煎熬？她可受不了不和男人做爱的折磨。三天不和男人上床，她就饥渴难耐了。和景文祥偷欢，不是说她爱上了景文祥，而是景文祥能给她带来肉体上的愉快。景文祥用多种姿势和她做爱——他床上的功夫很老道。

十年以后，叶小娟才觉得，当初，她对景解放的感情是感激之情，不是爱情。感激之情和爱情是截然不同的两码事。她不想一错到底。既然不能离婚，她就在婚姻之外寻找快活。

第一次和景文祥上床之后，叶小娟还有点内疚，然而，次数多了，时间长了，这种内疚感也就被磨光了。她不能为了照顾景解放的自尊而使自己处于饥渴、焦虑的状态。如果这种状态一直持续下去，也许，她就会疯了的。满足肉体是符合她做人的快乐原则的。

当景文祥和叶小娟在床上折腾的时候，景解放也刚好到了西水市。他休息的地方也是在万兴宾馆。当他登记好房间乘着电梯从一楼上到十三楼的时候，景文祥和叶小娟一番云雨之后正好走进另一个电梯从十三楼朝一楼走，他们在空中擦肩而过了。

景解放到西水市来想找朋友打听一下，陈兴的案情究竟怎么样。几个朋友的说法不大一样。有的说，陈兴和上面的某个大头儿有很深的关系，说他的女儿是某个大领导的儿媳妇，他是扳不倒的。有的说，他受贿上千万，不判死刑，也是死缓。有的说，陈兴一案，牵扯进去的人太多，有西水市的领导，也有省级领导，领导为了他们自己，将采取两种办法，一是千方百计保陈兴，二是千方百计干掉陈兴。无论哪种说法，都使景解放担心：如果陈兴没有事，他放出来后，也许首先要收拾的就是像他景解放这样给陈兴做官造成不利因素的人；如果陈兴被扳倒，他是逃不了干系的。景解放觉得，哪个朋友的话他都不能相信又不能不信。检察机关之所以还没有传唤他，也许是陈兴还没有交代他的行贿之事，这只是侥幸，但问题并没有解决。侥幸的是，他现在有时间去处理和思考这件事。他想来想去，拿不出解脱自己的万全之计来。他有一种感觉，强烈地感觉到自己的处境不妙。人生的经验告诉他，60岁上下是人生的“危险”年龄段，无论是在生意场上，还是在官场上，有不少人是在60岁上下跌倒的。

下午，景解放哪里也没有去，他独自到了渭河公园，一个人坐在石凳上看着渭河细细的秋水。秋日里的萧瑟景象还在远处，景解放已能感觉到秋风的凉意秋水的凄然了。他点着了烟，在衣服口袋里去摸炮，手一摸，是空的。他这才记起来，这几年来，他身上不再装鞭炮了，他想放一只鞭炮的愿望也落空了。

景解放在万兴宾馆的餐厅要了一个包间，包了一桌晚饭。他请了几个朋友，本来，想喝几口酒，解解郁闷。平日里还有些酒量的他，几两酒下肚，就头发晕了。喝到最后，他竟然趴在饭桌上大哭不止。司机一看他醉了，把他扶回了宾馆。当他在宾馆的床上呼呼大睡的时候，和他住在同一楼层的叶小娟和景文祥正在赤条条地搂抱在一起。

第二天，叶小娟和景文祥在午饭前就回到了松陵村。他们回到了公司的时候，景解放的小车正在回来的路上奔驰。

景解放一到公司就把叶小娟叫来了。进了门，叶小娟对景解放只一瞥，没有注意到他的情绪，更没有看到他面部的懊恼和沮丧。

“人家出公差，你催那么紧有啥事？”叶小娟抱怨道。

景解放叹息了一声：“出大事了。”

“出啥大事了？”

景解放把陈兴被“双规”的事说了一遍，

“这和你有啥关系？”

景解放把给陈兴行贿的事说给了叶小娟听。

“是不是要算咱们的经济账？莫非还要抄家？”

“很难说啊！我不叫你回来，行吗？”

“那你就赶快想办法。”

“我去西水市就是讨办法去了。”

“既然是这样，先把你名下的存款过户到我的名下，还有西水市咱刚买的那一套房子，咱不装修了，先过户到我的名下，眉台县那套旧房子也过户到我的名下，你看咋样？”

“我也是这么想的。我就怕不起作用，咱们是夫妻，人家再找你的麻烦，咋办呀？”景解放又是一声叹息，“如果陈兴把我牵连出来，我最担心的是你和倩倩受累。”

“这一步咱先走出去再看吧。明天，不，今日个你就去办这些转户手续。”

“那好吧。”

当天下午，景解放又跑了一趟西水市。这一次，他是和叶小娟一块儿去的。他在西水市的几家银行先办了存款转户手续。紧接着，又去房管部门办了房子的转户手续。第二天，去眉台县把那套房子也过户给叶小娟了。

是景解放主动提出来要和叶小娟离婚的。景解放反复琢磨，只有他和叶小娟离了婚，叶小娟和倩倩才能“安全”。转移到叶小娟名下的财产才能真正属于叶小娟和倩倩。如果仅仅过了户，要是出了问题，他既然和叶小娟是夫妻关系，经济责任还是要叶小娟承担的，一旦离了婚，就是罚他款，查封他账户，也和叶小娟没有任何关系了。

“你咋想出了这馊主意？我们就是变成穷光蛋，我也不和你离婚。没有你，哪里会有我？”叶小娟一听景解放提出离婚，很惊讶。

“这不是感情用事的时候，咱们的离婚只是给别人做样子看，这样就能保住咱的财产，你和孩子以后就会有好日子过了。”景解放说出了心里话。

“这样行吗？”

“咋不行？”

“我总觉得，一提到离婚两个字，心里不舒服，我怕别人说，我嫌你老了，一脚把你蹬了。”叶小娟也是实话实说。

“你咋还没有听懂我的意思，咱们的离婚是假离婚，离了婚，咱们照样是夫妻。”

叶小娟说：“那样行吗？”

景解放说：“行，咋不行？一旦离了婚，你就从法律上和我脱离了关系。如果不出事，咱再办个复婚手续就行了。”

对于景解放提出来的离婚之事，叶小娟一时半会还是难以接受。她已背过景解放和几个男人有染，如果再抛下景解放，她内心不安，她倒不怕别人指脊背，她自己跟自己过不去。她细细地回想自己这二十多年来的生活，她的一切都是景解放给予的，是景解放改变了她的命运，使她重生，她不能把事做绝了——最起码的报恩之心她还是有的。她更不能欺侮善良人——景解放太善良了，善良得使她心疼。叶小娟茶饭不思，忧心忡忡，她甚至一看见景解放就想哭——多好的爸爸，多好的老人啊！我咋忍心做出这样的事？她去找景文祥，她把景解放提出要离婚的事给景文祥说了一遍，景文祥只说了一个字：离！景文祥说，这个时候不离，还等到啥时候去？你才35岁，你能把他陪到老吗？人不为己，天诛地灭。你给他戴绿帽子，才是对不起他。你和他离了婚，把绿帽子给他摘了，心里也就踏实了。叶小娟说，你心真狠呀，你才是狼心狗肺。景文祥说，你善良，你心肠好，你想过没有，你的出轨迟早要叫他知道的，如果他真的知道了，你咋办？也许，他现在已经知道了，人是有感觉的。我劝你，趁早脱身。叶小娟说，我真要变成一个瞎女人吗？叶小娟说着，眼泪流下来了。景文祥说，你再想想。叶小娟说，是的，我要再想想，你不要撺掇我。

几天以后，叶小娟有了自己的主见，她同意和景解放离婚。景解放和叶小娟签了离婚协议，签了名，盖了章。他们将协议书呈交给凤山县法院，凤山县法院按照程序先是调解，调解没有成功，法院判了他们离婚。

刚离婚那几天，叶小娟还和景解放住在一起，住了几天，叶小娟就说，这样不行，离了婚还住在一起，别人以为，咱是在演戏，咱们虽然是假离婚，可咱们要假戏真做，在别人的眼里，就跟真的离婚一样，这才不被人怀疑。景解放一听，叶小娟的话有道理，就说，我在县城给你租一套房子，你住进去，等这件事过去了，咱再复婚。叶小娟显得很无奈。她说，只能这样了。

叶小娟刚搬出去那几天，景解放一点儿也习惯不了，进了门，还像往常一样喊道："小娟，小娟，今天晌午咱在外面吃饭。"走进客厅，觉得空荡荡的，他恍然明白，叶小娟走了。晚上，陪客人吃了饭，进了门，他又喊："小娟，洗澡水放了没有？"没人应声，他跌坐在沙发上，痴呆呆地坐着，一直坐到夜深人静，他下了楼，溜到了叶小娟租住的地方。他把叶小娟紧紧地搂在怀里："娟子，我没有你连一天也不行，真的不行。不要离开我。"叶小娟说："没有离开你呀，咱们玩的是假的。"真正的夫妻，一旦假离婚，一旦分居，反而使景解放有一种偷偷摸摸的刺激。他每隔两个晚上要去和叶小娟做一回爱，这使叶小娟感到很惊讶，不知他焕发出来的能量来自哪里。

有一天晚上，景解放又是半夜而至。事毕，叶小娟说，老公，我告诉你一个很不好的消息。景解放说，啥消息，你说。叶小娟说，咱这事，风声弄大了，公司上下的人都知道，你和我离了婚，还在一起，有人还发觉了你半夜到我这里来的事。他们传言，咱们之间肯定有啥勾当。景解放说，谁爱说啥说去，反正咱们是假离婚。叶小娟说，那不行，陈兴的案子还没落实，假如不来真的，事情败露了，咱就白忙活了一场。景解放说，你说咋办呀？叶小娟说，你就忍一忍，咱一个礼拜在一起一回，你看行不？景解放说，我一天不见你心里慌，不搂着你睡觉，就失眠。叶小娟说，陈兴的案子大概也快了，你是干大事的人，这事还忍不住吗？等陈兴的案子办完了，咱就可以复婚了。景解放只好说："忍，忍吧。"

半年过去之后，陈兴的案子尘埃落定。陈兴受贿一案只落实了十多万元，他被判了三年刑期，缓期四年执行。陈兴被释放了。就在陈兴被释放的那几天，到陈兴家里去看望的朋友不少。当景解放听到这个消息后，既吃惊又高兴。吃惊的是，还是陈兴有能耐，相传受贿上千万的案子竟然只落实了十几万。高兴的是，他终于免去了一场灾难。景解放去看望陈兴，陈兴见到他第一句话就是："我的事，叫景总受惊了吧？"景解放说："只要陈书记没事就好。"陈兴说："这一次，你该知道我的为人了吧，我宁愿自己担当，也不叫朋友们跟着受累。"景解放当然明白，陈兴的意思是没有招供景解放给他行贿的事。景解放说："日久见人心，这话有道理。陈书记为朋友两肋插刀，豪爽侠义。只要你看得起，我还是你的朋友。"景解放邀请陈兴去吃饭。陈兴说："我还敢出头露面吗？你不嫌麻烦，就叫弟妹在家里炒几个菜，咱兄弟喝几口。"景解放说："那好啊，改天一定到凤山县来。"

在陈兴家里喝毕酒已是晚上九点多。景解放叫司机开上车，连夜回凤山县。一个多小时后，车到凤山县。一路上，景解放想，他要把这个消息告诉叶小娟，让她高兴高兴，然后，尽快和她复婚，把她接回家去。他觉得，两个人复婚不过是到法院履行一种手续罢了。今夜晚，他就是和叶小娟一块儿回去睡，就是被谁撞见，也是无所谓的事情。

像往常一样，景解放来到了叶小娟租住的凤阳小区，他上了三楼，掏出了钥匙，打开了门。他打开门一看，客厅里乱糟糟的，狼藉一片，水果和水果皮搅浑在一起，啤酒瓶子扔在地板上。他去推卧室的门，卧室从里面反锁上了——他身上没有钥匙。这道门从来没有锁过呀。他去叩门，叶小娟连灯也没有开。他连叫几声小娟，小娟打开了灯，不耐烦地说："谁呀？"景解放说："我是你老公，你喝多了，得是？"小娟说："景总吗？你快回去睡觉吧。"景解放一听，话味儿不对，就说："小娟，别闹了，我有好消息告诉你，快开门。"叶小娟说："有事明天说，我睡下了。"景解放说："是叫你高兴的话，你听了就没有瞌睡了。"叶小娟说："你这人真讨厌呀！"叶小娟打开了卧室的门后，堵在门口，不叫景解放进去，她说："有啥话，你说，说完就走人。"景解放说："陈兴释放了，真的没事了。明天咱就去复婚。"叶小娟吭地笑了："和谁复婚？和我吗？咱不是离婚了吗？还复啥婚？"景解放说："咱是假离婚。"叶小娟说："离婚就是离婚，有啥假的？"叶小娟将景解放一推，要关门，景解放这才向床上一瞅，只见床上睡着一个男人，景解放问道："床上是谁？"叶小娟说："你管得着吗？"景解放说:“你是我的婆娘,咋能偷人养汉?”叶小娟笑了:“谁是你的婆娘?你真是老糊涂了。咱不是早离婚了吗?”景解放吃惊地问:“告诉我,他是谁?”叶小娟说:“我说他是景文祥,你可能不信。我说他是常和你打交道的地税局的李局长,你可能也不信。我说他是张副县长,你可能还不信。他是谁和你都无关。我想和谁睡,就和谁睡,你管得着吗?你就是我的老爸也管不着!”景解放骂道:“忘恩负义的狗东西!荡妇!”叶小娟说:“骂得好。只能怪你瞎了眼。”景解放浑身颤抖着,伸手扇叶小娟的耳光,叶小娟一闪,景解放扑倒在地上了。叶小娟一看,景解放脸色苍白,牙关紧咬,已经不省人事,就将他抱在怀里,胡乱喊叫:“老爸!老公!老爸!老公!”她像抱小孩子似的紧抱着景解放,眼泪喷涌而出了。

后来,当景解放的儿子景旭写作长篇小说《粉碎》的时候,写到这里,他无法再写下去了。他的心情非常沉重。虽然,他知道,他笔下的景解放不是给了他生命的父亲,他笔下的父亲是他塑造的一个人物形象。可是,他明白,他塑造的这个形象的原型就是他的父亲。因此,他给笔下的父亲投进去了真挚的感情,他难免将笔下的父亲和亲生父亲混淆在一起。他为父亲感到痛心。他在写《粉碎》的过程,也是对天下所有的父亲重新认识,重新理解的过程。不是他要将父亲推向死亡境地,是父亲的人生结局本该如此。

安葬了景解放,叶小娟第一个想到的是景解放的遗产问题。景解放在松陵村的花炮公司有百分之六十的股份,折合现金少说也有上百万元了。这些财产究竟应该归谁,叶小娟咨询了律师。有一个律师告诉她,她和景解放已经离了婚,在法庭上,假离婚是说不过去的,因此,她没有财产继承权。另外一个律师告诉她,她和景解放离婚还不到一年,景解放原来的所有财产,应当由她来继承。叶小娟不懂继承法,她准备去西水市找律师咨询。

这时候,景旭从父亲的房间里找到了一封遗书和两封信。一封信是写给景旭的,一封信是写给叶小娟的。景旭将遗书拿到了省城去鉴定,鉴定得出的结果是:遗书是景解放的真迹。景旭将遗书复印了几份,一份给了叶小娟,叶小娟接过遗书一看，景解放关于他死后的财产分配早有了交待：所有的财产，包括花炮厂的股份，百分之六十归景旭，百分之四十归女儿倩倩。遗书中只字没有提叶小娟。

叶小娟打开了景解放留给她的信——

我的爱女、我的妻子叶小娟：

当你读到这封信的时候，也许，我已离开了人世间。去年以来，我一直身体不好，我瞒着你，没有说出实情。我真不忍心把你丢在人生的半路。看来，这是上苍对我的惩罚。我一开始就错了——那时候，你才14岁，我就喜欢上了你。如果你一直给我做女儿，做到底，也许，你还能多陪伴我几年，我错就错在不该娶你为妻，我不该踏进你的生活领域，我越界了，这一越界就铸下了大错——这是你和其他男人相好之后我才意识到的。你应该有你自己的生活，你应该拥有你自己的男人（性格相投、年龄相当）。事到如今，我实话实说，我从你14岁那年就有了占有你的想法，因为，我对你爱得要死要活。我究竟有多么爱你疼你，究竟怎么宠你娇你惯你，你就不一一细说了，你是有感觉的。话说回来，一个男人爱上一个女人是没有办法的事，特别是成年男人，一旦爱上一个女孩儿比年轻人更疯狂。

小娟，我没有要你一辈子报答我、感恩于我的想法，我只希望你能像我爱你那样爱我。我这种想法只能是一厢情愿。你背叛了我，自以为我不知道。我是有感觉的，当我得知，你和几个男人上床这事后，我嚼碎牙向肚子里咽。你还记得吧，你和景文祥入住在西水市宾馆里的时候，我也在那个宾馆里。你就不知道，那个宾馆里的经理也罢、服务员也罢，他们都和我特熟，我一住进去，他们就告诉了我你的行踪（我和你不是共同在那里住过几天吗）。我当时没有给你难堪，是想叫你醒悟，谁知，你越陷越深。

不过，从那以后，我开始清醒：你不可能全身心地爱我的。可是，我还像爱女儿一样爱着你。我虽然知道，这种爱是很危险的，就像堆积的雷子炮，一旦爆炸，粉碎的首先是我，可是，我无法自拔。爱一个人太可怕了。你以为我没有读几天书，是大老粗，不懂感情；你以为我老了，麻木了。孩子，你错了。

既然，我们之间没有了爱，我还留恋什么呢？女人的肉体既然没有拯救我，男人的肉体也拯救不了你。就像放鞭炮，你的灵魂先于你的肉体粉碎了。

孩子，本来我要和你谈一谈的。我想了想，还是作罢了，就是这封信，我也未必叫你看。

再见了。

你的爸爸你的丈夫

2008.11.23

读完景解放的这封信，叶小娟放声大哭。她对自己说，在人生的路上，她不可能再遇到像景解放这么好的爸爸，这么好的老公了。她把人生最美好的东西丢弃了。

而景解放给景旭的信只有几句话，信中只传达了一个意思，那就是：内疚。景旭还不到10岁，景解放就和乔桂芳离婚了。景解放为没有抚养儿子成人而痛苦，他希望儿子能够原谅他。景解放之所以给景旭留下百分之六十的遗产，试图以此弥补他所亏欠儿子的过失。景旭并不为这份遗产所动，他想把这份遗产捐出去，捐给爱好文学的业余作者，使他们能够吃饱肚子，安心写作。

景旭把他的这些想法全都写进了小说。

B章（十五）

燕燕是在春天里的黎明前生下景解放的。春雨下了整整一个晚上。傍晚，燕燕喊叫着肚子疼。王凤英烧了一锅开水，将剪刀在麦草火上烧了又烧（准备剪脐带用）。在雍山里，没有接生婆，更谈不上大夫了。王凤英生的两个孩子都是自己剪断脐带抱上炕的。在王凤英看来，女人生孩子就像拉屎尿尿一样，腿一叉，一用劲，孩子就落草了。尽管，燕燕的呻吟声很生动，还有几分瘆人，王凤英并没有惊慌失措，她只是安慰女儿：“忍着点，你不想它，肚子就不疼了，生下来就好了。”直到黎明时节羊水才破了，燕燕倒是生得很麻利。景解放生在雍山下的周公庙会结束的第二天——农历三月十四日。周公庙是周王朝的宗庙，每年春天有一次盛大的庙会。假如庙会结束后落了春雨，农民们便觉得这是很吉祥的事情。景解放生在一个很吉祥的日子里。

春节过后，景金才跟随雍山游击队从林由县经过永寿县撤到了乾县。西北野战军正准备发动“扶眉战役”，“扶眉战役”打响后，雍山游击队将随西北野战军西进宝鸡。为了配合主力部队作战，游击队的编制改成营、连、排了。景金才被任命为一排一班班长了。景解放出生的那天晚上，景金才宿营的乾县落雨了。景金才晚上十二点起来换岗，他戴上一顶草帽，站在雨地里，突然想到，燕燕可能要生了。他想，燕燕如果生个男孩，就叫春雨或春生吧。燕燕是在春天下雨的日子生下孩子的，叫这名字最适合不过了。如果燕燕生个女孩子就叫春桃或者桃花吧，因为孩子生在桃花山。景金才正思量着，排长来查岗。排长打着手电筒一照，发觉景金才有点痴呆呆的样子，就叮咛景金才，打起精神来，不要走神。景金才说：“我没有走神，我在想，我老婆快生了，生下孩子给起啥名字？”排长说：“这还用你思量吗？生个男孩，就叫解放。你看咋样？”景金才一听，说好，这名字好，就叫解放吧。排长走后，景金才想，凤山县城是去年七月第一次解放的，后来，解放军东撤，县城又落在了国民党手中了。凤山县很快就要第二次解放了。孩子生在解放之时，也算福分。把孩子叫解放也算是个纪念。

排长走后不一会儿，景金才便开始打呵欠流眼泪。他已经戒烟了，可是，每当有点困乏之时就想抽几口。戒烟对他来说，确实是很痛苦的过程。在去边区政府戒烟的日子里，他没有吃什么药，最好的办法就是劳动，用拼命的强体力劳动来折磨自己，使自己疲惫不堪，尽快入睡。在他的战友中，有好几个被烟土害惨了。两个游击队员曾经为抢地主的烟土火拼了，一个打破了另一个的肚子，肠子流了一地。景金才一想起那情景，就想呕吐。烟土确实不是好东西。景金才摘掉草帽，在雨地里来回走动了几圈，精神焕发了，他看着远处灰蒙蒙的雨雾中的村庄，心里念叨着：景解放，景解放。

当燕燕大喊大叫地生下儿子时，景金才被人换下岗，正在朝营房里走。

1949年7月11日，西北野战军发动“扶眉战役”，景金才跟随主力部队解放了凤山县，打下了宝鸡县。在解放宝鸡的战斗中，他的胳膊受了轻伤，部队首长没有叫他再西进，留下来，将他编入了宝鸡军分区，职务还是班长。这些年来，景金才游击惯了，刚刚驻扎在解放了的宝鸡市，他和他的战友都难以忍受纪律的约束：每天，要按时起床，按时出操，按时上班，按时学习，按时睡觉。刚开始，景金才做不到“按时”，早晨，别人都出操了，他还在被窝里睡着；晚上，别人都睡觉了，他还没有回营房。为此，他几次受到连长和指导员的批评。他当面给连长和指导员保证，一定改掉游击时的瞎瞎毛病，做一名好战士。

当时，刚解放，部队和地方一样，实行的是供给制，自己的必需品和日用品都是部队配发的，津贴少得可怜。他们毕竟驻扎在城市。礼拜天，就要上街道，到了街道，就想买东西。可是，口袋里没有钱。景金才的两个战友深夜溜出营房去偷盗，结果被主人发现了，主人告到部队首长那里。这两个战友是景金才一个班的。景金才把这两个战友叫到跟前一顿臭骂：“驴日的，你们偷人和国民党的兵痞有啥区别？我们是人民解放军，是为人民的，不是害人民的。你们再害人民，我就毙了你们！”景金才气得抓起了长枪。这两个战友急忙求饶。他们向景金才做了保证，景金才饶了他们。因为这两个战友在好多次战斗中都打得很勇敢，部队关了他们三天禁闭就放了。最终，这两个战友受不了部队的约束，脱下了军装，回家去当农民了。回到农村，这两个战友并不安分守己，他们弄了两杆土枪，提上枪，拦路抢劫。在一个秋雨连绵的晌午，他们将一个在县城开粮食集的商人打死在回家的小路上，拖进了高粱地。后来，景金才知道了，在1950年镇反运动开始后，这两个战友被凤山县人民政府镇压了。

1949年年底，景金才回到了凤山县南堡乡，在乡政府武装部，景金才当上了部长。春节前，他进了雍山，把王凤英、燕燕和景解放接到了松陵村，住进了松陵村的老家。刚开了春，景金才就着手收拾家里的房子，他把房子上的瓦溜下来，重新瓦了一遍，檐墙上也新上了泥皮。好多年没有人住的家园一经收拾，有了很温馨的生活气息。

南堡乡政府距离松陵村只有三里路程。晚上，景金才就回到松陵村，住到家里了。结婚几年了，他和燕燕没有厮守过，解放后，生活安静了，景金才不再有紧张感，每天晚上，他睡在燕燕身旁，看着熟睡的景解放，心里甜丝丝的。他和燕燕亲热毕，搂着燕燕，抚摸着她那光溜溜的脊背，在心里说，我一定要叫婆娘娃娃都过上好日子。

1950年，土改开始了。父亲手里被租出去的土地又回到了景金才手里。景金才给燕燕说，他再干两年公家的事，就回来种那几亩地。景金才还打算把父亲手里的炮坊重新建起来，请几个人做花炮赚钱。等有了钱再买两头牛，打一辆木轱辘车……对未来的日子，景金才满怀着憧憬。

景金才一心想过上安安稳稳的日子，而他的战友却提着枪去抢人，为了十几块银元，竟然打死了人。他们用抢来的钱买大烟土抽，而不是买油盐酱醋米面。他的战友被捕后，景金才去凤山县公安局的看守所看望他们。景金才一见到他的战友就开骂："驴日的，你们真是个混球，把脑袋提在手里的日子都过来了，如今解放了，日子好过了，你们反而不本分了，不改瞎瞎毛病。你们打了那么多仗，吃了那么多苦，顶个球用！"他的一个战友说："你才是混球，你知道吗？那些当官的和咱们一样干，进了城，他们有了官衔，有了权，吃上了白米细面，住上了瓦房，把乡下的老婆换成了洋学生，我们啥也没有得到，又不给钱，叫我们一家人去喝西北风？我们把头提在手里打天下，给别人打下了天下，自己还那么穷！我们过的日子还不如干游击队的时候，我们干游击，还能抽上两口。"景金才说："抽，抽，抽，你们把命都抽掉了，知道吗？"战友说："我们不后悔，二十年后，又是个小伙子。"

从看守所出来，行走在凤山县城的街道上，景金才的心情很难平静：他们一块儿出生入死，干了几年，没有想到，他的战友竟然落了如此下场。景金才更没有想到，几个月后，他的战友蹲的地方就是囚禁他的地方。他在那个号子里度过了26岁的最后几天，走上了刑场。

在景金才蹲监狱的日子里，燕燕抱着景解放去看望他。景金才一见到燕燕和景解放，流泪了。他给燕燕说："你快把娃抱回去，娃3岁记老哩，我不愿意叫娃记得，他老子是这么个怂样子。"燕燕哭着说："不，他爹不是怂样子，是个好汉，我要叫娃记住你，叫娃知道，他的老子是提着枪，打过江山的人。"景金才说："你说啥娃也很难相信的，你快走吧。"景金才连连摇着头。他啥也没再叮咛，不愿意再看见女人和儿子。燕燕抱着景解放一路哭着回到了松陵村。

景金才被枪决后没多久，家族里的人几次劝燕燕招赘个男人进门，养活景解放成人，燕燕断然拒绝了。景金才被枪决后的第三年，王凤英跌了一跤，因脑溢血而去世了。母亲过世后，燕燕也有过招赘男人的念头。有人给她介绍了一个雍山里的男人。当燕燕得知，这个男人曾经是雍山游击队的通讯员之后，燕燕拒绝了。她一听见游击队三个字就心酸。景金才在游击队流血流汗地干了几年，一心想过好日子，到头来还是死在了自己人的枪口下了。她不敢再嫁给干游击队的人了。从此，她断了再嫁人的念头，守寡到了去世。

1957年，景解放8岁了，初秋的一天，他和村子里的几个孩子到学校去报名上学。老师问景解放，你的爹叫啥名字？孩子低下了头，不吭声了，老师又问了一遍。景解放说："我没有爹。"老师说，谁家的孩子没有爹，回去问你娘去。景解放回到了家，问燕燕："我的爹呢？我的爹哪搭去了？"燕燕把儿子揽到怀里，哭着说："娃呀，你有爹，你的爹没了，他得病没了。"景解放已记不清，五年前，他在监狱里所见到的景金才的模样了。他相信娘说的话是真的。

读到了初小四年级，一天，景解放和同班的一个同学玩耍时红了脸，打在了一起，虽然，那个同学大他一岁，高他半个头，景解放一点儿也不示弱，将他的同学压在了身下。那个同学爬起来后，指着他说，土匪！你爹是个土匪，你是个土匪儿子。其他几个同学也一齐拍着手喊：土匪！土匪！景解放一时懵懂了。那时候，他已经知道土匪不是好人。他爹怎么会是土匪呢？还有一节课，他没有上，他顾不上去教室里背书包，扭头向家里跑。跑到家里一看，娘到生产队里劳动去了。他又跑到饲养室门前的粪场上，娘正在那里挖粪土，他按住了娘的镢头，拉住娘的衣角将娘拉到墙根前，问娘："我爹是土匪吗？"娘一听，脸刷地变黄了："谁说的？"他说："是，还是不是？"娘一句话也不说眼泪刷地流下来了。他扭头就跑，一口气跑到了老牛沟的沟边，双腿垂掉在沟里，看着深不见底的沟发呆。

他的童年是多灾多难的。10岁那年，“三年困难”时期来了，他饿得实在没有办法，去老沟里摘酸枣，脚下一软，从崖畔上掉下去了，欣慰的是，他掉在半崖里一棵树杈上，不然，摔到沟底，非粉身碎骨不可。11岁那年，麦黄时节，他爬到雍山脚下的老树上摘青杏吃，从树上摔下来，摔伤了双腿，在炕上躺了两个月才能一瘸一拐地去学校。而到了12岁，他才明白，他是和其他同学不一样的学生，因为他有一个既是土匪又是历史反革命的父亲。难怪，很喜爱他的班主任叫他当全校少年先锋队的大队长，而校长却不同意，说他“出身”不好。那时候，他开始明白，“出身”是什么东西。“出身”不只是绳索一样捆绑了他，而且勒在了他的脖子上，几乎使他窒息。

1963年，景解放考进了凤山县第一中学。尽管，他每次考试，成绩都是班级的前一二名，但他和班里其他地主、富农出身的学生一样，整天沉默寡言，郁郁寡欢。学校里和班级里举办的一些活动不准出身不好的同学参加，从那时候起，他就被“另类”了。内向的性格是在极度压抑中形成的。1966年的“文化大革命”开始前夕，不再考试，而是实行推荐制。上面的文件明确规定：不准推荐地主、富农、反革命的子女读高中。因为推荐的名额有限，全班46个学生连续开了三个晚上的会议也没有确定下来。景解放知道，自己是没有资格再读高中了。推荐还没有搞定，他背上铺盖，回到了松陵村。17岁的少年，临走出校门时，回头看了一眼。“凤山县第一中学”那几个仿宋体的校牌，不由得泪流满面了。从走出校门那一刻起，他这一生的学校生活将要结束了。他的心中点燃了对父亲景金才的仇恨。如果他没有做过土匪的父亲，他的人生不会是这般模样的。他觉得，是他那个对他来说毫无记忆的父亲害苦了他。这种感情只持续了几年，当他知道父亲并非是革命群众所说的那种“坏人”之后，他对父亲产生了一种崇敬感。他曾偷偷地拜访过和父亲一起打过游击的战友，老人们告诉他，他的父亲是一位汉子，是很忠诚的游击队员。尽管这些老人也戴着“反革命”的帽子，但他相信老人们不会说假话的，相信他们对父亲的尊敬是由衷的。他的血管里流淌着父亲的血，他的顽强、坚毅、自尊、忍耐和善良是父亲性格的翻版。清明节前夕的一个夜晚，他走进父亲的坟地，奠祭了父亲，给父亲扫了墓。

尽管，生产队长想尽法子整他和母亲；尽管，生产队长将最吃力的活儿派给他，他并没有被累死被打垮。他长年被派到雍山里做山吊庄，一晌地犁完，他饿得趴在犁沟里，将嘴巴贴在湿地上，吸吮着土地的气味——如果那黄土能吃，他将拼命地吞吃。没有粮吃，他就吃山里的野菜，连山坡上的野草他也吃过——牛吃什么，他就吃什么。野草苦涩而难以下咽。他不停地咀嚼，嚼得嘴角绿水长淌，他像吞咽他的人生一样，吞咽着野草。可以说，他吃尽了苦头。犁一整天地，太阳落了山，他在院畔，装一架子车山柴，走夜路，往松陵村拉，午夜一点左右，他将山柴拉回家。漆黑如炭的夜晚，坎坷不平的山路，翻车是常有的事。一旦翻了车，他又重新装车——幸运的是，他没有翻到沟底去以致车毁人亡。在家里喝几口凉水，又拉上架子车上山，山路又窄又陡，走几步便是大汗淋漓，赶天亮，他到了山庄，正好赶上套犁犁地——连续三十六个小时，他不曾合一眼，不仅干的是最吃力的活儿，而且饿着肚子。那时候，生产队长规定，做山吊庄的农民是不准给自己家里砍柴火的，因此，他必须在夜间偷偷地下山、上山。尽管，苦难的日子看不见尽头，他没有气馁，他相信，没有不晴的天。天放晴的日子究竟在哪一天，他不知道，但他的信念不会改变的。他用年轻的生命和苦难的岁月抗争。

生产队长不把他当人看，“红五类”们不把他当人看，但他从不轻贱自己。他在初中的一个任班级团支部书记的同学毕业后在南堡公社供销社做售货员。南堡公社距离松陵村只有三里路，就是买一斤盐一包火柴，他也不进南堡公社供销社的门，而要去七里之外的县城买。他不愿意面对这位团支部书记。因为在学校里的时候，她常常斜着眼睛看他，用盛气凌人的口气和他说话，好像他是那个社会的后娘养的，只有她才是正宗货色。

1979年，农村里不再讲成分不再讲出身了。一纸文件，使景解放再次解放了。他只高兴了几天就陷入了深深的悲哀：一切都来得有点晚了，他已经30岁了。有人劝他去考大学，他苦笑一声，摇了摇头。30岁的他，和十七八或二十三四岁的娃娃们坐在一间教室里，他是坐不住的。他觉得，他到了创家立业的时候了。他去读书，谁挣工分养活母亲？

1980年以后，开始大办乡镇企业，他第一个在松陵村办了花炮厂。第一批鞭炮生产出来，他拿上一串鞭炮，腋下夹着一卷烧纸又到了父亲的坟地里。他在父亲的坟前烧了纸，放了炮。坐在父亲的坟前，他点上了烟，长长地吸了一口，解放了的新的人生使他有了展示自己的机会，他庆幸自己坚持到了今天。看着坡下面的松陵村，看着他新建的花炮厂，他的眼泪噙在眼眶里，硬是没叫流下来。他仿佛回到了无忧无虑的儿时，他恍惚听见和伙伴们在街道上的喊声骤然而起：

“一个娃娃一拃高，宊儿一跳就飞了。”